학술연구총서 2

고운 최치원의 생애와 시문학 세계

한·중 최치원 연구의 종합적 검토를 겸하여

이황진 지음

학자원

학술연구총서 간행사

한국 고전문학 텍스트 연구소는 창조와 혁신이라는 인문학의 정신을 바탕으로 대중들의 관심에서 버려져 있는 우리 고전의 가치를 새롭게 밝혀, 현대를 살아가는 사람들에게 삶의 지표와 미래의 희망을 제시하기 위해 설립되었습니다.

현대 사회를 인문학의 종말기라고 할 만큼 우리 주변에서 고전에 대한 관심은 찾아보기 어렵고, 인문학에 대한 흥미는 점점 옅어져 가고 있습니다. 그러나 현대 사회에 팽배한 인문학에 대한 폄하나 고전에 대한 그릇된 인식은 그 연원이 오래되었습니다. 인류의 역사를 되돌아보면 고전이 그 자체로 가치와 의미를 인정받았던 시기를 찾기 어렵고, 인문학이 위기가 아니었던 시대가 없었습니다. 만약 그와 같은 인식이 진실한 것이라면 우리 사회에서 고전과 인문학은 이미 자취를 감추었어야 하지만 사회가 첨예해지고 기술 문명이 발달할수록 고전과 인문학에 대한 대중들의 갈망은 커지기만 합니다. 이와 같은 모습은 고전과 인문학이 우리 사회에서 결코 소외될 수 없는 본질적이고 중차대한 것임을 보여주는 것입니다.

한국 고전문학 텍스트 연구소는 고전에 대한 왜곡된 인식과 인문학에 대한 그릇된 편견을 교정하는 마중물이 되고자 설립된 연구소입니다. 우리 연구소에서는 인문학 고전을 다양한 사회의 변화에 부응할 수 있도록 새롭게 가공하여 현대인들에게 고전과 인문학의 가치를 일깨우고 흥미를 부여하고자 합니다. 이를 위해 우리 연구소에서는 자료의 정리와 번역 가공, 개인 학술 연구, 연구소 기획 연구라는 네 방향에서 우리 고전과 인문학에 접근하고자 합니다.

학술연구총서는 이와 같은 우리 연구소의 운영 방향에 의해 발간되는 책입니다. 한 사람의 연구자가 하나의 주제에 대해 긴 시간 동안 심도 깊은 관찰과 탐색을 진행한 결과로, 연구자의 오롯한 정성과 노력이 담긴 책입니다. 그런 점에서 학술연구총서는 다양한 가치에 대한 고려를 바탕으로 학계와 대중에게 그다지 알려지지 않은 인물을 선택하여 1년 동안 공동 연구와 기획 발표라는 엄밀하고 정치한 연구를 진행한 뒤 발간하는 우리 연구소의 기획연구총서와는 여러 지점에서 변별적 의미와 가치를 가지는 것입니다.

학술연구총서를 출간하기 위해 연구자는 기나긴 불면의 밤을 보내며 수없는 고민과 갈등을 겪었을 것이고, 셀 수 없이 많은 글들을 썼다 지우면서 보이지 않는 길을 찾기 위해 헤매는 시간을 보냈을 것입니다. 책을 출간한 뒤에도 여전히 풀리지 않고 남아 있는 의문이 머리에 맴돌고 가슴을 짓누르겠지만, 마음 한편에서는 그간 무겁게 이고 왔던 묵은 짐을 내려놓는 후련함도 느낄 것입니다.

우리 연구소의 학술연구총서는 학계와 일반 대중뿐만 아니라 연구자들을 위한 책이기도 합니다. 일반 대중에게는 한 분야의 전문가가 오랜 시간 고민해 온 결과물을 통해 지식의 범주를 확장시킬 수 있도록 도울 것이고, 학계에는 오랜 시간 진행된 연구자의 진지하고 깊이 있는 고민을 통해 새로운 시각과 진전된 논의가 시작될 수 있는 계기를 제시할 것이며, 연구자에게는 혼자 짊어져 왔던 무겁고 큰 숙제를 세상에 풀어놓는 자유를 제공할 것입니다. 그런 점에서 우리 연구소의 학술연구총서는 다른 누구보다 연구자를 위한 것이라고도 할 수 있습니다. 연구자에게 나에서 우리로, 혼자에서 같이로, 다 함께 하는 논의와 논쟁의 장을 만들어 홀로 걸었던 외로움을 벗어버리고 자유로우면서도 깊이 있고 다양한 논의를 통해 더 깊은 시야를 제공할 수 있을 것이기 때문입니다.

우리 연구소의 학술연구총서 2권은 고운 최치원을 대상으로 한 것입니다. 고운 최치원은 한국과 중국 두 나라에서 모두 문학적인 성가聲價를 인정받은 당대의 문호文豪였습니다. 그렇기 때문에 최치원에 대한 연구는 한국과 중국에서 오랜 시간 지속되었고 또 진행 중이지만, 아직까지 명확하게 밝혀진 사실들이 많지 않습니다. 이 책에서 연구자는 고운 최치원의 삶을 통시적인 시각에서 바라보면서, 그의 시문학 세계를 그의 삶과 연계하여 살펴보려고 노력했습니다. 그리고 이 책을 통해 인간 최치원에 대한 단서를 찾으려고 했습니다. 연구자는 낯선 이국땅에서부터 최치원이라는 인물에 대해 가졌던 관심을 현재까지 유지하고 있습니다. 그래서인지 이 책에는 연구자의 학문적 고민 이상의 것이 담겨 있습니다. 이 책의 출간으로 연구자는 가슴 뭉클한 기분과 함께 진한 아쉬움을 가질 것입니다. 연구자에게 어떤 느낌이 더 크게 다가올지는 모르겠지만, 이 책의 출간으로 연구자는 그간의 고민을 정리하고 새롭게 출발하는 계기를 가지게 되었을 것입니다.

우리 연구소의 학술연구총서는 연구자가 학계와 일반 대중에게 소통과 공감을 구하는 것입니다. 그런 만큼 우리 연구소의 학술연구총서는 인문학 관련 전문 연구자뿐만 아니라 일반 대중들에게도 적지 않은 가치가 있을 것이라고 생각됩니다. 이후로도 이와 같은 학술연구총서의 발간이 충실하게 이루어지기를 기대하며, 학술연구총서의 집필을 위해 애써주신 연구자와 간행에 물심양면으로 도움을 주신 도서출판 학자원의 김병환 사장님께 깊은 감사의 마음을 전합니다.

2020년 3월

단국대학교 부설 한국 고전문학 텍스트 연구소장

책을 펴내면서

한 명의 작가가 두 나라에서 자연스레 자국의 문인으로 인정받으며 각국의 문학사에 편입된다는 것은 세계문학사에 있어서도 매우 특이한 경우이다. 모국이 아닌 외국에서 외국어로 문학 활동을 하며 그 나라에서도 뛰어난 문인으로 인정받았다면, 그 작가의 역량과 재능이 얼마나 뛰어난가를 충분히 짐작해 볼 수 있다. 실질적으로 이러한 성과를 거둔 인물이 있으니 만당시기, 신라후기의 문인 고운 최치원이 바로 그러하다.

중국의 학자들은 최치원에 대해 다음과 같이 말한다. "최치원은 한국 시인이기도 하지만 또한 당대唐代의 시인이기도 하다. 최치원이 귀국 후 편찬한 『문집』 30권은 이미 오래전 실전되었으며, 현전하는 온전한 시문집이라고는 그가 당조에서 관리생활을 할 당시 지은 『계원필경집』뿐이다. 그렇기 때문에 장소, 내용, 언어 등의 측면에서 보면 그는 당대 시인이라 할 수 있다. 반면 민족, 출생지, 장지, 현대의 국적 측면 등에서 보면 그는 한국 시인인 것이다. 그는 몸소 중·한 양국의 우의와 문화 교류를 앞장서 구현해 낸 것이다."(마지아쥔馬家駿) ; "신라 시인 최치원은 명실상부한 만당 시인이라 할 수 있다. 그의 작품은 당연히 우리 중국의 고대 문학작품들과 매한가지로 받아들여야 할 것이며, 진지하게 본받고 계승하며 연구할 충분한 가치가 있다."(흐어위앤何鳶) ; "최치원의 저술과 그의 이름은 중한 양국의 문화사에 영원토록 기록될 것이다. 최치원은 중세에 당으로 건너와 공부한 아시아 각국의 유명 문화 인물들 중에서도 가장 뛰어나며 또한 가장 많은 성취를 이룩해 낸 인물이며, 전해지는 사료 또한 가장 온전한 걸출한 시인이다. 그의 저술은 우리 중한 양국 공동의 귀중한 유산이며, 함께 공동 연구할만한 충분한 가치가 있다."(흐어밍이앤何鳴雁) 즉, 중국 연구자들은 최치원과 그의 문학을 외국인이나 비교문학의 대상으로 생각하기보다는 자국 문학의 일부로 받아들이고 평가하고 있다.

이렇게 최치원이 중국과 한국 양국 모두에서 뛰어난 문인으로 인정받는 것은 그가 당에서이든 신라로 돌아간 후이든 문학 창작 활동에 사용한 문자가 바로 '한자'였다는 것이 가장 큰 이유가 될 것이다. 게다가 최치원이 당에서 18년이란 긴 시간을 머물며 과거급제도 하고 관리생활도 하였으며, 유명 문인들과 교류하며 당시의 시·문풍을 몸소 체험하며 문학 활동을 하였기에 만당시인으로 좀 더 자연스럽게 받아들여질 수 있었던 것으로 보인다. 그리고 최치원은 신라로 돌아온 이후에도 한문으로 계속하여 문학 활동과 저술활동을 하였다.

최치원은 한국문학사상 현전하는 최고最古의 개인 문집인 『계원필경집』을 남기는 등 한국 한문학의 기초를 닦은 인물로 간주되고 있다. 물론 최치원이 중국 문학사에서는 단지 만당시기의 저명한 문인 중의 한 사람에 불과한 반면, 한국 문학사에서는 '한국 한문학의 개산비조開山鼻祖'로 추앙받으며 매우 큰 위치를 차지하는 인물이라는 점에서 그 비중에 다소 차이가 나기는 한다. 때문에 중국보다 한국에서 최치원 관련 연구가 훨씬 더 많이 이루어진 것은 당연한 일이라 할 수 있다. 하지만, 1990년대 이후 중국에서도 최치원 관련 연구가 매우 활발하게 진행되고 있으며 그 연구 방향과 방법도 더욱 다양화되고 국제화되는 경향을 띠고 있다.

최치원의 생애와 한시에 관한 연구는 한·중 양국 모두에서 이미 많은 연구가 이루어진 바 있다. 하지만 최치원의 생애 특히 재당사적에 대해서는 아직까지도 논란이 되는 부분이 적지 않으며, 중국과 한국의 견해 차이도 심한 편이다. 그리고 중국에서도 최치원의 한시 문학에 관한 연구가 많이 이루어지기는 했지만, 현재까지는 현존하는 최치원의 시 전부를 대상으로 하여 구체적이고 종합적으로 살펴본 논문을 찾아보기 어렵다. 이것은 그간 양국의 연구 성과를 참조할 만한 상황과 여건이 마련되지 않은 것도 그 이유가 되었을 것이다. 이에 필자는 본고에서 최치원의 생애와 한시를 고찰함에 있어 한중 양국의 자료와 연구 성과에 대한 종합적 검토를 거침으로써 그 연구 방법의 범위를 좀 더 확대시켜 보다 타당한 연구 성과를 얻어 내고자 노력하였다.

2020년 3월

저자

차례

제3부

귀국 후 고운 최치원의 한시 문학

제4부

정리를 대신하여

제1부

고운 최치원의 생애 재고

1. 최치원의 출생연도 및 과거급제 당시 연령 재고

1) 서론

최치원의 생애에 대한 연구는 최치원 연구의 한 분야로 자리 잡았다고 할 수 있을 만큼 문학, 사학, 철학 등 각 분야에서 많은 연구가 이루어졌으며 아직도 지속적인 연구가 이루어지고 있다. 그리고 중국에서도 최치원 관련 연구가 한국 못지않게 활발하게 진행되고 있으며,[1] 최치원의 재당 생애 등에 대한 연구는 한국의 그것보다 활용 자료도 더 풍부하고 구체적이며 그 내용도 한국의 그것과 사뭇 다른 면이 적지 않다. 하지만 아직까지 한국의 연구 성과를 중국 학계에서 참고하거나, 중국의 연구 성과를 한국 학계에서 참고하는 경우는 그리 많지 않다. 특히 최치원의 출생연도와 과거 급제시의 연령에 대해 한국에서는 논란이 된 적이 거의 없는데, 중국에서는 이에 대해 구체적으로 언급한 논문이 적지

1 중국에서 최치원 관련 연구는 1980년대부터 시작되어 1990년대 이후 상당히 활성화 되었으며, 현재까지만도 100편이 넘는 일반 논문과 십 수 편의 석·박사학위 논문이 발표되었으며 몇 권의 단행본도 출판되었다. 조성환은 이러한 중국의 최치원 관련 연구 논문 중 각종 학술지에 실린 논문 60여 편을 번역하여 '조성환 편역, 『중국의 최치원연구』(심산, 2009.11)'를 출판한 바 있다.

않다.

현재까지 최치원의 출생 연도와 과거급제시의 연령에 대한 이설은 대략 세 가지가 있는데, '857년 출생, 18세 급제설', '856년 출생, 19세 급제설', '855년 출생, 20세 급제설'이 바로 그 것이다.[2] 이 중 '857년 출생, 18세 급제설'이 여태껏 정설로 받아들여지고 있으며, 특히 한국에서는 이를 거의 확신하는 분위기이며 이에 대한 의문이나 반론이 제기된 적도 거의 없다. 그러나 21세기 이후 여러 학자들, 특히 주주위諸祖煜,[3] 리우웨이劉偉,[4] 팡샤오웨이方曉偉[5] 등과 같은 중국학자들이 이 정설에 대해 의문을 제기하며 '855년 출생, 20세 급제설'을 주장하고 나섰다. 반면 856년 출생설은 별다른 지지를 받지 못하고 있다.[6] 물론 나이차가 심하게 난다면 몰라도 겨우 한두 살 정도 차이가 나는 것을 두고 어떤 것이 옳은가를 밝히는 것은 그다지 의미가 없는 작업일 수도 있다. 더욱이 고대 위인들 중에는 그 출생연도가 불분명한 경우가 부지기수라는 점을 고려하면 더욱 그러하다. 게다가 최치원의 경우에는 여러 고전문헌에 이미 이에 대한 분명한 기록이 있으므로 이는 더더욱 불필요한 논쟁이라 볼 수도 있다. 그런데도 왜 이 부분에 대해 논의가 그치지 않는 것일까?[7] 그리고 최치원의 출생연도와 과거급제시의 연령 등에 있어 연구자

2 출생연도와 급제시기의 연령이 한 조로 구성되는 것은 최치원이 12살에 당으로 유학을 떠났다는 사실과 874년에 과거에 급제했다는 사실에는 의심의 여지가 없기 때문이다.

3 諸祖煜, 「崔致遠登第年齡考」, 『揚州教育學院學報』 2001年 第1期, 揚州教育學院, 32~36면.

4 劉偉, 「桂苑筆耕集考述」, 陝西師範大學 碩士學位論文, 2004, 2~8면.

5 方曉偉, 『崔致遠思想和作品研究』, 廣陵書社, 2007, 1~9면.

6 856년 출생설을 주장한 국내 연구자로는 김혜숙(「최치원 시문 연구」, 『국문학연구』 51, 국문학연구회, 1981년, 9~41면.)과 김태호(「최치원 시의 연구－작시의 의식적 경향」, 성균관대학교 대학원 박사학위논문, 2012, 41~44면.) 등이 있다.

7 최치원의 출생연도와 과거급제 연령에 대해 최근에 이루어진 논의로는 李定廣(「關於崔致遠研究的三個誤區及其突破」, 『學術界』 2012年 第9期, 安徽省社會科學界聯合會),

들의 견해 차이가 생기는 이유는 무엇 때문일까? 그 이유는 아마도 우선적으로는 최치원 자신이 남긴 글에서 명확한 답을 찾을 수 없기 때문일 것이며, 그 다음으로는 전해져 오는 후대의 여러 문헌 기록을 있는 그대로 다 믿을 수 없기 때문일 것이며, 마지막으로는 설령 동일한 자료와 기록이라 할지라도 이에 대한 학자들의 각기 다른 견해와 해석에 따라 그 결론도 달라지기 때문일 것이다. 그래서 본고는 최치원의 생애 중 그의 출생연도와 과거급제시의 연령에 대해 비교적 구체적으로 고찰한 중국학자들의 연구 성과 소개를 겸하여 그간의 한·중 논의를 종합하여 재고찰하고자 한다.

당인핑党銀平은 정설인 '857년 출생설'을 좀 더 구체적으로 논증하였으며 그의 견해가 857년 출생설을 대변한다 할 수 있다.[8] 반면 주주위諸祖煜는 '857년 출생설'에 의문을 제기하며 855년 출생설을 주장하였는데, 그의 견해가 '855년 출생설'을 대변한다고 볼 수 있다.[9] 본고에서는 '856년 출생설'은 생략하고 '857년 출생설'과 '855년 출생설' 각각의 논리와 그 문제점 혹은 의문점을 살펴보며 과연 어느 설이 더 논리적이며 더 설득력이 있는지 고찰해보도록 하겠다. 최치원의 생애를 연구한 논자들 대부분이 최치원의 나이를 고찰함에 있어 대부분 주세周歲[만 나이]가 아닌 허세虛歲[한국 나이]를 사용하며, 최치원이 당에 머문 기간 등 햇수를 계산할 때는 대부분 허계법虛計法이 아닌 실계법實計算法[만으로 계산하

후앙이화(「최치원 급제 연령의 재고」, 『연민학지』 21, 연민학회, 2014.), 최영성(「고운 최치원의 생애 재고찰－생애의 중요한 몇 장면들」, 『한국철학논집』 51, 한국철학사연구회, 2016.)의 논문이 있다.

8 党銀平, 「東國文學之祖崔致遠先生生卒年考」, 『遼寧師範大學學報』(社會科學版) 2001年 第5期, 遼寧師範大學, 76~77면.

9 諸祖煜의 글은 최치원의 출생연도를 고증한 것이 아니라, 과거급제시(874년)의 최치원의 나이를 고증한 것이다. 그러나 이는 결국 최치원의 출생연도와 직접적으로 연결되며, 그의 이 고증은 결국 최치원의 855년 출생설을 제시한 것이라 볼 수 있다.

는 방법]을 사용하고 있다. 게다가 최치원 자신도 연수를 계산할 때는 실계산법을 주로 사용했다.[10] 따라서 필자 역시 본고에서 그러한 방법을 따르도록 한다.

최치원이 자신의 문집 『계원필경집』에 남긴 글들 중 최치원의 출생연도와 과거급제시의 연령을 추측하는 데 있어 그 실마리가 될 수 있는 기록들을 살펴보면 다음과 같다.

① 年十二, 離家西泛(12살에 집을 떠나 당으로 유학을 떠났습니다. 「桂苑筆耕集序」)

② 觀光六年, 金名榜尾(관광 6년 만에 과거에 급제하였습니다. 「桂苑筆耕集序」)

③ 自十二則別鷄林, 至二十得遷鶯穀, 方接青襟之侶, 旋從黃綬之官(열두살에 신라를 떠나, 스무 살에 앵곡으로 옮김을 얻어, 바야흐로 청금의 벗을 접하고, 그 후 황수의 벼슬에 종사하게 되었습니다. 권17 「初投獻太尉啓」)

④ 伏惟太尉念以依門館次三千客, 別庭闈已十八年(태위께서 문관에 의지한 삼천객이 부모님이 계신 집을 떠난 지 벌써 18년이란 것을 생각하시어. 권18 「謝探請料錢狀」)

⑤ 伏緣某自年十二離家, 今已二九載矣[11](제가 12살에 집을 떠났으니 지

10 "옛날 사람들이 첫해에서 마지막 해까지 연수를 계산하는 방법에는 實計과 虛計 두 가지가 있었다. 일례로, 기원 후 2년에서 5년까지라면 실계로는 3년이며, 허계로는 첫해와 마지막 해를 포함시켜 4년이 된다. 보통 이 둘은 1년의 차이가 생겨나게 되는데, 첫해가 연초이고 마지막 해가 연말인 상황에서는 허계와 실계의 연수가 서로 같게 된다. 어떤 방법을 쓰는가는 각자의 습관에 따라 다르다. …… 그러나 최치원은 연도 계산에 습관적으로 대부분 실계산법을 사용했다."(諸祖煜, 앞의 논문, 34면.) : 최치원이 '실계산법'을 사용한 구체적인 예는 諸祖煜의 글 참조.

11 "今已二九載矣"를 884년인 지금 29세가 되었다고 해석할 경우는 최치원은 856년 출생한 것으로 볼 수도 있게 되어, 이 경우 867년 12세의 나이로 입당하여 7년 후인 874년 19세 때 과거에 급제한 것이 된다. 한국에서는 김혜숙(앞의 논문)이 이를 29세로 해석하며, 856년 출생 19세 과거급제설을 언급한 바 있다.

금 이미 2*9(18)년이 지났습니다. 권20「謝許歸覲啓」)
⑥ 中和甲辰年(884)冬十月, 奉使東泛, 泊舟於大珠山下(884년 겨울 시월에 사신이 되어 동쪽으로 가 대주산 아래에 배를 대었다. 권20, 〈石峰〉詩題自注)

그리고 최치원 자신의 서술이 아니긴 하지만 확고부동한 사실로 인정받아 의심의 여지가 없는 사실도 그 실마리이자 근거로 삼을 수 있다.

⑦ 唐僖宗乾符元年(鹹通15年, 874년) 과거급제(徐松,『登科記考』卷23; 金富軾,『三國史記』卷46「崔致遠傳」등)
⑧ 憲康王十一年(885)三月, 崔致遠還(신라 헌강왕 11년 3월 최치원이 귀국했다. 金富軾,『三國史記』卷11)

2) 857년 출생, 18세 급제설

(1) 근거

'857년 출생, 18세 급제설'의 근거가 되는 논리는 위의 ①, ②, ③, ⑥, ⑦, ⑧과 함께 후세 문헌에서 찾아볼 수 있는 다음 기록들이다.

⑨ 十二乘船渡海來, 文章感動中華國, 十八橫行戰詞苑, 一箭射破金門策(열두살에 배를 타고 바다를 건너와 그 문장 중국을 감동시켰네! 열여덟살에 글싸움 하는 곳에 나아가 한 화살로 금문책을 깨었네." 金富軾,『三國史記』卷46,「崔致遠傳」등)
⑩ 及年二十八歲, 有歸寧之志(28세에 귀국할 뜻을 가졌다. 金富軾,『三國史記』卷46,「崔致遠傳」등)
⑪ 公亦自敍云"巫峽重峯之歲, 絲入中華. 銀河列宿之年, 錦還故國"(공께서 친히 서술하여 말씀하셨다. "무협의 겹쳐진 봉우리의 나이인 12세에 미미한 몸으로 중화에 들어가고, 은하수가 펼쳐진 별자리의 나이인 28세에

비단을 입고 고국으로 돌아갔다." 李仁老, 『破閑集』)

이들 중에서도 이 설의 근간이 되는 논리의 핵심은 바로 ⑦과 ⑨가 함께 어울려 '최치원이 과거에 급제한 건부乾符 원년元年(874년) 당시 18세'이었다는 사실이다. 그리고 ②'관광 6년 만에 과거에 급제하였다'는 사실에 근거하여 6년을 제하면 당으로 유학 온 해는 868년이 되며 당시 12세가 된다. 따라서 최치원의 출생연도는 바로 857년이 되는 것이다. 그리고 ⑩'귀국의 뜻을 가졌을 당시 28세였다'는 기록과 ⑥'884년 귀국길에 올랐다'는 기록을 연관시켜 최치원이 귀국 길에 올랐을 당시의 나이는 28세임을 알 수 있으며, ⑧'885년 3월 신라로 돌아왔을' 당시에는 29세였음을 알 수 있다. 따라서 최치원이 당에 머문 기간(좀 더 확실하게는 신라 집을 떠난 이후의 시간)은 868년부터 884년까지 16년인 것이다. 그리고 이것은 ⑪'최치원 자신이 12세(巫峽重峯之歲)에 당으로 건너와 28세(銀河列宿之年)에 귀국하였다'는 기록으로 보충 설명이 된다. 또한 ③'二十得遷鶯穀'(이것을 스무 살에 관직에 나아갔다고 해석할 경우)라는 사실도 최치원의 재당 행적과 맞아 떨어진다. 게다가 김부식의 『삼국사기』를 비롯하여 수많은 한국 고전 문헌들[12] 거의가 최치원이 과거급제 당시 18세였음을 밝히고 있는 것도 이 설을 지지하는 중요한 근거가 된다. 얼핏 보기에 별다른 문제점이 발견되지 않으며, 논리적으로도 아무런 문제가 없어 보인다. 그러하기에 20세기까지 최치원의 출생연도에 대해 별다른 논란이 없었으며, 정설로 굳어질 수 있었던 것이다. 하지만 이 논리에는 몇 가지 의문 혹은 문제점이 있다.

12 崔瀣, 『拙稿千百』 卷2, 「送奉使李中父還朝序」; 徐居正, 『東國通鑑』; 曺偉, 『梅溪集』 卷四 「題崔文昌傳後」; 安鼎福, 『東史綱目』; 徐有榘, 「校印桂苑筆耕集序」; 李圭景, 『五洲衍文長箋散稿』, 「崔文昌事蹟辨證說」 등의 문헌들은 모두 최치원이 18세에 과거에 급제하였다고 기록하고 있다.

(2) 문제점

[1] 최치원이 874년 과거급제 당시 18세였다는 것을 어떻게 증명할 수 있는가?

물론 최치원 자신이 확실하게 그렇다고 서술한 자료가 전해지고 있다면 이에 대한 논란의 여지가 없을 터이다. 최치원은 분명 "觀光六年, 金名榜尾"라고 하였는데, 보통 이것을 12세에 입당하여 6년 동안 수학한 후 18세에 과거급제했다고 보는 근거로 삼는다. 그런데 여기서 생각해 볼 문제는 최치원이 12세인 868년 유학길에 올라 과연 그 해에 당에 도착하였는가의 문제이다. 최치원이 귀국길에 올랐을 때도 중화中和 갑진년甲辰年(884) 겨울 10월 이전에 귀국길에 올랐지만 신라에 도착한 것은 '헌강왕 11년(885) 3월'이다. 따라서 최치원이 비록 12세에 신라를 떠나 당나라로 향했지만, 그 해에 도착하지 않았을 수도 있다. 이런 면에서 "열두 살에 집을 떠나 이듬해에 당에 들어갔다."[13]라는 기록들도 결코 무시할 수만은 없을 것이며 오히려 참고할 만하다 하겠다. 만일 최치원이 12세에 신라를 떠나 868년 말이나 이듬해인 869년 초 13세에 당에 도착해 학업을 시작한 것이라면 874년 초 과거급제하기까지 단지 5년 정도의 시간만 흐른 후이므로 '관광육년'을 입당 후 6년 동안 수학했다

13 『中國史稿』 第4冊 第9 章 「朝鮮」, "十二歲離家, 明年入唐, 十九歲, 中進士, 三十歲返國. (12세에 집을 떠나 이듬해에 당에 들어가, 19세에 진사에 급제하였으며, 서른 살에 귀국했다.)" (諸祖煜, 위의 논문, 33면에서 재인용) ; 그리고 김혜숙은 彭鬱文의 『韓中詩史』 卷三에서 인용했다며 "致遠은 新羅사람인데 懿宗 鹹通 8年(867)에 집을 떠나 西로 올 제 時年은 12세였고 그 이듬해에 중국에 당도하였다. 6년을 지나 僖宗 乾符 元年 봄에 登第하니 時年은 19세였으며 그 후 중국에 遊宦하여 10년의 세월을 보냈고 僖宗 中和 4년에 覲親次로 東歸할 제는 29세였었다."라는 내용을 싣고 있다. (김혜숙, 앞의 논문, 28면.)이 기록들이 '856년 출생, 19세 급제설'을 주장하고 있거나 혹은 그 근거가 되는 자료로 사용된다. 그러나 党銀平(『東國文學之祖崔致遠先生生卒年考』), 諸祖煜(『崔致遠登第年齡考』) 등은 이 설이 가지는 문제점을 구체적으로 분석하며 이 설이 근거와 논리가 부족함을 지적하였다.

는 의미로 해석한다면 이 사실과 서로 어긋나게 된다. 또한 당시 당의 제도에는 국자감에 입학할 수 있는 나이에 제한 규정이 있어, 14세가 되어야만 국자감 입학이 가능했다. 그렇다면 최치원이 과연 입당한 바로 그 해에 12세(866년) 혹은 13세의 나이로 국자감에 입학할 수 있었는지, 그리고 국자감에 입학하기 전(868년)까지의 1~2년의 시간을 '관광육년' 안에 포함시켜야 하는 것인지 말아야 하는 것인지도 문제의 소지가 있다.

최치원이 18세에 과거에 급제하였다는 문헌상의 최초 기록은 『삼국사기』인데, 그것도 "乾符元年甲午(874年), 禮部侍郞裴瓚下, 一擧及第."(건부 원년 예부시랑 배찬 아래에서 단 번에 과거에 급제하였다.)라고만 밝히고 있을 뿐 직접적으로 18세에 급제하였다고 밝히지는 않았다. 다만 같은 해에 과거에 함께 급제한 고운顧雲이 최치원이 귀국할 때 지어주었다고 하는 송별시 〈유선가儒仙歌〉를 인용하여 ⑨"十八橫行戰詞苑, 一箭射破金門策."(열여덟 살에 글싸움 하는 곳에 나아가 한 화살로 금문책을 깨었네.)라며 간접적으로 18세에 급제한 것임을 밝히고 있다. 하지만 고운顧雲의 송별시 〈유선가〉는 『전당시全唐詩』를 비롯한 중국 문헌 그 어디에서도 찾아볼 수 없으며, 오로지 그 이후 200여 년이 더 지난 후의 문헌인 『삼국사기』에서야 비로소 그 존재를 확인할 수 있다. 그런즉 이 시를 고운顧雲의 시라고 확단하기에는 다소 미심쩍은 부분이 있기는 하다.[14] 따라서 최치원이 18세에 급제했을 가능성만큼이나 그렇지 않을 수도 있다는 가능성 역시 존재한다고 보아야 할 것이다.

14 李定廣 역시 顧雲이 주었다는 송별시 〈儒仙歌〉는 고려인들이 顧雲의 입을 빌어 최치원을 미화하고자 한 글이라는 견해를 제시하였다. (앞의 논문, 31면.)

[2] '至二十得遷鶯穀'을 과연 최치원이 20세에 율수현위로 부임한 것으로 해석할 수 있는가?

최치원의 출생연도와 과거급제시의 연령을 고찰함에 있어 '스무 살에 앵곡으로 옮김을 얻었다[至二十得遷鶯穀].'에 대한 해석 역시 매우 중요한 역할을 한다. 하지만 이에 대한 해석에 따라 이것이 '18세 급제설'의 근거가 되기도 하고, '20세 급제설'의 근거가 되기도 한다. 당인핑党銀平은 "'앵곡鶯穀'이란 말은 원래 '앵처심곡鶯處深穀'이란 말에서 유래한 것으로, 대개 현재賢才들이 출세하기란 여간 힘든 일이 아니라는 뜻으로 과거급제를 의미하기도 한다. 그런데 이 말은 신사급제를 비유하는 것 말고도, 일반적인 관직의 진급을 의미하는 경우가 더 많다. 「계원필경집서」에 의하면, 최치원이 18세에 급제한 후 동도 낙양에서 2년 동안 유랑 생활을 하다가 20세 때에 율수현위로 임명되었다고 하였다. 그러므로 '지이십득천앵곡'란 말은 당연히 현위로 임명된 일을 두고 말하는 것일 뿐 급제 연령을 말한 것은 결코 아니다."[15]라며 이것이 율수현위로의 부임을 의미한다고 주장한다. 반면 마지아쥔馬家駿은 '지이십득천앵곡'이 과거급제를 의미한다며 "최치원 자신은 스무 살에 진사 시험에 합격했다고 말하였으며, 한국의 어떤 책에서는 그가 열여덟 살에 과거에 급제했다고 말하는데, 아마도 최치원의 자술이 더 정확한 듯하다. 그가 스무 살 되던 해는 신라 헌강왕 2년, 즉 876년이니 20년(실제로는 만 19년)을 거슬러 올라가면 857년이고, 이 해가 최치원이 태어난 해인 것이다."[16]라고 말하고 있다. 하지만 그는 최치원이 과거에 급제한 해를 874년이 아닌 876년으로 잘못 파악하였다. 이는 아마도 그가 기존의 857년 출생설을 이미

15 党銀平, 앞의 논문, 77면.

16 馬家駿, 「崔致遠和他的詩」, 『陝西師範大學學報』(哲學社會科學版) 1983年 第2期, 陝西師範大學, 62면.

받아들인 가운데 계산을 하다 보니 그런 오류가 생긴 것 같다. 만일 그가 최치원이 과거에 급제한 정확한 시기를 알았더라면 855년 출생설을 주장했을 것이라 생각된다.

만일 당인핑党銀平의 주장대로 '지이십득천앵곡'을 최치원이 스무 살에 율수현위로 부임한 사실을 서술한 것이라고 가정하면 몇 가지 모순이나 의문이 생긴다. 최치원은 처음 관직을 받아 율수현위직으로 부임해 간 것인데, 처음 맡은 관직을 가지고 승직이라 칭하기는 어렵지 않을까? 게다가 이것을 율수현위직을 맡게 된 것으로 해석하면 12세에 당으로 유학을 떠나 20세에 벼슬을 하게 되었다는 내용이 되어, 최치원이 고병高駢에게 자신을 발탁해주기를 바라며 쓴 「초투헌태위계初投獻太尉啓」에 당시까지의 인생에서 가장 중요한 사건이자 영광스러운 일이라 할 수 있는 과거급제에 대한 내용이 빠지게 된다. 그것도 열여덟이라는 어린 나이에 당당히 과거에 급제한 자랑스러운 경력을 빼먹게 되는 것이다. 더군다나 "대체로 진사과 시험이 가장 어려워서 심지어는 백발의 노인이 될 때까지도 급제하지 못하여, 과거 시험장에서 '서른에 명경과明經科합격은 늦은 것이고, 쉰 살에 진사 합격은 빠른 것이다'라는 말이 결코 거짓이 아니었다."[17]고 한 사실에서도 알 수 있다시피 18세라는 어린 나이에 과거급제했다는 것은 당당히 드러내놓고 자랑할 만한 일일 텐데 그것을 누락시켰다는 것은 쉽게 수긍이 되지 않는다. 그리고 당인핑党銀平은 당희종 건부 2년(875) 반포된 규정, 즉 "진사 급제 이후 반드시 2년이 지난 후에야 임관 신청을 할 수 있다"[18]는 당시의 규정을 제시

17 諸祖煜, 앞의 논문, 35면.

18 徐松, 『登科記考』 卷23, 中華書局, 1984, 869면, "自今以後, 進士及第, 並須滿二周年後, 諸道藩鎭及戶部度支, 鹽鐵及在京諸司, 方得奏請."(이제부터는 필히 진사에 급제한 후 만 2년이 지난 사람에 한해서만 각도의 藩鎭과 戶部度支, 그리고 염철전운사 및 경성의 諸司가 조정에 신청하여 그들에게 수직할 수 있게 한다.)

하며 최치원이 이 기간 동안 동도유랑을 한 것이라고 하고 있다.[19] 그의 말대로 '지이십득천앵곡'이 과거급제가 아니라 최치원이 20세에 율수현위직을 맡아 부임하게 된 것을 의미한다고 하면 그 시기는 876년 초이어야만 한다. 그런데 현재 연구자들은 그 부임시기를 대부분 876년 말이나 877년 초로 파악하고 있다. 심지어 당인핑党銀平 자신도 "최치원이 정식으로 율수현위로 부임한 시간은 건부 4년(877)"[20]이라 하고 있어 이에 대한 해석과 결론이 서로 모순된다. 또한 자오이앤趙妍의 고증에 따르면 당대唐代의 과거급제자는 당대전선제도唐代銓選制度[21]에 따라 급제 후 3년을 수선守選해야 하며 이부吏部의 시험에서 합격한 후에야 비로소 관직을 수여받을 수 있었다고 한다.[22] 그렇다면 874년 봄 과거에 급제한 최치원이 관직을 받을 수 있는 시기는 877년, 즉 21세 때가 된다. 따라서 '지이십득천앵곡'이 최치원의 '857년 출생 18세 급제설'을 증명할 수 있는 확실한 근거가 된다고 보기는 어렵다.

[3] 최치원이 당에 머문 기간은 과연 16년이며 귀국 길에 올랐을 때 28세였는가?

'857년 출생설'의 주장에 따르면 최치원은 868년부터 884년까지 16년 동안 당에 머물렀으며, 884년 귀국길에 올랐을 당시 28세였다고 한다. 하지만 이 부분은 오히려 857년 출생설을 부정하는 가장 큰 이유이자

19 당인핑 저, 마중가 역, 앞의 책, 50~51면.

20 위의 책, 52면.

21 銓選 : 唐宋의 관리 선발제도. 황제에 의해 임명되는 최고급 職官을 제외한 일반 직관(특히 六品 이하의 직위와 관직)은 吏部에서 부족한 관직을 대기자들 중에서 선발하였는데, 자격이 있는 자들은 守選(규정된 기간 동안 吏部의 銓選을 기다림)해야 했다.

22 趙妍, 「從中晩唐銓選制度考察崔致遠在唐及第後的仕宦經歷」, 『延邊教育學院學報』 第22卷 第1期, 延邊教育學院, 2008, 23면.

빌미가 된다. 이 문제에 대해 최치원 자신이 남긴 명확한 기록이 있다면 이 문제는 좀 더 쉽게 해결될 수 있을 것이다. 여기서 먼저 눈여겨볼 것이 바로 이인로의 『파한집』에 기록된 ⑪"公亦自敍云:'巫峽重峯之歲, 絲入中華. 銀河列宿之年, 錦還故國'"(공께서 친히 서술하여 말하셨다. "무협의 겹쳐진 봉우리의 나이인 12세에 가녀린 몸으로 중화에 들어가고, 은하수가 펼쳐진 별자리의 나이인 28세에 비단을 입고 고국으로 돌아갔다.")라는 글이다. 만일 이 글이 이인로의 말처럼 최치원 자신이 직접 남긴 글이라면 최치원이 28세에 금의환향한 것에는 의심의 여지가 없을 것이다. 하지만 현전하는 최치원의 글 어디에서도 이 글을 찾아볼 수 없으며, 이인로 역시 이 글이 최치원의 어떠한 글에서 인용한 것인지 밝히고 있지 않아 그 진위여부가 의심된다. 게다가 서거정 역시 『필원잡기』에서 이 글을 인용하고 있지만, 그는 이를 최치원의 자술(公亦自敍云)이 아니라 어떠한 이가 준 글(有贈言者曰)이라 하고 있다. 이는 아마도 서거정 그 자신도 이 글이 최치원의 글이라는 확신이 없었거나, 아니면 혹 그 어떤 근거에 의해 최치원의 글이 아닌 어떠한 이가 준 글이라 말한 것으로 볼 수 있다. 따라서 이 글을 최치원 자신이 남긴 글로 확단하기는 어려울 것이며 그렇다면 최치원이 28세에 귀국했다고 자술했다는 사실도 완전히 믿을 수는 없을 것이다.

최치원이 귀국길에 오른 884년 당시 28세였으며, 그때까지 당에 머무른 기간은 16년이라는 '857년 출생설'의 주장을 반박하는 근거는 다름 아닌 최치원 자신의 서술이다. 최치원 자신이 ④"別庭闈已十八年"(부모님이 계신 집을 떠난 지 벌써 18년)라며 신라를 떠난 지 18년이 지났다고 분명히 밝히고 있기 때문이다. 그런데도 당인핑党銀平은 "최치원이 12세(868)에 신라를 떠나 입당한 후부터 중화 4년(884)까지는 단지 16년 밖에 안 된다. 그러므로 최치원이 언급한 18년은 일종의 약수에 불과하다."

[23]라고 서술하고 있다. 하지만 과연 이것을 단순히 약수에 불과하다고 치부해버릴 수 있을까? 만일 약수로 표현한 것이라면 반올림하여 20년으로 하면 되는데 왜 이를 굳이 18년이라 하였는지도 의문이다. 차라리 이 '십팔년十八年'을 '십육년十六年'의 오자로 보는 편이 더 수월할 수도 있을 것이다. 하지만 이를 오자로 보기에는 여태까지 그 어떤 본에서도 이를 오자로 보게 할 만한 근거가 발견되지 않았으므로 이를 오자로 간주해 버리기에도 무리가 따른다. 따라서 최치원이 당에 머무른 기간이 16년이며, 884년 당을 떠날 당시 28세였다는 것은 사실과 다르다고 보아야 할 것이다.

3) 855년 출생, 20세 급제설

(1) 근거

'855년 출생, 20세 급제설'은 후대 문헌상의 최치원 관련 기록보다는 최치원 자신의 서술을 더 중요시 한다. 그래서 앞부분의 ①~⑧의 사실들을 모두 만족시킨다. 하지만 최치원 자신의 서술만으로 일반적인 상식선에서 855년 출생설이 증명되는 것이 아니다. 예를 들어, 보통 "觀光六年, 金名榜尾"을 "당에 온지 6년 만에 과거에 급제하였다"고 해석하는데, 그렇다면 855년 출생설의 경우 당으로 건너온 12세 때에는 866년이 되고 거기서 6년 후이면 872년이 되어 당희종 건부 원년(874年)에 과거에 급제했다는 사실과 다르게 되는 식의 오류가 생긴다. 그렇다면 이러한 오류들을 어떻게 해결해야 하는가? 그러기 위해서는 최치원의 자술 이외에 그것을 보충 설명할 수 있는 당시의 제도나 어휘에 대한 해석이 필요하다.

23 党銀平, 앞의 논문, 77면.

ⓐ 唐代 국자감에 입학할 수 있는 연령은 최소 14세이다. 『新唐書』 卷34, 「選擧志上」 : "凡生, 限年十四以上, 十九以下 ; 律學十八以上, 二十五以下(학생의 무릇 학생의 나이는 14세 이상 19세 이하로 한하고, 율학은 18세 이상 25세 이하로 한다.)

ⓑ '觀光'은 국자감에 들어가 선사先師[孔子]의 위패를 우러러 보는 것, 즉 국자감에 입학하여 수학하는 것을 가리킨다. '觀光'이란 말의 어원은 『易·觀』의 "觀國之光,利用賓於王"(나라의 형편을 살펴보니, 임금께 국빈 노릇하는 것이 이로우리라)에서 나온 것으로, 주요한 뜻은 나라의 성대한 덕이 빛남을 본다는 뜻이다. 당나라 때 수도로 올라와 과거 시험에 응시하거나 국자감에 들어가 先師(공자)를 우러러 보는 것도 '관광'이라 불렀다.[24]

ⓒ '遷鶯穀'은 과거급제를 뜻한다. '遷鶯穀'란 말은 唐詩에 종종 등장하는 단어로, 『詩·小雅·伐木』의 "伐木丁丁, 鳥鳴嚶嚶, 出自幽穀, 遷於喬木"(나무를 쩡쩡 찍는데 새가 짹짹 울더니만, 골짜기에서 날아와 높은 나무에 올라앉네) 에서 유래하였다. 주로 진사과에서 급제하였거나 승직을 비유한다.[25]

ⓓ '青襟'은 새로운 진사를 의미한다. '青襟'의 원뜻은 학자로, 鹹通9年(868)에 劉允章은 새로운 진사 謁光師가 모두 청금을 입었다고 상주했다. 이후 '청금'으로 새로운 진사를 일컫게 되었다. (宋代 錢易『南部新書』乙卷說 : "鹹通九年(868), 劉允章放榜後, 奏新進士春關前擇日謁謝先師, 皆服青襟介幘, 有洙灑之風焉" ; 『新唐書』 卷160, 「劉伯芻傳」附云"子允章, 字蘊中, 鹹通中爲禮部侍郎. 請諸生及進士第並謁先師, 衣青襟介幘, 以還古制"[26])

ⓔ '黃綬'는 관리나 관직을 의미한다. 혹은 고대 관원이 매었던 황색 명주끈을 의미한다.

24 方曉偉, 앞의 책, 8면.

25 위의 책, 9면.

26 王勳成, 『唐代銓選與文學』(中華書局, 2001, 13면.)에서 재인용.

이 설의 주장에 따르면 최치원은 855년에 출생했으므로 12세에 당으로 유학을 떠나올 때는 866년이다. 그런데 최치원이 12세 당년에 당에 도착을 했건 그 이듬해인 13세에 도착을 했건 과연 도착하자마자 바로 국자감에 입학할 수 있었을까? ⓐ에서 알 수 있다시피 당대唐代 당시 국자감에 입학할 수 있는 연령은 최소 14세가 되어야만 가능했다. 그렇다면 당시 12세의 나이로 국자감에 입학할 수 있는 특별전형이나 특별대우가 있었는지 의문이며, 설령 그러한 것이 있었다고 해도 과연 최치원이 그러한 식으로라도 입학할 수 있었는지도 의문이다. 때문에 최치원은 12세에 당으로 건너와 14세가 되기 전까지는 국자감이 아닌 다른 곳에서 입학준비를 하며 수학하다가 14세에 국자감에 들어갔을 것이라고 보는 견해들이 제기되고 있다.[27] '855년 출생설'은 최치원이 14세에 국자감에 입학한 때는 868년이며, 874년 과거에 급제했을 때에는 20세라고 주장한다. 하지만 그리하면 866년 당으로 떠나 과거급제 때까지는 6년이 아닌 8년의 세월이 흐른 것으로, '관광육년'을 보통 인식하듯 당으로 와 수학한지 6년으로 해석하게 되면 이 역시 오류가 된다. 그렇다면 이 오류는 어떻게 해결할 것인가? 이를 해결할 수 있는 방법은 바로 어휘에 대한 정확한 해석으로 먼저 '관광'을 ⓑ처럼 '국자감에 입학하여 수학'하는 것으로 해석하면 이 오류는 해결될 수 있다. 즉, 866년 신라를 떠나 당에 도착한 후 공부하다가 868년 14세의 나이로 국자감에 입학하여 6년간 수학한 것으로 본다면 874년 과거급제한 것과 맞아 떨어지며

27 이현숙, 「나말여초 최치원과 최언위」, 『퇴계학과 한국문화』 35, 경북대학교 퇴계연구소, 2004, 200~204면 ; 조범환, 「최치원의 재당 활동과 귀국」, 『이화사학연구』 33, 이화사학연구소, 2006, 62면 ; 方曉偉, 위의 책, 7면 ; 장일규, 『崔致遠의 社會思想硏究』, 신서원, 2008, 90면 : 그러나 이들 중 한국의 이현숙, 조범환, 장일규는 최치원의 출생연도를 여전히 857년으로 보고 있으며, 18세에 과거 급제를 한 것으로 파악하였다. 즉, 그들은 '관광육년'을 국가감에서의 수학기간 6년이 아닌 당에서의 수학기간 6년으로 파악한다는 점에서 855년 출생설을 주장하는 이들과 성격을 달리한다.

당시 최치원의 나이는 20세인 것이다.

"열두 살에 신라를 떠나, 스무 살에 앵곡으로 옮김을 얻어, 바야흐로 청금의 벗을 접하고, 그 후 황수에 종사하게 되었습니다[至二十得遷鶯穀, 方接青襟之侶, 旋從黃綬之官]."에 대해 '857년 출생설'은 최치원이 20세에 율수현위로 부임하게 된 것으로 해석하는 반면, '855년 출생설'은 20세에 과거에 급제한 것으로 해석한다. 양쪽 모두가 이것을 각자의 논리로 활용하고 있는 것이다. 하지만 앞에서도 말한 바 있듯이 처음 관직을 맡게 된 것을 승직이라 하기에는 무리가 있으며, 고병에게 올린 자천서에 이 글을 적은 것은 최치원 자신의 약력을 소개하고 자신을 조금이라도 더 돋보이게 하기 위함인데 20세의 나이로 말단관직인 율수현위로 부임하였다는 사실보다는 약관의 젊은 나이로 과거에 급제했다는 것을 부각시킨 것으로 보는 편이 더 상식적이라고 생각된다. 게다가 ⓒ천앵곡, ⓓ청금, ⓔ황수의 어휘 해석을 통해서도 이는 '20세에 과거에 급제한 후, 새로운 진사들을 접하고, 그 후 율수현위직에 나아갔다'는 시간의 흐름에 따른 서술로 보아야 할 것이기에, '二十得遷鶯穀'을 승직보다는 과거 급제로 보는 편이 더 타당해 보인다. 그리고 최치원 자신이 분명하게 ④"집을 떠나온 지 이미 18년이 되었다."고 하였으며, ⑤"12살에 집을 떠나 이제 어느덧 2*9(18년)이 지났다."고 기록하고 있다. '855년 출생설'은 최치원이 12세에 신라를 떠나 당으로 향하였으며, 중화 갑진년(884) 겨울 10월 30세 때 귀국길에 올랐으므로 당에서 18년간 머물렀다고 주장하고 있어 이 조건도 만족시킨다. 그렇다면 '855년 출생설'은 과연 어떠한 문제점을 노출시키고 있으며 또 그것을 해결할 수 있는 방법이 있는지를 살펴보도록 하겠다.

(2) 문제점 및 그 해결

[1] 최치원은 어떠한 의도와 의미에서 '관광觀光'이란 어휘를 사용한 것인가?

'855년 출생설'에서는 '관광육년'을 국자감에 입학한 후 6년 동안 수학한 것이라고 본다. '관광'의 어원에 치중한 해석이긴 하지만, 보통 이것은 당으로 유학 온 지 6년이라는 의미로 받아들여져 왔다. 그러하기에 후대 문헌들은 대부분 12세에 입당하였기에 거기에 6년을 더해 18세에 과거에 급제한 것으로 기록하고 있는 것이라 여겨진다. 그러므로 '855년 출생설'은 단순히 이 '관광'이란 어휘가 '국자감에서의 수학'이라는 뜻이라는 해석과 그 용례를 제시해주는 데 그치지 말고, 최치원은 과연 이 어휘를 그러한 의미와 의도에서 사용한 것인지, 그리고 다른 시문에서도 그러하였는지를 설명해야 할 것이다. 하지만 '855년 출생설'을 주장하는 이들은 지금까지 '관광'의 의미와 당대唐代의 예문만을 제시하고 있을 뿐 최치원의 글에 사용된 이 어휘에 대한 분석과 설명이 결여되어 있다. 따라서 필자는 이 부분에서 현전하는 최치원의 글에서 '관광'이란 어휘가 사용된 글들을 찾아 살펴보기로 하겠다.

㉠ 「桂苑筆耕序」: 觀光六年, 金名榜尾.('관광' 6년 만에 과거에 급제하였습니다.)

㉡ 「遣宿衛學生首領等入朝狀」: 신이 가만히 생각하건대, 동인이 서국에 배우는 것은, 오직 禮와 樂입니다. 여력으로 문장을 공부하고 정음으로 언어를 변화시키는 데 이르렀으니, 문장으로는 表章을 수련하여 해외(신라)의 臣節을 아뢰게 하고 언어로는 情禮에 통달하여 天上(唐)의 使車를 받들게 하니, 직책을 翰林이라 하여 종신토록 종사하게 됩니다. 이러한 까닭에 매번 陪臣을 보내 執贄하게 하고, 곧 胄子로 하여금 '관광'하게 하되(卽令胄子觀光), 능히 큰 파도 보기를 평탄한 길처럼 여기고 배타고

가는 것을 편안한 집과 같이 여기며 嚮化에 날래게 하여 마치 신선이 되어 하늘로 올라가는 것처럼 기뻐하게 하였습니다.[28]

㉢ 「與禮部裵尙書瓚狀」: 이제 최치원이 황제의 사명을 받들고 귀국함에 있어 재주를 품고 쓰이기를 기다리니, 조금이나마 취할 만한 것이 있으면 知遇(재능을 알아봐주고 중용함)에 욕되지 않을 것이며, 해동의 유생과 신라의 學植에게 다투어 '관광'하려는 뜻을 격려하며(競勵觀光之志), 모두 風化에 趨向하는 마음이 급격히 늘어나게 됨을 보여줄 것입니다.[29]

㉣ 「善安住院壁記」: 예전에 우리 선덕여왕께서는 완연히 吉祥이 聖化한 것과 같았으니, 동방의 임금으로 계시면서 서방(불교)을 경앙하시었다. 이때에 '관광'하고 돌아온 比丘(時有觀光比丘)로 智穎, 乘固라는 이가 있었는데, 중국에 가서 배워가지고 돌아와 우리나라를 빛내었습니다.[30]

㉤ 「無染和尙碑銘」: 오백년 만에 땅을 골라 태어나서, 열세 살에 속세를 벗어나셨네. 화엄이 불법에의 길을 열어주었고, 배를 타고 구법에 나서셨네. 중원에서 '관광'하고서(觀光堯日下中原) 어느 것에도 집착하지 않음을 깨치셨네. 선진들이 모두 감탄하네, 수행에 따를 자 없다고.[31]

먼저 최치원의 글에 보이는 ㉠~㉤ '관광' 모두가 당에서의 수학(유학)

---

28 ㉡ 臣竊以東人西學, 惟禮與樂. 至使攻文以餘力, 變語以正音；文則俾之修表章, 陳海外之臣節, 語則俾之達情禮, 奉天上之使車, 職曰翰林. 終身從事.是以每遣陪臣執贄, 卽令胄子觀光, 而能視鯨浪爲夷途, 乘鷁舟爲安宅；銳於嚮化,喜若登仙.(成均館大學校大東文學硏究院編, 『崔文昌侯全集』, 成均館大學校出版社, 1992年版, 58면.)

29 ㉢ 今則崔致遠奉使言歸, 懷材待用, 粗有可取, 無辱所知。示使鰈水儒流, 鳩林學植, 競勵觀光之志, 皆增嚮化之心. (『崔文昌侯全集』, 68면.)

30 ㉣ 昔我善德女君, 宛若吉祥聖化, 誕膺東後, 景仰西方, 時有觀光比丘, 曰智穎, 曰乘固, 去探赤水, 來耀青丘, 於是寵彼上乘, 擢爲大德. (『崔文昌侯全集』, 79면.)

31 ㉤ 五百年擇地, 十三歲離塵出家, 雜花引鵬路授花嚴於浮石, 窾木浮鯨津, 隻板至劒山島事. 觀光堯日下中原, 巨筏悉能捨, 指徹公化去後浪遊, 先達皆嘆云, 苦行無及者. (『崔文昌侯全集』, 120면.)

을 의미하는 것으로 볼 수 있다. 그 당시 신라에서 당으로 유학을 간다 하면 의례 국자감에 들어가 수학하는 것으로 인식되니 이를 국자감에 들어가 수학하는 것으로 받아들여도 큰 무리는 없을 것이다. 특히 최치원이 신라왕을 대신하여 쓴 「견숙위학생수령등입조장遣宿衛學生首領等入朝狀」 중 "신라 당국은 숙위학생 수령을 보내 입조하게 함과 동시에 국자감에 붙여 유업儒業을 익히도록 청하옵니다."[32]라는 내용을 통해서도 알 수 있다시피, 이들 중 ㉡의 '즉령주자관광卽令胄子觀光'과 ㉢의 '경려관광지지競勵觀光之志'는 확실히 국자감에 들어가 수학하는 것을 말하고 있다고 볼 수 있다. 즉, 최치원이 신라로 돌아간 후 '주자胄子'(귀족의 자제)와 '해동의 유생과 신라의 학식'을 당으로 유학 보내 국자감에서 수학하게 한다는 의미인 것이다. 따라서 최치원은 '관광'이 국자감에 입학해 수학하는 것을 의미한다는 것을 분명히 알고 있었으며, 그러한 의미로 이 단어를 사용한 것이라고 생각해도 별 무리가 없을 것이다. 그리고 ㉣'이때에 관광하고 돌아온 비구'와 ㉤'중원에서 관광하고서' 역시 당에서의 유학, 즉 국자감에서 수학했다는 것으로 볼 수 있다. 그러므로 최치원이 자기 자신에 대해 서술한 '관광육년' 역시 국자감에 입학한 이후의 6년이라고 받아들여도 아무런 문제가 없어 보이며, 오히려 그 편이 더 타당해 보인다. 게다가 당시에는 신라에서 당으로 유학 가는 왕족과 육두품의 자제들이 꽤나 많았는데, 국자감의 입학 연령이 14세부터라는 사실을 몰랐을 리 없을 것이다. 또한 당시 학식이 있는 사람이라면 '관광육년'이 국자감에 입학한 후 6년이라는 것을 굳이 설명하지 않아도 알 수 있었던 사실이었는지도 모를 일이다. 따라서 최치원은 국자감에 입학할 수 있는 최소연령인 14세에 정상적으로 입학하기 위해 충분한 시

32 "新羅國當國, 差遣宿衛學生首領入朝, 請附國子監習業, 謹具人數姓名, 分析申奏" (『崔文昌侯全集』, 56면.)

간적 여유를 가지고 12세에 당으로 떠난 것이며, 일정기간의 준비 기간을 거쳐 14세에 국자감에 입학한 후 6년 만에 과거에 급제하였다고 보는 편이 더 타당할 것이다.

[2] 후대 문헌들은 최치원이 18세에 과거급제 하였다고 기록하고 있는데 과연 그것을 무시할 수 있는가?

'855년 출생설'은 최치원이 20세에 급제, 30세 때 귀국길에 올랐다고 주장한다. 이 설의 주장은 최치원이 874년 18세의 나이에 과거에 급제하였으며, 884년 귀국 길에 오를 당시 28세, 혹은 귀국 당시 28세였다는 후대 여러 문헌들의 기록과는 사뭇 다른 것이다. 하지만 이것은 이들이 최치원에 관한 최초 전기인 『삼국사기』「최치원전」의 영향을 받았기 때문이라고 보아야할 것이다. 이미 앞부분에서도 언급한 바 있지만, 김부식은 최치원열전에서 최치원이 18세에 과거에 급제했다고 직접적으로 말한 적은 없으며, 고운顧雲의 송별시 〈유선가〉를 인용하여 최치원이 18세에 과거에 급제한 것임을 간접적으로 밝히고 있을 뿐이다. 하지만 여기서 또 문제는 이 시가 정말로 고운顧雲의 시인가 하는 것이다. 이 시가 중국에서 전해지지 않고 한국에서 전해졌다는 것 때문에 의심의 여지가 없는 것은 아니지만, 그렇다고 무턱대고 의심할수만도 없을 것이다. 게다가 고운顧雲은 최치원과 같은 해에 과거에 급제한 동년同年일 뿐만 아니라 고병막부에서 함께 고병을 보좌한 절친한 친구이며 실제로도 〈모춘즉사화고운우사暮春卽事和顧雲友使〉, 〈화고운시어중양영국和顧雲侍禦重陽詠菊〉 등처럼 서로 시를 주고받기도 하였으므로 이 시가 정말로 고운顧雲의 작품일 가능성도 충분히 있어 보인다. 그런데 이인로의 『파한집』에 고운顧雲이 최치원에게 이별할 때 주었다고 하는 또 다른 한 편의 송별시 〈고운편孤雲篇〉(오언절구)이 수록되어 있다. 그동안 후세 사람들과 학계에서는 거의가 이 시를 고운顧雲의 시로 인정하여 왔지만, 필자는 이 시가 중만당中晩唐 시기의 시인 우무릉于武陵의 〈고운孤雲〉(오언율시)의 함련과 미련만으로 재편집한 명백한 위작임을 고증해내었다.[33] 그리고 천상쥔陳尙君은 이 〈고운편〉에 대해 "어쩌면 『삼국사기』에 수록된 〈유선가〉 중의 한 부분일지도 모른다"고 서술한 바 있다.[34] 만일 혹 그의 말대로라면, 역으로 이는 〈고운편〉이 위작이면 〈유선가〉 역시 위작일 가능성도 있다는 것이다. 따라서 〈유선가〉 역시 후대인이 고운顧雲의 이름을 빌려 최치원을 찬양한 시일 가능성도 충분히 존재할 것이다. 또한 이미 앞부분에서 의문을 제기한 바 있듯이 이인로의 『파한집』과 서거정의 『필원잡기』에 전하는 "巫峽重峯之歲, 絲入中華, 銀河列宿之年, 錦還故國."(무협의 겹쳐진 봉우리의 나이인 12세에 가녀린 몸으로 중화에 들어가고, 은하수가 펼쳐진 별자리의 나이인 28세에 비단을 입고 고국으로 돌아갔다.)도 과연 정말 최치원 자신이 남긴 글인지 그 진위여부도 문제의 소지가 보인다. 이렇듯 후세 문헌의 기록 중에는 사실과 다른 내용들이나 그 진위를 확신할 수 없는 내용들이 적지 않다. 따라서 후대의 그 어떤 기록보다도 최치원 자신이 자기에 대해 서술한 내용이 그러한 기록보다 더 우선시되어야 하며 더 정확하다고 보아야 할 것이다. 그렇다면 최치원 자신이 신라집을 떠난지 18년이 되었다고 한 최치원의 자술("別庭闈已十八年", "伏緣某自年十二離家, 今已二九載矣.")을 우선시하면, 후대 문헌들의 기록은 감히 잘못된 것이라 할 수 있겠다.

그렇다면 『삼국사기』를 비롯한 후대의 문헌들은 왜 대부분 최치원이 857년에 출생하였으며 18세에 과거 급제하였다고 기록하고 있는 것일

33 이황진, 「顧雲이 최치원에게 준 송별시 〈고운편〉에 대한 진위 고증」, 『인문논총』 65, 서울대학교 인문학연구원, 2011.

34 陳尙君輯校, 『全唐詩補編』 中冊, 中華書局, 1992, 1192면.

까? 그것은 아마도 최치원이 874년 과거에 급제하였다는 확실한 사실과 「계원필경집서」에서 최치원 자신이 서술한 "自年十二, 離家西泛."(열두 살에 집을 떠나 당으로 유학을 떠났습니다.)과 "觀光六年, 金名榜尾."(관광 6년 만에 과거에 급제하였습니다.) 만을 가지고 단순히 산출해 내었기 때문일지도 모르겠다. 그리고 어쩌면 '당조唐朝 때에는 관광이란 단어가 '국자감에 입학하여 수학하는 것'이었다는 어원의 해석에서 보다시피 당대唐代에서만 그런 의미로 사용되었기에, 200여 년이 더 흐른 후의 후대 문헌의 경우 그것을 정확한 의미로 해석하지 않고 그냥 단순히 당에서 유학한 것으로 이해하고 해석한 것이기 때문일 수도 있겠다.

4) 결론

지금까지 최치원의 출생연도와 과거 급제 당시의 연령에 대한 학설 중 두 축을 형성하는 '857년 출생, 18세 급제설'과 '855년 출생, 20세 급제설'에 대해 각각 그 논리와 문제점을 살펴보았다. 각 설의 논리는 각 설을 대표하는 당인핑党銀平과 주주위諸祖煜의 논리를 위주로 하였으며 그 핵심 내용에 필자 나름대로 논리를 더하거나 문제점을 끄집어내었다. 그 결과 '857년 출생, 18세 급제설'의 경우 비록 수많은 후대 문헌이 그러하다 기록하고 있어 이 설을 뒷받침하는 근거가 되고 최치원의 자술과도 일부 부합함을 알 수 있었다. 하지만 결정적으로, 현전하는 최치원 자신이 남긴 글들 중 일부, 즉 '당으로 유학을 떠나 신라 집을 떠나온 지 18년이 되었다'는 기록을 만족시키지 못함을 알 수 있었다. 반면, '855년 출생, 20세 급제설'의 경우는 후대 문헌의 일부 기록들과 다르기는 하지만 최치원의 자술을 거의 만족시키고 있음을 알 수 있었다. 다만 당시의 제도와 어휘에 대한 해석이 그것들을 보충 설명해야 하는 번거로움이 있긴 하였다. 하지만 그러한 식으로라도 노출된 문제를 해결할 수 있다는 점에서는 '855년 출생설'이 '857년 출생설'에 비해 그 근거가 더 확실하다고 볼 수 있다. 이처럼 '855년 출생, 20세 급제설'은 최치원 자신의 서술을 전체적으로 모두 만족시키고 있기에, '857년 출생, 18세 급제설'보다 더 논리적이고 타당하다고 결론 내릴 수 있다. 비록 아직까지도 '857년 출생, 18세 급제설'이 정설로 여겨져 오고 있다고는 하지만, 이 설에는 분명 여러 가지 오류 혹은 문제점이 존재하는 만큼 이제는 최치원의 출생연도와 과거급제시의 연령에 대해 다시 한 번 고려해봐야 할 것이다.

2. 최치원의 재당생애 재고찰

1) 서론

최치원의 생애에 대한 연구는 최치원 연구의 한 분야로 자리 잡았다고 할 수 있을 만큼 문학, 사학, 철학 등 각 분야에서 많은 연구가 이루어졌으며 아직도 지속적인 연구가 이루어지고 있다. 이는 위인의 삶을 좀 더 명확히 밝혀내고 그 속에서 그간 놓쳐왔을지도 모를 무언가를 찾아내고 잘못된 내용들을 수정하기 위함일 것이다. 문학적 측면 특히 작가론적 입장에서 최치원의 생애를 깊이 있게 연구하는 이유는, 당시의 시대적 상황과 그가 처한 상황 등에 대한 시공간적 배경을 고찰함으로써 최치원이란 인물에 대해 더 많은 것을 이해할 수 있기 때문일 것이다. 그리고 이는 최치원이 그 당시에 창작한 문학 작품들에 대한 해석과 이해를 도울 수 있을 뿐만 아니라, 창작 시기가 불분명한 작품들의 창작시기를 추측하는 데 있어서도 단서 역할을 할 수 있기에 작품론적 입장에서도 결코 소홀히 할 수 없는 부분이기도 하다.

최치원의 귀국 후 신라에서의 생애에 대해서는 별다른 논란이 없는 편이지만, 재당생애 부분에 있어서는 논자들의 시각차가 상당히 큰 편이다. 특히 중국에서도 최치원 관련 연구가 한국 못지않게 활발하게 진행되고 있으며, 최치원의 재당생애에 대한 연구는 한국의 그것보다 활용 자료도 더 풍부하고 구체적이며 그 내용도 한국의 그것과 사뭇 다른 면이 적지 않다. 하지만 아직까지 한국의 연구 성과를 중국 학계에서 참고하거나, 중국의 연구 성과를 한국 학계에서 참고하는 경우는 그리 많지 않다. 그래서 필자는 본고에서 최치원의 재당 행적을 비교적 비중 있게 고찰한 한중 양국의 논문들을 참조하여 많은 견해 차이를 보이는 부분들을 중심으로 최치원의 재당생애를 재고찰하고자 한다.

최치원의 재당 행적은 「계원필경집서」와 최치원 자신의 개인적인 내용들을 기록한 『계원필경집』 권17～권20의 글들을 통해 다음과 같이 나눌 수 있다.

(1)입당 (2)국자감 입학 (3)과거급제 (4)동도유랑 (5)율수현위로 부임 (6)율수현위에서 물러남 (7)박사굉사과博士宏詞科 준비 (8)고병막부로 입막 (9)귀국길에 오름

이 중 최치원이 (1)당으로 유학을 가기 위해 12세에 신라를 떠났다는 사실과 (3)874년 과거에 급제한 사실 그리고 (9)884년 가을 귀국길에 오른 사실은 의심의 여지가 없는 명백한 사실로 이들이 논란이 된 적은 없다. 하지만 다른 부분에 대해서는 논자들의 의견이 분분한 편이다. 문제가 되는 부분을 제시하면 대략 다음과 같다.

① 최치원은 12세에 입당하여 바로 국자감에 입학하였는가 아니면 당시 입학규정에 맞춰 14세에 입학하였는가? 그리고 그가 수학한 국자감은 서감(서도 장안의 국자감)인가 아니면 동감(동도 낙양의 국자감)인가?
② 874년 과거 급제 당시 최치원은 18세였는가 20세였는가?
③ 율수현위로 부임한 시기는 언제인가?
④ 율수현위직에서 물러난 때는 언제인가? 율수현위직은 임기가 만료되어 그만둔 것인가 아니면 임기 만료 전에 스스로 그만 둔 것인가?
⑤ 박학굉사과를 준비한 기간은 어느 정도인가?
⑥ 고병막부에 들어간 때는 언제인가?

본고는 이들 중 ③～⑥을 중심으로 하여 한중 양국 학자들의 견해를 종합 분석 비판하며 좀 더 근거 있고 타당한 결론을 도출해 내고자 한다.

2) 동도유랑의 이유와 율수현위 부임 시기

최치원이 율수현위로 부임한 시기는 동도유랑 기간과 직접적인 관련이 있다. 과거 급제 후부터 율수현위로 부임하기 이전까지 '낭적동도浪跡東都'한 시기를 모두 '동도유랑'이라 개괄할 수 있기 때문이다. 그런데 지금까지의 연구, 특히 한국에서 진행된 연구 대부분은 최치원이 율수현위로 부임한 시기에 관한 고찰이 주가 되었을 뿐 최치원이 왜 그 이전에 동도를 유랑해야만 했는가에 대한 설명이나 근거가 부족한 편이다. 이에 필자는 이 부분에서 최치원이 율수현위로 부임한 시기를 고찰하면서, 그가 왜 동도를 유랑해야 했으며 그 기간은 어느 정도였는지도 함께 고찰하도록 하겠다.

먼저, 논자들이 추측하는 최치원의 율수현위 부임 시기를 살펴보면, 대략 다음 세 가지로 나눌 수 있다.[35]

① 875년: 김혜숙(1981), 허권수(1985), 賈雲(1997) 등
② 876년(말): 최경숙(1981), 김중렬(1983), 이재운(2001), 李時人(2001), 장일규(2003), 이구의(2005), 조범환(2006), 왕추정(2010) 등
③ 877년(초) : 何鳴雁(1984), 李夢芝(1992), 閻琦(1993), 韋旭升(1998), 諸祖煜(2001), 陳蒲清(2002), 倪文波(2006), 党銀平(2007), 方曉偉(2007), 趙姸(2008), 金淑喜(2009) 등

최치원의 율수현위 부임시기를 한국 연구자들은 대부분 876년 말로 보고 있는데 반해, 중국 연구자들은 대부분 877년 초로 보고 있다는 점이 흥미롭다. 연구자들이 최치원의 율수현위 부임 시기를 추정하는 단

35 논문 제목은 특별한 경우가 아니면 지면 관계상 논저목록으로 대신하고 본문에서는 논자와 논문 발표 연도만 명시하기로 한다. 그리고 한국 학자들의 이름은 한글로, 중국학자 혹은 중국어로 발표된 논문의 논자들의 이름은 한문으로 표기하기로 한다.

서 혹은 근거가 되는 내용을 분석해 보면 아래와 같다.

> (1) 과거급제 후 동도를 유랑하며 붓으로 밥주머니를 삼게 되자 드디어 부 5수, 시 100수, 잡시부 30수를 지어 모두 3편을 이루었습니다. 그 뒤로 선주 율수현위로 제수되었습니다.[36]

최치원 자신이 이처럼 율수현위직을 제수받기 전에 동도유랑을 했다고 분명하게 말하고 있다. 다만 874년에 과거에 급제 한 후 동도유랑을 해야 했던 이유와 언제 율수현위직에 나아가게 된 것인지를 명확히 언급하고 있지 않다. 이로 말미암아 그 부임 시기를 추정하는 논자들의 의견이 분분하다.

> (2) 열두 살에 신라를 떠나, 스무 살에 앵곡으로 옮김을 얻어(至二十得遷鶯穀), 바야흐로 청금(새로운 진사)의 벗을 접하고, 그 후 황수(관직)에 종사하게 되었습니다.[37]

김혜숙, 김중렬, 이재운, 이구의 등 대부분의 한국 연구자들과[38] 당인핑党銀平[39] 등은 위의 내용을 율수현위 부임 시기를 가늠하는 근거로 삼는다. 즉, 이들은 '지이십득천앵곡至二十得遷鶯穀'[40]을 승직(율수현위로

---

36 崔致遠, 「桂苑筆耕集序」, 『桂苑筆耕集』, "尋以浪跡東都,筆作飯囊, 遂有賦五首詩一百首, 雜詩賦三十首, 共成三篇, 爾後調授宣州溧水縣尉."

37 崔致遠, 「初投獻太尉啓」, 『桂苑筆耕集』 卷17, "自十二則別雞林, 至二十得遷鶯穀, 方接靑襟之侶,旋從黃綬之官."

38 김혜숙은 최치원이 874년 과거 당시 19세였다고 파악하였기 때문에 율수현위로 부임한 20세 때는 875년이라 하였다. 그러나 다른 논자들은 최치원이 과거 급제 당시 18세였으므로, 20세인 876년 율수현위로 부임한 것으로 파악한다.

39 党銀平, 「東國文學之祖崔致遠先生生卒年考」, 『遼寧師範大學學報』(社會科學版) 2001年 第5期, 遼寧師範大學, 77면.

40 '遷鶯穀'란 말은 唐詩에 종종 등장하는 단어로, 『詩・小雅・伐木』의 "伐木丁丁, 鳥鳴

부임)한 것으로 해석하여 874년 과거급제 당시 18세였으므로 율수현위로 부임한 스무 살은 876년이라는 것이다. 그러나 이 내용은 최치원이 율수현위로 부임한 시기를 가늠할 수 있게 할 뿐 그가 왜 동도유랑을 해야 했는지에 대한 설명은 되지 않는다. 게다가 처음 관직을 받아 부임해 간 것을 과연 승직이라 칭할 수 있을지 의문이고, 주주위諸祖煜,[41] 팡샤오웨이方曉偉 등 적잖은 중국학자들은 이를 '20세에 율수 현위로 부임한 것'이 아니라 '20세에 과거에 급제한 것'을 의미한다고 해석한다. 따라서 이 자료로 최치원의 율수현위 부임 시기를 확단해서는 안 될 것이다.

(3) 제가 건부3년 겨울 湖南 潭州에 이르러 座主(과거시험관) 侍郎 裴瓚을 찾아뵈었을 때[42]

이 사실을 갖고 혹자는 최치원이 876년 겨울 배찬裴瓚을 배알한 이후에야 율수현위직을 받았다고 하며,[43] 혹자는 최치원이 이미 율수현위직을 수여받은 후 부임하러 가는 길에 배찬을 배알한 것이라고 한다.[44] 하지만 최치원이 율수현위직을 수여받은 것이 호남湖南까지 가서 배찬을 찾아뵌 후이든 그 전이든, 그가 율수현위직에 나아가게 된 것은 배찬

嚶嚶, 出自幽穀, 遷於喬木"(나무를 쩡쩡 찍는데 새가 짹짹 울더니만, 골짜기에서 날아와 높은 나무에 올라앉네) 에서 유래하였다. 주로 진사과에서 급제하였거나 승직을 비유한다. (方曉偉, 『崔致遠思想和作品研究』, 廣陵書社, 2007, 9면.)

41 諸祖煜, 「崔致遠登第年齡考」, 『揚州教育學院學報』 2001年 第1期, 揚州教育學院, 35면.

42 崔致遠, 「前湖南觀察巡官裴瑹啓」, 『桂苑筆耕集』 卷18, "某去乾符三年(876)冬, 到湖南起居座主侍郎之時"

43 당은평저, 마중가역, 『최치원 신연구』, 한림대학교 아시아문화연구소, 2004, 51면 ; 趙姸, 「從中晚唐銓選制度考察崔致遠在唐及第後的仕宦經歷」, 『延邊教育學院學報』 第22卷 第1期, 延邊教育學院, 2008, 24면.

44 조범환, 「최치원의 재당활동과 귀국」, 『이화사학연구』 33, 이화사학연구소, 2006, 63면.

의 적극적인 추천이나 도움이 있었을 것이라는 데에는 대부분 동의한다. 그리하여 대부분의 논자들은 최치원이 876년 말이나 877년 초쯤에 율수현위로 부임한 것으로 본다. 그런데 최치원은 하필이면 왜 876년 겨울 호남까지 가서 배찬을 배알한 것일까? 그저 단순히 동도유랑 중에 그곳을 찾아간 것일까? 아니면 어떠한 특별한 이유가 있어서일까? 필자는 최치원이 이 때 배찬을 찾아간 것은 당대전선제도唐代銓選制度와 밀접한 관련이 있다고 생각한다. 이에 대해서는 잠시 후에 다시 언급하도록 하겠다. 최치원이 876년 겨울 배찬을 찾아뵌 사실이 그가 율수현위로 부임한 대략적인 시기를 짐작하게 할 수 있게 하는 자료임에는 틀림없다. 하지만 이 역시도 그가 당시까지 왜 동도유랑을 했어야만 했는가에 대한 설명은 되지 못한다.

> (4) 건부2년(875) 정월 희종 법령 반포 : 진사과에 급제한다는 일은 예로부터 사림들의 중시를 받았다. 원래 그들은 일정한 경력을 쌓은 다음에 요직에 임명시켜 이름을 날리게 하는 것이 마땅하다. 하지만 근자에 와서 풍토가 천박해져서 성급히 벼슬을 하려는 추세를 보이는 바, 진사에 급제하자마자 곧 경성 부근에서 벼슬자리를 찾으려 한다. …… 이제부터는 필히 진사에 급제한 후 만 2년이 지난 사람에 한해서만 각도의 藩鎭과 戶部度支, 그리고 염철전운사 및 경성의 諸司가 조정에 신청하여 그들에게 수직할 수 있게 한다.[45]

당인핑党銀平과 팡샤오웨이方曉偉는 이 사료에 근거하여 875년 이후부터는 과거 급제 후 2년이 지나서야 관직을 받을 수 있다는 규정이 있

45 徐松, 『登科記考』 卷23, 中華書局, 1984, 869면, “乾符二年乙未(875)正月新卯僖宗有制 : 詞科出身, 士林所重, 本貴踐曆, 漸至顯榮.近者唯扇澆風, 皆務躁進, 麻衣才脫, 結綬王畿 …… 自今以後, 進士及第, 並須滿二周年後, 諸道藩鎭及戶部度支, 鹽鐵及在京諸司, 方得奏請.”

어 최치원은 그 기간 동안 동도유랑을 했던 것이라고 설명한다.[46] 최치원이 동도유랑을 했던 이유와 그 기간에 대해 근거 자료를 제시한 것이다. 그렇다면 875년에 반포된 이 제도가 전해(874)에 과거 급제한 문사文士에게도 소급되어 적용되었던 것일까? 만일 그러하다면 최치원이 율수현위로 나아갈 수 있는 가장 이른 시기는 과거급제 후 만 2년 후인 876년 봄일 것이다.[47] 그런데, 여기서 의문점은 최치원은 874년 과거급제하였는데, 이 제도가 반포되기 전에 왜 관직에 나아가지 못했는가라는 사실이다. 팡샤오웨이方曉偉는 이에 대해 "과거급제 후 오래지 않아 고운顧雲은 크지는 않지만 곧 시비서성정자試秘書省正字라는 관직을 받아 그 이후 의식걱정은 하지 않아도 되었다. 하지만 최치원은 방금 반포된 법령을 따르는 수밖에 없었다. 동도낙양東都洛陽, 호남담주湖南潭州, 강서요주江西饒州, 양주襄州 등지를 유랑하며 붓으로 밥주머니를 삼아야 했으며, 꼬박 2년을 떠돌아 다녀야 했다"[48]고 설명한다. 그리고 당인핑党銀平의 고증에 의하면 최치원과 같은 해에 과거에 급제한 배졸裴拙은 건부 2년(875) 정월 국자사업國子司業으로 양주자사洋州刺史가 되었다고 한다.[49] 그렇다면 최치원과 같은 해에 과거에 급제한 고운顧雲과 배졸裴拙은 어떻게 875년에 반포된 이 제도의 영향을 받지 않고 곧바로 관직에

46 당은평저, 마중가역, 앞의 책, 50~51면 ; 方曉偉, 앞의 책, 216면.

47 최치원이 과거에 합격한 시간에 대해서 김부식은 『삼국사기』권11에서 "景文王 十四年(874) 秋九月 崔致遠在唐登科"라 기록하고 있지만 이는 잘못된 것이다. 왜냐하면 당시 과거를 주관했던 裴瓚이 그 해 7월 湖南 潭州刺使로 발령받아 갔으므로(『舊唐書』 卷22 本紀 第19下 僖宗紀) 과거는 그 이전에 시행되었을 것이다. 그리고 중국 학자 吳宗國(『唐代科擧制度硏究』, 遼寧大學出版社, 1997, 51면 ; 傅璿琮(『唐代科擧與文學』, 陝西人民出版社, 1986, 84면 ; 許友根(「唐進士科考試時間探析」, 『鹽城師範學院學報』人文社會科學版, 第21卷 第4期, 2001)등은 과거시험이 매년 봄, 즉 정월이나 2월에 시행되었다고 고증하였다.

48 方曉偉, 앞의 책, 128~129면.

49 党銀平, 『唐與新羅文化關係硏究』, 中華書局, 2007, 112~113면.

나아갈 수 있었던 것일까? 그것이 만일 가문이나 인맥 등의 배경에 의한 것이었다면, 결국 최치원은 그러한 것이 없어서 이 제도의 영향을 받았던 것이라고 생각할 수밖에 없다. "후세 사람들은 종종 진사급제 후에 관직을 얻는 것이 무척 순조로운 일이라고 생각하지만, 실제로는 결코 그러하지 않았다. 특히 사회적 지위가 높지 않고, 경제적으로 부유하지 않은 지식인들에게 있어 벼슬길은 여전히 험난한 길이었으며, 그 앞길은 더더욱 예측할 수 없었다"[50]고 하는데 최치원은 어쩔 수 없이 이러한 현실을 받아들여야 했을 것이다. 어쨌든 이 제도에 의하면 최치원이 관직에 나아갈 수 있는 시기는 876년 초라 할 수 있는데, 왜 876년 말 혹은 877년 초에야 비로소 관직을 받은 것인지 의문이다. 따라서 필자는 이것으로 최치원이 율수현위로 부임한 시기를 판단하는 근거로 삼는 것은 그다지 적절하지 못하다고 생각한다.

최치원이 동도유랑을 해야 했던 이유와 그 기간, 그리고 율수현위 부임시기를 추정하게 하는 좀 더 타당한 근거는 바로 당대唐代의 전선제도銓選制度[51]일 것이다.

(5) 唐代의 銓選制度에 따르면, 진사급제 후 곧바로 벼슬을 받은 것이 아니라, 규정에 따라 3년을 守選[52]해야만 했으며, 그 후에야 吏部의 銓選

50 傅璿琮, 『唐代科擧與文學』, 陝西人民出版社, 1986, 182~183면.

51 銓選制度는 唐宋의 관리 선발제도로 황제에 의해 임명되는 최고급 職官을 제외한 일반 직관(특히 六品 이하의 직위와 관직)은 吏部에서 부족한 관직을 대기자들 중에서 선발하는 제도를 말한다. 자격이 있는 자들은 규정된 기간 동안 吏部의 선발을 기다려야 한다. 唐代에 과거 급제자가 守選해야 했던 근본적인 원인은, 6품 이하의 관원들이 守選해야 하는 것과 마찬가지 이유로, 관직은 부족하고 選人은 많은 당대의 갈등을 완화시키기 위함이었다. 이 제도에 대한 자세한 설명과 고증은 "王勳成, 『唐代銓選與文學』(中華書局, 2001.)" 참조.

52 守選은 집으로 돌아가 吏部의 銓選 기한을 기다리는 것을 일컫는다.

冬集에 참가할 수 있었으며, 합격자에 한하여 관직을 받을 수 있었다.[53]

이에 따르면 874년 봄에 과거 급제한 최치원이 관직을 수여받게 되는 시기는 먼저 876년 겨울에 열리는 동집冬集[54]에 참가하여 그것을 통과한 후인 877년 초가 된다. 앞에서 필자는 876년 겨울 최치원이 배찬을 찾아뵌 이유가 당의 전선제도 때문일 것이라고 한 바 있는데, 그 이유도 바로 최치원이 '수선3년守選三年'을 다 채운 것과 관련이 있을 것이기 때문이다. 최치원은 규정된 수선 기간이 끝나가자 동집을 통해 관직을 받거나, 아니면 고관의 추천을 받아서라도 벼슬길에 나아가기 위해 배찬을 찾아갔을 것이다. 최치원이 876년에 열린 동집에 참가했는지 안했는지는 확실치 않다. 자오이앤趙姸은 최치원이 '수선3년'을 다 채우기는 했지만 동집에 참가한 후 관직을 받은 것이 아니고, 배찬을 배알한 후에 그의 추천을 통해 율수현위직을 수여받았다고 보았다.[55] 하지만, 조범환과 량타이지梁太濟 등의 견해처럼 최치원이 율수현위로 부임하러 가는 길에 특별히 배찬裴瓚을 방문했을 가능성도 없지는 않을 것이다.[56] 그럴 경우 이는 최치원이 먼저 동집에 참가하여 관직을 받은 후로 보아야 할 것이다. 시간상으로 볼 때 10월에 있는 동집에 참가한 후 배찬을 배알하는 것은 가능하지만, 만일 배찬을 먼저 찾아간 것이었다면 동집에는 참가하기는 어려웠을 것이다.

---

53 趙姸, 앞의 논문, 23면.

54 과거에 합격한 選人들은 필히 초겨울(十月) 수도 장안에 집합하여 銓選에 참가해야 하는데, 이것을 '冬集'라 한다. 選人이라 함은 吏部銓選에 참가할 수 있는 자격을 가지고 있으나 아직 관직을 받지 못한 사람을 일컫는다.

55 趙姸, 앞의 논문, 24면.

56 조범환, 앞의 논문, 63면 ; 梁太濟, 「通過崔致遠的文章看羅唐交涉」, 『韓國硏究』 第8輯, 杭州大學出版社, 1997.(조성환 편역, 『중국의 최치원연구』, 심산, 2009, 825면.)

전선제도에 근거하면 874년 과거에 급제한 최치원이 율수현위로 부임하게 되는 것은 877년 이후라야 가능하게 된다. 하지만 최치원과 같은 해에 급제한 고운顧雲과 배졸裴拙은 875년에 이미 관직 생활을 하고 있었는데 그렇다면 이들은 어떻게 전선제도의 영향에서 벗어날 수 있었던 것일까? 어떠한 경우에 이 제도의 영향을 받지 않을 수 있는지 그 경우를 살펴보면 다음과 같다. "과거급제자의 수선守選 연한年限은 급제자의 응시 과목이나 신분 서열에 따라 달라지는 것이므로 사람마다 그 연한이 다르다. 선조의 공훈을 물려받아 이미 품계를 가지고 있는 사람들은 과거급제 후 거기다가 과거시험의 순위에 따라 품계를 더 받게 되어 관리 등급이 높아진다. 관리 등급이 높으면 수선 연한도 당연히 짧다."[57] ; "당대唐代 과거급제자는 수선 기간에 진자앙陳子昂처럼 책을 저술하여 바치거나, 두매杜枚처럼 제거制擧[58]를 통과하거나, 하부何扶처럼 이부과목선吏部科目選을 통과하면 비교적 빠르게 벼슬길에 들어설 수 있었다."[59] ; "『구당서舊唐書』「직관지職官志」에 따르면 당나라 사람이 벼슬길에 들어서는 방법에는 과거시험, 유외입류流外入流,[60] 가문 이렇게 세 가지 방법이 주가 되었다고 한다. 이 세 가지 방법 외에 다른 방식으로 관직을 얻기도 하는데, 전쟁에서 공을 세우거나, 책을 저술하여 조정에 바치거나, 상서언사上書言事(조정에 서면으로 국가의 큰일에 대한 견해나 건의를

57 王勳成, 『唐代銓選與文學』, 中華書局, 2001, 51면.

58 制擧 : 과거의 일종이지만 일정한 시기에 개최되는 시험 常科와는 달리 임시로 열리는 시험이며, 황제가 특별한 인재를 선발하기 위해 필요할 때 시행하는 과거.

59 王勳成, 앞의 책, 66면.

60 流外入流 : 중앙이나 지방정부 각 부분의 胥吏, 낮은 직급의 사무원, 전문 技藝人, 기술학교의 전문 실습생 등의 하급 관리들이 流外의 직에 속한다. 이들은 정식 관직에 편입되지 못하지만, 일정 기간의 임기가 만료되고 시험에 합격하면 吏部의 銓選에 참가할 수 있다. 이러한 식으로 그들은 流內(1품부터 9품까지의 정식 관직)에 들어서게 되는데 이를 '流外入流'라 한다.

제출하는 것)하거나 하여 관직을 얻는 방법이 있다. 그 외에도 대신大臣의 추천으로 관직을 얻는 방법도 있었다."[61] 이러한 몇 가지 예외의 경우가 바로 그 해명이 될 수 있을 것이다. 그리고 고운顧雲과 배졸裴拙이 일찌감치 관직에 나갈 수 있었던 것은 그 중에서도 대신의 추천에 의한 방법일 가능성이 가장 높을 듯싶다.[62] 그러나 이렇다 할 인맥도 배경도 가지고 있지 않았던 최치원은 어쩔 수 없이 '수선3년'을 다 채우고 난 후, 887년에야 비로소 율수현위로 부임하게 된 것이라 하겠다.

당대唐代에는 수선 기간 동안 열심히 학문에 매진하여 큰 발전을 이루어내어, 이후의 벼슬길과 처세에 있어 그 기초를 튼튼히 다져놓은 과거 급제자들이 적지 않았다.[63] 즉, 수선은 과거급제자들에게 있어 다시 공부하고 재차 학문을 열심히 닦을 수 있는 좋은 기회가 되기도 했던 것이다. 이 기간은 최치원에게도 그러할 수 있는 좋은 기회가 되었다. 경제적인 어려움 때문에 비록 붓으로 밥벌이를 해야 했지만, 그 와중에도 '부 5수, 시 100수, 잡시부 30수 3편'의 결과물을 남긴 것만 보아도 그러함을 알 수 있다. 그리고 이는 그가 후에 고병막부에 들어가서 각종 문서 업무를 훌륭히 담당해 낼 수 있었던 밑거름이 되었음에 틀림없다.

그런데, 수선 기간에 급제자들이 제거나 이부과목선시에 참가하는 것이 허락되었으며 그 시험을 통과하면 곧바로 관직에 나아갈 수 있었다. 특히 박학굉사과는 만당 시기에 진사 급제 후 벼슬길에 들어설 수 있는 가장 빠른 길이었다고 한다.[64] 그리고 "진사급제자는 집에서 수선해도

61 傅璿琮, 앞의 책, 182~183면.

62 '저명한 唐五代文學史家인 傅璿琮의 고증에 따르면 顧雲은 池州 鹽商의 아들로, 顧雲이 18세이었던 함통9년(868) 당시의 재상이었던 令狐綯(795~872)에게 그 재주를 인정받아, 長安에서 相國의 자제들만 출석할 수 있었던 연회에 자주 참석하였다'(方曉偉, 앞의 책, 128면.)고 하므로 그러한 추측이 가능하다.

63 王勳成, 앞의 책, 64면.

되고, 막부에서 직무를 맡아보며 수선할 수도 있다. 그들이 막부에 들어가는 주된 목적은 가정의 생계문제를 해결하기 위해서였다."[65]고 한다. 하지만 최치원은 과거급제 후 수선 기간 동안에는 박학굉사과를 준비하지도 않았으며 입막도 시도하지 않았던 것으로 보인다.

결론적으로 말해서 874년 과거에 급제한 최치원은 당대의 '전선제도'에 따라 '수선3년'해야 했으며, 그 기간을 다 채운 후에야 비로소 관직을 제수 받고 877년 초에 율수현위로 부임해 간 것이라 하겠다.

3) 율수현위에서 물러난 시기와 고병막부로의 입막 시기

최치원이 율수현위를 그만둔 후와 고병막부로 입막하기 전 사이에는 박학굉사과를 준비한 시간이 존재한다. 이들을 하나하나 별도로 살피며 그 시기를 밝혀내는 것은 매우 어려우므로 이들을 종합하여 고찰해야 좀 더 명확히 각 시기를 추정해낼 수 있다. 하지만, 이들 문제 중에서도 율수현위직에서 물러난 시기가 가장 큰 단서가 될 것이므로, 이 부분을 최대한 명확히 밝혀내야 한다. 그런데 최치원이 율수현위직에서 물러난 것에 대해서도 스스로 그만둔 것인지, 아니면 임기가 만료되어 물러난 것인가에 대해서도 논자들의 의견 차이가 분분하다. 또한 그 시기도 877년 겨울부터 881년까지 견해가 매우 다양하다. 따라서 당시 율수현위의 임기가 몇 년이었는가를 밝혀내는 것이 이들 문제의 엉킨 실타래를 푸는 근본적인 실마리가 될 것이다.

첫째, 임기만료 여부에 대한 논자들의 시각을 살펴보면 다음과 같다.

64 위의 책, 35~36면.

65 위의 책, 80면.

① 未滿而罷(임기만료 전 그만둠) : 최경숙(1981), 김혜숙(1981), 김중렬(1983), 이재운(2001), 장일규(2003), 이구의(2005), 조범환(2006), 왕추정(2010) 등

② 任滿而罷(임기만료 후 물러남) : 서유구(1834), 李夢芝(1992), 閻琦(1993), 馮漢鏞(1998), 李時人(2001), 陳蒲清(2002), 倪文波(2003), 樊毓(2004), 党銀平(2007), 方曉偉(2007), 趙姸(2008), 金淑喜(2009) 등

위에서 볼 수 있다시피 최치원의 율수현위 임기만료 여부에 대해서, 한국 연구자들은 대부분 임기를 채우지 않고 그만 둔 것으로, 중국 연구자들은 대부분 그 임기를 다 채우고 물러난 것으로 파악하고 있다는 점이 흥미롭다. 하지만, 이들 대부분은 당시의 율수현위 임기가 몇 년이었는지 구체적인 언급은 하고 있지 않다. 최치원이 율수현위 임기를 다 채우고 그만두었을 것이라는 견해는 서유구의 「교인계원필경집서」에 처음 보이지만, 그 역시도 그 기간이 어느 정도였는지는 밝히지 않았으며, '임만이파任滿而罷'했다고 보는 대부분의 학자들도 그 임기 기간에 대한 당대의 제도나 근거를 먼저 제시하기보다는 최치원의 글을 통해 그 기간을 추정하고 있을 뿐이다. 팡샤오웨이方曉偉가 "당唐의 제도에 따르면 보통 주州의 현관의 임직 기간은 3년"[66]이라고 밝히고 있지만, 그것에 대한 출처나 자세한 설명이 없는데다가 정작 그 자신의 글에서는 최치원이 877년 초에 율수현위로 부임하여 880년 겨울 임기를 마쳤다고 하고 있어 실질적으로는 약 4년 동안 그 관직에 있었던 것으로 서술하고 있다. 당인핑党銀平은 877년 초에 정식 부임하여 임기를 다 채우고 880년 가을 물러난 것으로 보았으니, 그가 생각한 임기는 약 4년 정도였던 것 같다. 그리고 판위樊毓 등은 3년, 니원뽀어倪文波 등은 4년으

66 方曉偉, 앞의 책, 9면.

로 그 임기를 파악하고 있다.

그렇다면 당시 현위직의 임기는 몇 년이었을까? 왕쉰청王勳成의 고증에 의하면 "6품 이하의 관원은 4고만四考滿(4년)이지만, 중당中唐 이후 3고만三考滿(3년)으로 바뀌었으며, 고만考滿 이후 바로 수선守選이 시작된다."[67]고 한다. 최치원이 역임한 율수현위직은 말단 관직인 종9품으로 만당시기 그 임기는 3년이었던 것이다. 그러므로 최치원은 877년 초 율수현위로 부임했으므로, 879년 말 그 임기가 만료되었을 것이다. 따라서 만일 879년 말 물러난 것이라면 임기를 다 채우고 그만 둔 것이지만, 그 이전에 물러난 것이라면 박학굉사과를 준비하고자 최치원 스스로가 그만둔 것이라고 결론 내릴 수 있다.

둘째, 율수현위에서 물러난 시기에 대한 논자들의 견해를 살펴보면 대략 다음과 같다.

① 877년 겨울: 김중렬(1983), 이재운(2001), 최완기(2001), 남동신(2002), 장일규(2003), 왕추정(2010) 등
② 878년 겨울: 허권수(1985), 이구의(2005) 등
③ 879년 겨울(~880년초): 閻琦(1993), 楊渭生(1995), 李時人(2001), 조범환(2006) 등
④ 880년(가을)~겨울: 陳蒲清(2002), 党銀平(2004), 方曉偉(2007) 등

셋째, 고병막부로 들어간 입막 시기에 대한 논자들의 견해는 다음과 같다.

① 879년(겨울): 何鳴雁(1984), 李時人(2001), 이구의(2005), 왕추정(2010) 등

67 王勳成, 앞의 책, 101면.

② 880년 3~5월: 馬家駿(1983), 김중렬(1983), 金東勳(1985), 楊渭生(1995), 賈雲(1997), 이재운(2001) 등
③ 880년 겨울: 党銀平(2007), 方曉偉(2007) 등
④ 881년: 馮漢鏞(1998) 등

최치원이 율수현위에서 물러난 시기부터 고병막부로 입막하기 이전까지의 시간을 박학굉사과를 준비한 기간으로 볼 수 있다. 논자들이 최치원이 율수현위직에서 물러난 시기와 입막 시기를 추측할 때 최치원의 글 중 그 근거로 드는 내용들을 시간 순서대로 살펴보면 다음과 같다.

① 三年就學(3년 동안 학문에 힘씀)[68]
② 前年 겨울 율수현위에서 물러나 박학굉사과에 응시할 계획으로 산에 은거하려는 결심에 잠시 은퇴하여, 학문은 바다에 이르기를 기약하고 다시 스스로 탁마함[69]
③ 녹봉에 남은 것이 없고 글 읽을 양식이 모자랐기 때문에 박학굉사과 준비를 포기함
④ 박학굉사과를 준비하던 중 자천서 두 편을 고병에게 올림[70]

68 崔致遠,「謝借宅狀」,『桂苑筆耕集』卷18, “今者幸寓樂郊, 況棲靜室, 簦屩則不勞涉遠, 簞瓢則永遂安貧, 豈謂愛閒.誠堪養勇, ①三年就學, 非無慕藺之心, 一日成功, 願滿依劉之志.”

69 崔致遠,「長啓」,『桂苑筆耕集』卷18, “②前年冬罷離末尉, 望應宏詞, 計決居山, 暫爲隱退, 學期至海, 更自琢磨. ③俱緣祿俸無餘, 書糧不濟, 輒攜勃帚, 來掃膺門. ⑤豈料太尉相公迴垂獎憐, 便署職秩, 跡趨鄭驛, 身寓陶窗, 免憂東郭之貧, 但養北官之勇. ⑦去年中夏, 伏遇出師, 忽賜招呼, 猥加趨榮 …… ⑥某伏自前年得在門下, 更無知識, 唯謁諸廳, 幕中垂情, 幸而獲宥竊聆太尉相公, 去年夏於東塘顧問某之時, 諸郎官同力薦揚, 和之如響, 遂沾厚遇遽竊殊榮.”

70 崔致遠,「初投獻太尉啓」,『桂苑筆耕集』卷17, “④今者乍離一尉, 欲應三篇, 更願進脩, 且謀退縮, 獨依林藪, 再閱丘墳, 課日攻詩, 虞訥之詆訶無避, 積年著賦 陸機之哂笑何慙.”

⑤ 고병의 추천으로 鄭驛(署充館驛巡官)에 나아가게 됨

⑥ 前年부터 고병의 門下에 있게 됨

⑦ 去年(작년) 中夏(5월)에 출사함을 만나서 고병의 부름을 받음

⑧ 고병막부에서 4년간 종사함[71]

⑨ 884년 8월 귀국길에 오를 준비를 함[72]

그다지 문제될 것이 없어 보이지만, 이들을 종합하고 해석하는 데 있어서는 앞에서 살펴본 바와 같이 많은 견해 차이가 있어 논자들마다 그 결론도 제각각이다. 특히 ①과 ②의 해석 차이 때문에 그러한 견해차가 더욱 많아지는 것 같다. 따라서 최치원 자신이 말한 위의 글들 말고도 이와 관련된 당시의 사료史料나 상관 자료로 그를 보충하면 좀 더 명확해질 수 있을 것이다.

ⓐ 879년 10월 고병이 揚州大度督, 淮南節度副大使으로 임명받고 부임함[73]

ⓑ 880년 겨울 黃巢가 양경(서도 장안과 동도 낙양)을 공격하여 점령함[74]

ⓒ 881년 5월 고병이 東塘으로 출병함[75]

71 崔致遠, 「桂苑筆耕集序」, 『桂苑筆耕集』, "⑧從職淮南, 蒙高侍中專委筆硯, 軍書輻至, 竭力抵當, 四年用心, 萬有餘首, 然淘之汰之, 十無一二."

72 崔致遠, 「謝再送月料錢狀」, 『桂苑筆耕集』 卷20, "⑨昨日軍資庫送到館驛巡官, 八月料錢, 伏緣某將命逮方, 已奉公牒, 暫離候館, 卽指歸程, 旣蒙別賜行裝, 豈令更沾職俸."

73 李廷先, 『唐代揚州史考』, 江蘇古籍出版社, 2002, 347면, "乾符六年(879)九月, 黃巢軍攻佔廣州, 逾大庾嶺, 大擧北上.十月, 以鎭海軍節度使、江浙西道觀察等使高駢檢校司徒、同平章事、揚州大度督府長史, 充淮南節度副大使, 知節度事江淮鹽鐵轉運, 江南行營招討等使, 進封渤海君王."

74 『舊唐書』, 唐僖宗本紀, "廣明元年(880) 本年冬, 黃巢攻佔兩京, 唐僖宗與諸王、妃、後數百騎出逃.十二月壬辰, 黃巢據大內, 僭號大齊, 稱年號金統."

75 『資治通鑒』 卷25, "廣明二年(881)五月, 高駢盡出兵於東塘結壘而處, 每日校閱, 欲赴

ⓓ 박학굉사과는 건부 6년(879)을 마지막으로 이후 약 20년 가깝게 시행되지 못했음[76]

이들 근거 자료를 토대로 하여 최치원이 율수현위에서 물러난 시기 및 고병막부로 입막한 시기를 유추해 보면 다음과 같다.

「장계長啓」 중의 글 ⑦'작년 중하中夏에 출사'했다는 것은 곧 ⓒ '고병이 동당으로 출병'한 사건을 이름이니 이는 곧 당희종唐僖宗 광명廣明 2년(881)의 일을 말한다. 따라서 「장계」는 882년에 쓴 것임을 알 수 있다. 그리고 그 글 중에 ⑥'전년前年부터 고병의 문하에 있게 되었다'란 표현이 있으므로 최치원의 고병막부로의 입막 시간은 880년의 어느 달이라고 일단 결론을 내릴 수 있으며 ⑤ '고병의 추천으로 관역순관이 된 것'이 그 시작 시점이 될 것이다. 그리고 사료 ⓐ를 통해 고병은 879년 10월에야 회남절도사로 임명되어 왔다는 사실과 최치원이 고병막부에서 4년을 종사했다는 ⑧의 기록 그리고 884년 8월 이미 귀국준비를 하고 있었다는 ⑨의 기록에 근거해 최치원이 880년 8월을 전후하여 입막한 것이라 결론 내릴 수 있다. 그러므로 적어도 최치원이 879년에 입막했다는 설은 고려 대상에서 제외되어야 것이다.

그렇다면 이제 문제가 되는 것은 최치원이 율수현위직에서 물러난 시기가 언제인가이다. 최치원은 「장계」 중 ② '전년 겨울 율수현위직에서 물러났다'고만 밝히고 있다. 문자 그대로라면 이는 곧 880년 겨울을 말

京靖南.後因朝廷不虛, 百日以後(5月12日 ~9月6日), 複還揚州衙城."

76 최영성(『최치원의 철학사상 연구』, 성균관대학교 대학원 박사학위논문, 1999, 18면.)은 일본의 마쯔모토(松本 明)가 이러한 사실을 고증하였다고 한다. 실제로 徐松의 『登科記考』(中華書局, 1984, 877~916면.)를 살펴보아도 博學宏詞科는 乾符 6년(879)에 마지막으로 시행된 후 896년까지 약 17년 동안 시행되지 않았으며, 唐昭宗 乾寧 4년(897)에 가서야 다시 한 번 시행되었다.

한다고 볼 수 있다. 그런데 이것을 ⑥'전년부터 고병의 문하에 있게 되었다'는 사실과 결부시켜 보면 결국 최치원이 율수현위직에서 물러난 것도 고병막부로 들어간 것도 모두 880년 겨울에 있었던 일이 되어버린다. 당인핑党銀平과 팡샤오웨이方曉偉 역시 이에 근거해 880년 가을 혹은 겨울에 율수현위직에서 물러난 후 바로 그해 겨울 고병막부에 들어간 것이라고 주장한다. 그러나 이들 자료를 문자 그대로 받아들이고 해석하는 것은 다소 무리일 듯싶다. 왜냐하면 당시 종구품인 현위직의 임기는 3년이었다는 사실은 차치해 두고라도, 최치원이 율수현위직에서 물러난 사실과 고병막부에 들어간 사실 사이에는 ②'율수현위에서 물러나 박학굉사과에 응시할 계획으로 산에 은거하려는 결심에 잠시 은퇴하여, 학문은 바다에 이르기를 기약하고 다시 스스로 탁마'한 일이 있으며 또한 ③ '녹봉에 남은 것이 없고 글 읽을 양식이 모자라서 삼편三篇(박학굉사과)을 포기'해야만 했던 사실로 미루어 보아 박학굉사과 준비기간이 단지 1~2개월에 그치지는 않았을 것이기 때문이다. 더군다나 최치원이 고병에게 「초투헌태위계初投獻太尉啓」를 바치고 ⑤ 서충관역순관이 되기까지는 어림잡아도 최소한 3개월 이상은 걸렸을 것이다. 따라서 최치원이 880년 겨울 율수현위직에서 물러나자마자 곧바로 고병막부에 들어갔다고 보기는 어렵다. 더구나 ⓓ를 통해 박학굉사과가 879년 3월에는 시행되었지만 880년 초에는 시행되지 않았으며 사료 ⓑ에서 보다시피 880년 겨울엔 이미 황소黃巢가 양경兩京을 점령한 상황인지라 다음 해인 881년에도 그것이 시행되지 못할 것이라는 것쯤은 최치원도 충분히 짐작할 수 있었을 것이다. 그러한데도 880년 겨울 율수현위직에서 물러난 최치원이 과연 이듬해 봄에 있을 박학굉사과를 준비했을지 의문이다. 이러한 정황상 최치원이 880년 겨울 율수현위직에서 물러나 박학굉사과를 준비했다고 보는 것은 무리라 생각된다.

그렇다면, 최치원이 자술한 ② '전년 겨울 율수현위직에서 물러났다'는 어떻게 해석해야 하는 것일까? 이는 ⑥ '전년부터 고병의 문하에 있게 되었다'의 '전년'과 ② '전년 겨울 율수현위직에서 물러났다'의 '전년'이 서로 다른 시기를 가리킨다고 보면 될 것이다. 전년前年은 '재작년'[77]이란 뜻과 함께 '왕시往時(옛날, 왕년)'란 의미로도 쓰이는데,[78] ⑥의 '전년'은 말 그대로 재작년, 즉 2년 전이란 뜻으로 보고, ②의 '전년'은 왕년(몇 년 전)이란 표현으로 받아들여야 할 것이다. 다시 말해, ②는 '몇 년 전 겨울 율수현위직에서 물러나'로, ⑥은 '재작년부터 고병의 문하에 있게 되어'라고 해석하면 이 문제는 자연스럽게 해결된다.[79] 하지만 여기서도 율수현위직에서 물러난 시기가 겨울이었다는 사실만 알 수 있을 뿐 그것이 어느 해 겨울인지는 알 수 없다. 만일 임기가 만료되어 그만둔 것이라면 앞에서 언급한 적이 있듯이 879년 말인 것이므로 879년 겨울이라고 결론내릴 수는 있다. 하지만, 임기가 만료되어 그만둔 것인지, 아니면 임기 만료 전에 스스로 그만둔 것인지는 아직 확단할 수는 없다.

877년 겨울 스스로 율수현위직을 사임했다고 주장하는 논자들이 그 근거로 드는 부분이 바로 ①'삼년취학三年就學'이다.[80] 이 글은 최치원이

77 한국에서 前年은 지난 해(올해의 바로 전해)라는 의미이지만, 중국에서 前年은 재작년, 즉 지지난해를 의미한다. 중국에서 작년(지난해)은 去年을 사용한다.

78 실제로 前年이 왕년, 옛날로 쓰인 예도 있다. 『後漢書』, 「馮衍傳」, "上黨復有前年之禍" 李賢注 : "前年, 猶往時."

79 조범환(앞의 논문, 65면.)도 前年을 '과거의 어느 해'라고 보았다. 하지만 그는 前年과 去年이 모두 작년이라는 의미이지만, 이 둘이 최치원의 글에서 다른 시점을 가리키므로 前年을 '과거의 어느 해'로, 去年을 '작년'으로 보아야 한다고 설명한다. 즉 ②와 ⑥의 前年은 '과거의 어느 해'로 같은 시점을 가리키며, ⑦의 去年은 작년을 말한다는 것이다. 하지만, 그가 자신의 글 각주 30)에서 밝힌 바 있듯이 前年은 현재 우리가 사용하는 전년(작년)이란 뜻이 아니라 '往時 즉 과거의 어느 한 때' 혹은 '재작년'이란 뜻이다. 따라서 前年과 去年은 본래 다른 시점인 것이다. 조범환은 ②와 ⑥의 前年을 동일한 시점으로 파악하였지만, 필자는 ②의 前年은 몇 년 전으로 ⑥의 前年은 재작년으로 보며 이 둘의 시점이 서로 다르다고 파악한다는 점에서 서로 견해 차이가 있다 하겠다.

고병의 막부에 들어간 지 얼마 되지 않아 고병이 최치원에게 관사를 얻어주자 그에 대해 감사를 표시한 「사차택장謝借宅狀」에 있는 글이다. 그들은 여기서 말하는 '삼년취학'을 율수현위를 사직하고 난 후 박학굉사과를 준비한 기간으로 본다. 그런데 과연 이 '삼년취학'을 그렇게 보는 것이 타당한 것일까? 최치원이 약 3년의 시간을 기다리며 어렵사리 얻은 율수현위직이 아무리 말단 관직이었고 마음에 들지 않았다고 해도 과연 그렇게 쉽게 사직할 수 있었을까? 최치원은 「계원필경집서」에서 율수현위 시기에 대해 "녹봉도 많아지고 벼슬도 많아져서 배부르고 편안한 나날을 보내게 되었으며 짧은 시간도 헛되이 보내지 않았습니다."라고 밝히기까지 하였다. 물론 『계원필경집』 권19에 수록된 「여객장서與客將書」에서는 "비록 녹을 먹으나 가난을 면치 못했다[雖會食祿, 未免憂貧]."라고 고백하고 있어 이것이 어느 정도 과장되게 표현된 것이라고 볼 수는 있겠지만, 그래도 나름 꽤 만족했던 것으로 보인다. 게다가 율수현위 임기 중에도 가난을 면치 못했다고 했는데 단 1년간의 저축으로 과연 사임 후 3년이란 시간을 "녹봉에 남은 것이 없고 글 읽을 양식이 모자랄[俱緣祿俸無餘, 書糧不濟]" 때까지 버텨낼 수 있었을까? 더구나 최치원은 그 기간에 대해서 '잠시 은퇴하여[暫爲隱退]'라며 '잠暫'이란 짧은 시

80 이 부분에서 한 가지 짚고 넘어가야할 부분이 있다. 혹자는 ① '삼년취학'과 ②'율수현위에서 물러나 박학굉사과에 응시할 계획으로 산에 은거하려는 결심에 잠시 은퇴하여, 학문은 바다에 이르기를 기약하고 다시 스스로 탁마하였다'의 사실을 함께 연관시켜 최치원이 이 3년 동안 산에 들어가 박학굉사과를 준비했는데 그 산이 바로 '終南山'이라고 보기도 한다. 그런데 이것이 무엇에 근거한 것인지 모르겠다. 이것은 어쩌면 '終南捷徑'이란 고사성어의 영향이 있지 않을까 한다. 하지만 앞에서 이미 분석했듯이, 최치원이 산에 들어가 박학굉사과를 준비한 기간은 아무리 길어야 1년도 채 안될 정도이며, 더군다나 그 산을 終南山이라고 볼 근거는 없다.(終南捷徑 : 『新唐書 · 盧藏用傳』에, 唐나라 때 盧藏用이 終南山에 은거하여 큰 명성을 얻어 높은 관리가 되었는데, 그의 친구 司馬承禎이 "종남산에 은거하는 것은 관리가 되는 첩경"이라고 말한 데서 유래한 고사성어이다. 출세의 지름길 또는 어떤 목적을 이루기 위한 편법적인 수단을 비유한다.)

간을 의미하는 부사를 사용했는데 그것이 3년이란 시간을 의미한다고 보기엔 적절하지 않은 것 같다. 그리고 무엇보다 사료 ⓐ를 통해 고병은 879년 10월에야 회남절도사로 임명되어 온 것임을 알 수 있는데, 그러하면 최치원이 고병에게 올린 자천서 「초투헌태위계」는 아무리 빨라도 879년 10월 이후에 쓴 것이 되며, 그 글에서 ④"지금 잠깐 일위를 떠난 것은 삼편에 응하고자 해서인 것이며[今者乍離一尉, 欲應三篇]."라는 부분을 통해 이 글을 올릴 당시 최치원은 율수현위직에서 물러난 지 얼마 되지 않았으며, 박학굉사과를 준비 중이었다는 사실을 알 수 있다. 따라서 '삼년취학'이 율수현위직에서 물러난 이후 박학굉사과를 준비한 기간이라고 보는 것은 무리가 있다. 그렇다면 이 '삼년취학'은 도대체 어떻게 해석해야 하는 것일까? 그건 「계원필경집서」에서 "율수현위 임기 동안 열심히 공부하며 촌음도 낭비하지 않았다"고 하였는데, '삼년취학'은 곧 율수현위 임기 3년을 의미하는 것으로 해석할 수 있을 것이다.

따라서 최치원은 율수현위직을 중도에 스스로 그만둔 것이 아니라, 당시 당대唐代 제도의 규정대로 3년의 임기를 다 마치고 879년 겨울 율수현위직에서 물러나 몇 개월 정도 박학굉사과를 준비하다가 자신의 경제적 사정과 당시의 혼란한 정국 때문에 박학굉사과가 중단되자 880년 여름 즈음에 고병막부로 입막할 것을 결정한 것이라고 결론내릴 수 있다. 그러나 그때 입막을 한 것이긴 하지만, ⑦"작년 5월에 출사함을 만나서 고병의 부름을 받았다[去年中夏伏遇出師, 忽賜招呼]."는 사실에서 볼 수 있다시피 정식으로 고병의 중용을 받은 것은 881년 5월 이후부터라고 보아야 할 것이다.

4) 최치원이 고병막부로 입막한 이유

기존 최치원의 재당생애 연구는 대부분 최치원이 박학굉사과를 준비한 기간과 고병막부로 입막한 구체적인 시기를 밝혀내는 데 주안점을 두어왔다. 하지만 필자는 그와 더불어 좀 더 그 내면으로 들어가 최치원이 왜 박학굉사과를 준비했던 것이며, 왜 고병막부로의 입막을 결정한 것인지를 함께 생각해 볼 필요가 있다고 생각한다. 이는 최치원의 당시 생활상과 고민 등을 이해할 수 있는 자리가 될 수도 있을 것이다. 먼저 박학굉사과는 대체 어떠한 제도를 말하며 어떠한 식으로 시행되었는지를 왕쉰청王勳成이 고증한 글을 통해 간단히 소개하자면 다음과 같다.

> '博學宏詞科'
>
> 문장 三篇 고사(試文三篇)를 宏詞라 한다. 이 '試文三篇'은 곧 박학굉사과가 여타 다른 과거 시험 과목과 구별되는 표지이기도 한데, 그래서 박학굉사과를 '三篇'이라는 雅號로 부르기도 한다. …… 진사과와 박학굉사과가 모두 詩와 賦를 시험 보기는 하지만, 박학굉사과에서 요구하는 수준이 더 높고 더 엄하다. …… 과거 급제자이든 이미 관직에 있는 자이든 그 守選 年限이 다 찼는지 안 찼는지와는 상관없이 吏部博學宏詞科에 참가하고 싶으면 반드시 먼저 本貫 혹은 원래 임관했던 州府에 가서 取解(吏部로 보내 시험에 응시하게 할 사람을 선발) 되어야 한다. …… 取解 때, 州府에서도 이들을 상대로 시험을 치루는데, 이는 진사과와 비슷하다. …… 取解와 州府에서 시행하는 시험은 모두 가을에 진행되며, 이는 鄕貢府試 및 급제자와 選人의 取解와도 일치하는 것이다. 取解를 마친 후에는 孟冬十月에 수도 장안으로 가 冬集에 참가하며, 南曹(銓選 관련 문서를 관장하는 官署)의 검증과 심사를 거쳐 무리가 없으면 시험을 시행한다. 시험 시기는 貢擧試, 銓試의 시기와 비슷하나, 절대로 이들과 동시에 거행하지는 않으며, 보통 매년 연말 혹은 그 이듬해 정월이나 2월 즈음에 실시한다. 박학굉사과는 문장삼편을 시험하는데, 어떤 때는 糊名(시험 때 답안지에 쓴 응시자의 이름을 풀칠하여 봉함) 考試 방법을 채택한다. 박학굉사과가 선발하는 인원은 매우 제한되어 있으며, 차라리 부족할망정 넘치게

선발하지는 않아 보통 매년 세 명을 초과하지 않는다.[81]

앞부분에서 이미 최치원은 율수현위직의 임기를 다 채우고 물러난 것임을 확인하였는데, 이 사실이 바로 그가 박학굉사과에 응시하고자 했던 가장 직접적인 이유일 것이다. 왜냐하면, "육품 이하 관원의 임기는 4년(중당 이후 3년)으로 그 임기를 다 채우면 관직에서 물러나 수선해야 하는데, 수선연한은 관직의 크고 작음에 따라 결정된다. 수선 기간이 다 차면 전자관前資官의 신분으로 이부吏部에서 주최하는 동집전시冬集銓試에 참가해야 한다. 6품 이하의 관원에게 있어, 수선 기한은 가장 많게는 12년, 가장 적게는 1년이었다. 관직을 받고난 후 그 임기가 다 차 물러나게 되면 또다시 수선연한을 채운 후 동집에 참가하여 새로운 관직을 수여받아야 하는데, 이것은 5품의 관계官階에 이를 때까지 계속된다."[82]는 당대제도에 따라, 율수현위직의 임기를 다 채우고 물러난 최치원은 다시 수선에 들어가야 했기 때문이다. 즉, 비록 종구품의 말단 관직이긴 했지만, 이제 그것에서마저 물러나 다음 번 관직 받기를 기다려야 하는데, 외국인인 최치원에게는 그것이 그리 간단한 문제는 아니었을 것이다. 게다가 최치원은 설령 이번 수선을 끝내고 다음 새로운 관직을 받고 승진한다고 할지라도 5품 관계에 도달할 때까지는 계속해서 그래야 한다는 현실도 새삼 인식하게 되었을 것이다. 그래서 그보다 더 빨리 관직에 나아가고 높은 관직에 오를 수 있는 새로운 길을 모색하다 그 방법으로 박학굉사과에 응시하기로 결심한 것으로 보인다. 왜냐하면 일단 박학굉사과에 등과登科하고 나면 수선할 필요도 없이 곧바로 관직을 수여받을 수 있음을, 즉 그것이 만당시기 벼슬길에 들어설 수 있는

81 王勳成, 앞의 책, 285~294면.
82 위의 책, 116면.

가장 빠른 길이라는 사실을 그 자신도 잘 알고 있었을 것이기 때문이다.

그런데 박학굉사과에 응시하고자 했던 최치원이 왜 그것을 중도에 포기하고 입막을 시도했던 것일까? 그 이유를 생각해 보는 것도 최치원과 그의 작품을 이해하는 데 적잖은 도움이 될 것이다. 앞에서 살펴보았듯이 「초투헌태위계」을 통해 이 자천서를 고병에게 올릴 당시 최치원은 아직 박학굉사과에 응시하고자 준비하고 있었음을 알 수 있다. 그렇다면 최치원은 최선책으로 고병막부에 들어가기 위해 박학굉사과를 포기한 것일까? 아니면 박학굉사과 응시가 여의치 않자 차선책으로 고병막부로의 입막을 원했던 것일까? 『계원필경집』 권18에 수록된 「장계」에서 최치원은 박학굉사과를 포기한 이유가 "녹봉에 남은 것이 없고 글 읽을 양식이 모자랐기" 때문이라며 경제적인 이유만 밝히고 있다. 이러한 이유 때문이라면 경제적 어려움에서 벗어나고자 막부에 들어가기 위해 박학굉사과를 포기한 것이라 할 수 있을 것이다. 하지만 당시 혼란스러운 정국으로 인해 박학굉사과가 무기한 연기 혹은 중단되어 응시 자체를 할 수 없게 되어 또 다른 출로를 찾기 위해 입막을 시도한 것이라면 이는 차선책으로의 선택이라 할 수 있다. 그런데 『등과기고』를 살펴보면, 박학굉사과는 당희종唐僖宗 건부乾符 6년(879) 3월에 마지막으로 시행된 이후, 당소종唐昭宗 건녕乾寧 4년(897)에 한 번 보이고, 그 이후 천복天復 원년(901) 등과한 이기李琪를 마지막으로 더 이상 관련 기록을 찾아 볼 수 없다.[83] 그러므로 879년 겨울 임기가 끝난 최치원은 곧바로 박학굉사과 준비에 들어갔지만 880년 봄에 있어야 할 시험이 취소 혹은 중단된 데다 당시 황소군黃巢軍의 기세로 보아 그 혼란 정국이 쉬이 가라앉지 않을 것이며 다음 해에도 박학굉사과가 시행되지 않을 것이라 생각되자

83 徐松, 앞의 책, 877~926면.

이를 포기하고 고병막부로의 입막을 결정한 것이라 할 수 있다. 그렇다면 최치원이 고병에게 「초투헌태위계」를 보낸 것은 880년 봄에 시행될 박학굉사과가 취소된 것을 알게 된 후이거나 881년에도 그것이 시행될 가망이 없다고 여겨진 후라고 생각해 볼 수 있다. 그 시기는 아마도 880년 2월 이후가 될 듯하며, 그 글을 올린 후 수개월 후에 입막하게 된 것으로 보인다. 따라서 최치원이 율수현위직에서 물러날 때 자신이 찾은 최선책은 사실 박학굉사과를 통해 수선 없이 곧바로 좀 더 높은 관직에 나아가는 것이었지만, 공교롭게도 당시 박학굉사과가 취소(중단)되어 다음을 기약할 수 없게 되자, 차선책으로 입막을 시도하여 결국 고병막부에 들어간 것이라고 판단할 수 있다.

그렇다면 최치원이 막부에 들어갈 결정을 하게 된 배경과 이유는 무엇일까? 중당 이후, 문사들이 막부에 들어가는 경우가 점점 많아졌는데, 이것은 "안사의 난 이후, 지방 절도사의 권력은 점점 더 커졌는데, 특히 하북삼진河北三鎭(당조唐朝 후기 나타난 노룡盧龍, 성덕成德, 위박삼개번진魏博三個藩鎭)은 흡사 독립왕국과도 같았다. 그들은 군사실력軍事實力을 강화하는 것 외에도, 학자를 초빙하여 막료 혹은 참모로 삼거나 문직관리文職官吏로 두었다."[84]는 당시 시대·사회적 배경의 반영이라 할 수 있다. 문사들이 입막을 도모한 사정은 대략 다음가 같다. "미처 예부시禮部試(진사과거)에 응시할 사정이 안 되는 선비들은 먼저 번진에 들어갔다가 후에 다시 진사과거시험에 응시하기도 하였다. 이런 부류의 선비들은 종종 가난한 집안 출신이거나 의지할 세력도 권력도 없어 절도사에게 의탁하여 종사하며 후원을 받고 다시 진사과거시험에 응시한다."[85] ; "과거급제자는 집에서 수선할 수도 있고, 막부에 들어가 일하며 수선

84 傅璿琮, 앞의 책, 192면.
85 위의 책, 202면.

할 수도 있다. 그들이 입막하는 목적은 주로 집안의 생계 문제를 해결하기 위함이다. 한유韓愈는 동진막부董晉幕府에서 물러난 후, 본래 장안으로 가서 전선銓選을 기다릴 수도 있었지만, 서른 명이 넘는 가족의 생활문제 때문에 그러지 못하고 어쩔 수 없이 장건봉막부張建封幕府에 들어가게 된 것이다."[86] 그렇다면 최치원의 경우는 어떠할까? 최치원의 경우는 박학굉사과가 취소(중단)되자 자신의 힘으로는 더 이상 관직에 나아갈 수도 없고, 무엇보다 타국에서 의지할 곳도 머물만한 곳도 없었기에 결국 생계문제를 해결하기 위해, 그리고 당에서 자신의 이상을 좀 더 펼치기 위해 입막을 시도한 것으로 볼 수 있다.

이러한 생존을 위한 이유 말고도 수많은 문사들이 막부에 들어가려고 했던 이유는 막부에 들어가면 배운 것을 실천하며 자신을 단련시키면서도 자신의 이치吏治(관리의 품행과 치적) 능력과 세상물정에 대한 견문을 향상시킬 수 있어 이후 벼슬길에 들어선 후에 큰 도움이 되기 때문이기도 하였다.[87] 최치원 역시 4년 동안 고병막부에 있으면서 수많은 공문서들을 쓰며 그 공적을 인정받았으며, 특히 「격황소서檄黃巢書」를 통해 천하에 문명을 드날릴 수 있었다. 뿐만 아니라 귀국길에 오를 때 받은 "회남입신라 겸 송국신등사 전도통순관 승무랑 전중시어사 내공봉 사비어대 최치원淮南入新羅兼送國信等使前都統巡官承務郎殿中侍禦史內供奉賜緋魚袋崔致遠"[88]라는 직함을 통해서도 최치원의 막부생활은 매우 성공적이었으며, 그의 인생에 있어서도 충분히 자부심을 가질만한 시기였다고 말할 수 있을 것이다.

그런데 최치원은 수많은 번진 중에서 왜 하필이면 고병의 막부로 들

86 王勳成, 앞의 책, 80면.

87 위의 책, 80면.

88 崔致遠, 「祭巉山神文」, 『桂苑筆耕集』 卷20.

어간 것일까? 그것은 아마도 당시 고병이 큰 권력가였다는 이유 외에도, 고병의 회남막부(양주)가 최치원이 있었던 선주율수현宣州溧水縣과 가까운데다가, 신라와의 왕래가 편리하고 빈번한 곳이라는 사실도 큰 작용을 하였을 것이다. 거기다 만당의 저명한 시인이기도 한 고병은 무예가 뛰어난 무장이면서도, 선비들을 존중하는 고아한 흥취와 문학적 소양이 뛰어난 인물이라는 사실도 최치원이 고병막부로 들어갈 것을 결심하는 데 큰 역할을 했을 것이라 생각된다. 실제로도 최치원과 고병은 문학에 대해 공통적인 취미를 가지고 있었는데 이것이 그들의 사귐에 있어 좀 더 쉽게 가까워질 수 있게 하는 디딤돌 역할을 했을 것이다.[89] 결론적으로 최치원이 수많은 번진 중에서도 고병막부에 들어간 것은 최치원 자신에게도 큰 기회가 되어 자신의 능력을 십분 발휘할 수 있는 무대가 되었으며, 그곳에서 많은 업적을 세우고 큰 명성도 얻었으므로 이는 탁월한 선택과 결정이었다고 평가할 수 있을 것이다.

5) 결론

지금까지 최치원의 재당생애 중 논란이 되어온 부분들을 기존 연구자들의 견해를 토대로 하여 때로는 그것을 수용하고 때로는 그것을 비판하고, 때로는 새로운 근거 자료를 제시하며 재고찰을 시도하였다. 최치원의 재당생애에 대한 연구는 한중 양국에서 상당히 활발하게 진행되었다. 하지만 여전히 논자들의 결론은 각양각색인데, 특히 최치원이 동도유랑을 했던 이유와 그 기간, 율수현위로 부임한 시기, 율수현위직에서 물러난 시기와 임기만료 여부, 고병막부로의 입막 시기 등에 대한 견해

89 党銀平, 「新羅文人崔致遠與淮南節度使高駢交往關係考」, 『社會科學戰線』 2007年 第6期, 吉林省社會科學院, 139면.

차 심한 편이다. 이에 필자는 한중 양국의 견해들을 토대로 이를 종합 분석하였으며, 그 바탕 위에 그간 연구자들이 최치원의 재당행적을 살필 때 크게 주목하지 않았던 당의 과거제도 중 전선제도를 그 근거로 삼았는데, 이로 인해 여러 가지 의문점을 해소할 수 있었다.

본고에서 재고찰한 최치원의 재당생애를 정리하여 결론을 말하자면 다음과 같다. 874년 과거에 급제한 최치원은 당대唐代 과거제도인 전선제도銓選制度에 따라 3년 동안 '수선守選'을 해야 했기에 이 기간 동안 동도유랑을 했던 것이며, 그 기간을 마친 후 877년 율수현위로 부임하였다. 그리고 만당시기 종구품인 현위직이 임기기한인 3년을 다 채운 후 879년 겨울 율수현위직에서 물러난 후 수선할 필요 없이 곧바로 벼슬길에 나아갈 수 있는 지름길인 박학굉사과에 응시하고자 준비하였다. 하지만 황소의 난 등으로 인해 당시 정국이 혼란해지면서 그것마저 시행이 취소 혹은 무기한 중단되자 다른 출로인 막부로의 입막을 모색하게 되었고 결국 880년 여름 즈음 고병막부로 입막하였다.

3. 고운顧雲이 최치원에게 준 송별시 〈고운편〉에 대한 진위 고증
—〈고운편〉과 최치원의 재입당 시기에 대한 한중 연구사를 겸하여

1) 서론

최치원이 당나라를 떠날 때 고운顧雲이 석별의 아쉬움을 토로하며 지어주었다고 하는 송별시 두 편이 한국 문헌을 통해 전해져 내려온다.[90] 그 하나는 김부식의 『삼국사기』 권46 열전 '최치원조'(이후 「최치원전」이라 칭함)에 수록되어 있는 것으로, 그 내용을 살펴보면 다음과 같다.

> (1) 또 같은 해에 과거에 함께 급제한 고운顧雲과 친하게 지냈는데, 귀국하려 하자 그가 시를 지어 송별하였으니, 대략 이러하였다. "내 들으니 바다에 금자라가 셋이 있어, 금자라 머리에 이고 있는 산 높고도 높구나. 산 위에는 구슬 궁궐 자개 대궐 황금의 전각이요, 산 아래에는 천리만리의 넓은 파도라네. 그 곁에 한 점 계림이 푸른데, 금오산 정기로 뛰어한 인물을 낳게 했네. 열두 살에 배를 타고 바다를 건너와, 그 문장 중국을 감동시켰네! 열여덟 살에 글싸움 하는 곳에 나아가, 한 화살로 금문책을 쏘아 뚫었네!"[91]

그리고 또 다른 한 편의 송별시는 이인로의 『파한집』에 수록되어 있는 것으로 다음과 같다.

---

90 고운顧雲은 최치원의 호인 고운孤雲과 음이 같아 한글로 '고운'이라고만 적을 경우 혼란이 야기될 수도 있으므로, 본고에서는 顧雲만을 '고운'이라 표기하고, 특별한 경우가 아니면 최치원은 '고운'이라 칭하지 않고 직접 최치원이라 칭하도록 한다.

91 金富軾, 「崔致遠」, 『三國史記』 卷46 列傳, "又與同年顧雲友善, 將歸顧雲以詩送別, 略曰 : '我聞海上三金鼇, 金鼇頭戴山高高. 山之上兮, 珠宮貝闕黃金殿. 山之下兮, 千裏萬里之洪濤. 傍邊一點雞林碧, 鼇山孕秀生奇特. 十二乘船渡海來, 文章感動. 十八橫行戰詞苑, 一箭射破金門策.'"

(2) 고향에 돌아옴에 미쳐 과거에 함께 급제한 고운顧雲이 〈孤雲篇〉을 지어 보내어 말했다. "바람을 타고 바다 위를 떠돌아, 달을 짝하여 인간에 이르렀네. 배회하며 가히 머물 곳이 없어, 막막하게 다시 동쪽으로 돌아가네!" 공이 또한 자술하여 말했다. "무협의 겹쳐진 봉우리의 나이(12세)에 미미한 몸으로 중화에 들어가고, 은하수가 펼쳐진 별자리의 나이(28세)에 비단을 입고 고국으로 돌아왔다."[92]

『삼국사기』「최치원전」에 수록된 (1)의 송별시를 이규보는 『동국이상국집』 권22 「당서불립최치원열전의唐書不立崔致遠列傳議」에서 "동년 고운이 〈유선가〉를 최치원에게 주었다[同年顧雲贈儒仙歌]."라며 〈유선가〉라 칭하였는데 현재 학계에서도 대부분 그렇게 칭하고 있다. 그리고 『파한집』에 수록된 (2)의 송별시는 이인로의 글에 의거해 〈고운편〉이라 칭하고 있다. 이 두 편의 시는 당조唐朝부터 청조淸朝에 이르기까지 『전당시全唐詩』를 비롯한 중국의 고대 문헌 그 어디에도 수록되어 있지 않고 오직 한국 문헌을 통해서만 전해져 왔다. 한국에서는 아직까지 이 두 편의 송별시의 진위여부에 대해 의문이 제기된 적이 없으며, 중국에서도 역시 그 진위를 의심하지 않고 있다. 특히 대만 학자 시에하이핑謝海平은 (1)의 제목을 〈유선가송최치원귀신라儒仙歌送崔致遠歸新羅〉라 달고 『당대시인여재화외국인지문자교唐代詩人與在華外國人之文字交』에 수록하였으며,[93] 중국학자 웨이쉬셩韋旭升은 (2)를 〈고운편〉이란 제목으로 『조선문학사朝鮮文學史』에 수록하였고,[94] 천상쥔陳尙君은 이 둘을 〈송최치

92 李仁老, 『破閑集』 卷中 23則, "及還鄕同年顧雲賦孤雲篇以送之云: '因風離海上, 伴月到人間. 徘徊不可住, 寞寞又東還.' 公亦自敍云: '巫峽重峯之歲, 絲入中華, 銀河列宿之年, 錦還故國.'"

93 謝海平, 『唐代詩人與在華外國人之文字交』, 文史哲出版社, 1981, 155면.

94 韋旭升, 『朝鮮文學史』, 北京大學出版社, 1986, 170면.

원서유장환送崔致遠西遊將還〉과 〈고운편〉이라는 제목으로 『전당시보편全唐詩補編』 권34에 수록하였다.[95] 이러한 점으로 미루어 보아 중국에서도 이 시들을 고운顧雲의 시로 인정하고 있는 것으로 보인다.

이 두 편의 시는 최치원의 생애를 고찰하는 데 있어서도 매우 중요한 역할을 하기 때문에 이들의 진위 여부를 최대한 밝혀내야 할 것이다. 즉, 〈유선가〉는 최치원에 대한 최초의 전기인 『삼국사기』 「최치원전」에 삽입되어 최치원이 18세에 과거 급제했음을 간접적으로 시사해 주는데, 이는 곧 최치원이 857년에 출생했다는 근거가 되기도 한다. 그리고 적잖은 연구자들이 최치원의 재입당 사실과 그 시기를 증명함에 있어 〈고운편〉을 중요한 근거로 사용하고 있다. 그런데도 학계에서는 이 시들의 진위여부에 대한 고민이나 고증도 없이, 그냥 고운의 작품으로 인정하는 분위기다. 하지만, 필자는 이 두 편의 시 중 적어도 〈고운편〉은 고운顧雲의 작품이 아니며, 심지어 이러한 송별시는 아예 존재조차 하지 않았었다고 생각하기에, 본고에서 이를 고증하고자 한다.

고증에 앞서 고운이란 인물에 대한 소개가 필요할 것이다. 고운이 어떠한 인물이며 최치원과는 어떠한 교분을 나누었는지 등에 대해서는 이미 여러 선행연구자들의 연구가 있으므로 여기서는 대략적인 내용만 간략히 소개하기로 하겠다.[96]

고운顧雲의 자는 수상垂象, 사룡士龍이며, 지주池州(지금의 안휘성安徽

95 陳尙君輯校, 『全唐詩補編』 中冊, 中華書局, 1992, 1192면.

96 顧雲과 최치원의 교유관계를 비교적 자세히 언급한 논문으로는 다음과 같은 것들이 있다. 김중렬, 「최치원 문학연구」, 고려대학교 대학원 박사학위논문, 1983, 41~45면 ; 박병선, 「당대 한중 문인의 교류에 관한 연구－동국문종 최치원을 중심으로」, 『중국어문학논집』 46, 2003, 454~458면 ; 이구의, 『최고운 문학연구』, 아세아문화사, 2005, 54~58면 ; 党銀平, 『唐與新羅文化關係研究』, 中華書局, 2007, 101~104면 ; 方曉偉, 『崔致遠思想和作品研究』, 廣陵書社, 2007, 128~131면 ; 姜昌求, 『新羅人與唐代人的贈詩研究』, 南京師範大學 博士學位論文, 2008, 89~92면 등.

省 귀지현貴池縣) 사람이다. 당의종唐宣宗 대중大中 5년(851)에 염상鹽商의 아들로 태어났으며, 당소종唐昭宗 건령乾寧 원년(894)에 지병으로 세상을 떠났다. 시문에 정통하였고 수많은 저술을 남긴 만당 시기의 저명한 문인이다. 하지만 그의 저술은 대부분 일실되어, 『전당시全唐詩』 권637에 시 1권(8수), 『전당문全唐文』 권815에 23편의 문장이 수록되어 전하고 있을 뿐이다. 김부식의 『삼국사기』와 서송徐松의 『등과기고登科記考』 권23[97] 등에 의하면 최치원과 고운은 함통 15년(건부 원년 874)에 함께 과거에 급제한 동년同年[98]이다. 또한 이 둘은 회남 고병막부에서 함께 종사한 동료이자 막우幕友이기도 하다. 고운과 최치원의 교유는 『계원필경집』과 한국 사적에서만 찾아볼 수 있다.

2) 〈고운편〉에 대한 선행연구자들의 분석 고찰

因風離海上	바람을 타고 바다 위를 떠돌아,
伴月到人間	달을 동반하여 인간에 이르렀네.
徘徊不可住	배회하며 가히 머물 곳이 없어,
漠漠又東還	막막하게 다시 동쪽으로 돌아가네!

〈고운편孤雲篇〉

고운이 〈고운편〉의 작자임을 인정한 후 최치원의 재입당 사실과 관련지어 이를 분석한 김중렬의 견해가 이 시에 대한 분석과 해석을 대표한다고 볼 수 있다. 김중렬의 견해를 살펴보면 다음과 같다.

97 徐松撰, 『登科記考』 卷23, 中華書局, 1984, 867~868면.

98 여기서의 '同年'은 나이가 같다는 뜻이 아니라, 같은 해에 과거에 급제한 사람이라는 뜻이다.

> 고운孤雲을 신선으로 비유한 것은 〈유선가〉와 상통하는 기법으로 고운顧雲의 작이 분명하다. 기구는 처음 신선국 신라로 귀국할 때의 정경이요, 승구는 다시 신라에서 인간의 세계인 당으로 돌아온 것을 이름이며, 전구는 당시 기울어져 가는 당나라의 정국이며 자기들이 믿고 의지했던 幕主 高駢의 몰락으로 인하여 안주할 곳을 찾지 못한 난감한 상황이 그대로 나타나 있다. 그리하여 절구에서는 다시 이별하지 않을 수 없는 안타까운 정경이 그려져 있다. '漠漠'이라는 두 자에서 이제는 다시 만날 기약 없는 이별임이 분명하고, '又東還'에서 두 번째 신라로 귀국하는 詩意가 확실하다. 이와 같이 이 시는 고운孤雲이 두 번째로 당에 들어갔다가 귀국할 때 쓰여졌다고밖에는 달리 해석할 수가 없다. 이것은 『삼국사기』 최치원조에 '그 후 치원은 또한 사신으로 당나라에 갔으나, 언제 갔는지는 알 수 없다(其後致遠亦嘗奉使入唐, 但不知其歲月耳)'라는 기록과 부합하며 이를 증명해 주는 한 편의 좋은 예이다. 모든 것이 인멸되어 알 길 없는 상황 속에서 고운孤雲 행적의 일부를 분명히 해결할 수 있어서 다행이다. 고운顧雲은 건녕 원년(894)에 세상을 떠났는데, 그때 고운孤雲은 38세였다. 그러므로 고운孤雲이 다시 당에 왕복한 것은 그 이전이어야 옳을 것이다.[99]

〈고운편〉을 최치원의 생애와 밀접하게 연관 지어 해석한 김중렬의 해석은 매우 탁월해 보인다. 김중렬의 분석과 해석처럼 〈고운편〉의 시어와 분위기를 고려하면 이를 최치원의 첫 번째 귀국(884년)보다는 두 번째 귀국과 연관 지어 해석하고 감상하는 것이 좀 더 자연스럽기는 하다. 이재운과[100] 지앙창치우姜昌求[101] 역시 이 시를 최치원의 재입당 사

99 김중렬, 「최치원 문학 연구」, 고려대학교 대학원 박사학위논문, 1983, 44~45면.

100 이재운, 「고운 최치원의 사상과 역사인식 연구』, 이화여자대학교 대학원 박사학위 논문, 1996, 51면. ; 이재운, 「고운의 생애와 정치활동」, 『신라 최고의 사상가 최치원 연구, 주류성, 2001, 72~73면.

101 姜昌求, 「新羅人與唐代人的贈詩研究」, 南京師範大學 博士學位論文, 2008, 90~91면.

실과 관련지어 해석한다. 그리고 최영성은 거기서 한걸음 더 나아가 "시를 지어 준 고운이 당소종 건녕 원년(894)에 세상을 떠났으므로, 사신으로 간 연대가 적어도 894년 이전임을 알 수 있고, 또 최치원이 진성여왕 8년(894) 2월에는 시무책을 임금에게 올린 것으로 되어 있으므로, 전후 사정을 고려할 때 893년 연말쯤에 하정사로 당나라에 들어가 그 이듬해 돌아왔음이 거의 분명하다"[102]며 당시 최치원의 행적과 연관시키고 있다.

팡샤오웨이方曉偉 역시 〈고운편〉을 최치원의 재입당 사실과 관련짓고 있지만, 그는 기타 연구자들과는 다소 다른 시각을 갖고 있다. 보통 최치원과 고운은 당에 있을 때 절친한 친구였으며 항상 좋은 관계를 유지해 왔다고 보는 것이 일반적인 시각이다. 그런데 그는 "최치원은 881년 「격황소서」를 통해 천하에 문명을 떨치게 되었지만 도리어 막부의 동료들로부터 배척과 차별을 받았는데, 그와 반대로 고운은 882년 「대고병상희종주代高駢上僖宗奏」를 통해 또 한 번 출세가도를 달리게 된다. 이렇듯 서로 다른 처지로 인해 중화 2년(882) 이후, 최치원과 고운은 차츰 사이가 소원해졌으며, 이러한 관계는 최치원이 귀국하던 884년까지 계속되었다. 그러하기에 『계원필경집』 권20에 그렇게 많은 송별시를 수록하고 있으면서도 정작 고운과 나눈 송별시가 없는 것"[103]이라며 그들의 사이가 한때 서먹해지고 멀어진 적이 있다고 밝히고 있다. 하지만 그 후 10년이란 세월이 흐른 후 최치원이 재입당 하였을 때에는 이미 예전의 그런 안 좋았던 기억을 떨쳐버렸기에 옛 친구를 만난 반가움과 다시 헤어져야만 하는 아쉬움을 〈고운편〉에 담아낸 것이라고 분석하였

102 최영성, 「최치원 사상 형성의 역정에 대한 연구」, 『동양고전연구』 10, 동양고전연구회, 1998, 231~233면.

103 方曉偉, 『崔致遠思想和作品研究』, 廣陵書社, 2007, 130~131면 ; 228면.

다.[104] 최치원의 재입당 시기를 893년이 아닌 894년으로 파악하고 있다는 점에서 최영성의 견해와 다르긴 하지만, 고운 생전이라는 점에서는 대동소이하다 하겠다.

이처럼 김중렬을 비롯한 적잖은 연구자들이 〈고운편〉을 최치원이 귀국할 때 고운이 지어준 송별시임을 인정하고는 있지만, 이것을 최치원이 884년 귀국할 때가 아니라 하정사 신분으로 재입당 했던 사실과 관련지으며, 그 시기를 확인하는 근거로 삼는다. 그러나 〈고운편〉의 작자를 고운이라 확신한 후 이를 통해 최치원의 재입당사실과 그 시기를 유추한 연구자들의 논리에는 결코 무시할 수 없는 맹점이 있다. 그것은 바로 만일 최치원이 하정사로 재입당 했던 시기가 고운이 사망(894년)한 후라면 이들의 견해는 잘못된 것이 되며, 동시에 이 시는 고운의 시가 아님을 인정할 수밖에 없게 된다는 점이다.

박병선, 이구의, 당인핑党銀平 등 여러 연구자들도 〈고운편〉을 언급하고 있지만, 대부분 단지 고운이 최치원에게 준 이러한 송별시가 있다는 정도의 소개에 그치며 별다른 분석은 하지 않고 있다. 반면 최치원의 재입당 사실과는 상관없이 최치원이 884년 귀국할 당시 고운이 〈고운편〉을 지어준 것이라고 확신하는 논자도 있는데 이종문이 그러하다. 그의 견해를 살펴보면 다음과 같다.

> 문맥상의 흐름을 찬찬히 살펴보면 고운孤雲은 분명히 고병의 막부에서 활약하다가 귀국하고 있는 것이 명백하다. 따라서 〈고운편〉의 창작 시기는 최치원이 28세 때임이 분명하며, 〈고운편〉의 바로 뒤에 첨부되어 있는 최치원의 「自敍」가 바로 그 구체적인 증거이다. 최치원의 자서는 문맥으로 보아 〈고운편〉에 대한 자서로 보이지만, 설사 그것이 〈고운편〉에 대한

104 위의 책, 131면..

자서가 아니라고 하더라도 이 기록의 전체적인 맥락은 28세에 그가 귀국하는 상황이 확실하게 바탕에 깔려 있는 것이다.[105]

윗글에서 볼 수 있다시피 이종문은 〈고운편〉이 최치원이 처음 귀국하던 884년에 고운이 지어준 시가 분명하다고 확신한다. 하지만 그의 말대로 그러하다면 몇 가지 문제점이 노출된다. 먼저 최치원이 처음 신라로 돌아가는 것인데, 또 혹은 다시라는 의미의 '우又'란 시어가 과연 적절한가 논란의 여지가 있을 수 있다. 그리고 이 시 〈고운편〉이 첫 번째 귀국할 때 지어준 것임이 분명하다고 하면, 『삼국사기』「최치원전」에 수록된 또 다른 고운의 송별시 〈유선가〉와는 과연 어떠한 관계에 있는가도 의문이다. 즉, 고운이 두 편의 송별시를 지어준 것인지, 아니면 〈유선가〉와 〈고운편〉이 본래는 한 편의 시였던 것인지 의문을 갖게 된다. 그리고 이인로는 『파한집』에서 "공이 또한 자술하여 말했다. '무협의 겹쳐진 봉우리의 나이(12세)에 미미한 몸으로 중화에 들어가고, 은하수가 펼쳐진 별자리의 나이(28세)에 비단을 입고 고국으로 돌아왔다'"라며 이것을 〈고운편〉에 대한 답시로 보고 있지만, 이규보는 『백운소설』에서 이를 〈유선가〉에 대한 답시로 기록하고 있다.[106] 그렇다면 이것이 〈유선가〉의 답시인지 아니면 〈고운편〉의 답시인지에도 논란의 소지가 있다. 따라서 이 두 편의 송별시를 차라리 한 편의 시로 본다면 이러한 문제들이 대부분 해결될 수도 있을 것이다. 이미 중국학자 천상쥔陳尙君은 "〈고운편〉은 『삼국사기』에 수록된 〈유선가〉 중의 한 부분인 것으로 보인다"[107]는 견해를 제시한 바 있다. 하지만, 서거정 역시 『필원잡기』

105 이종문, 「최치원 연구(1) －그의 재입당 여부와 한시작품의 창작 시기에 관한 고찰」, 『한문교육연구』 13, 한국한문교육학회, 1999, 221～222면 각주12).

106 李奎報, 『白雲小說』, "及將還本國, 同年顧雲贈儒仙歌, 略曰: '十二乘船過海來, 文章感動中華國.' 其自敍云 : '巫峽重峯之歲, 絲入中華. 銀河列宿之年, 錦還東國.'"

에서 이 답시를 인용하고 있지만, 그는 이를 최치원의 자술이 아니라 어떠한 이가 준 글이라 하고 있다.[108] 이는 아마도 서거정 그 자신도 이 글이 최치원의 글이라는 확신이 없었거나, 아니면 혹 그 어떤 근거에 의해 최치원의 글이 아닌 어떠한 이가 준 글이라 말한 것으로 볼 수 있다. 따라서 이 답시의 진위 여부 자체에도 논란의 여지가 있다. 어쨌든, 만일 〈고운편〉을 최치원이 첫 번째 귀국(884년) 할 때 받은 송별시라고 한다면, 이는 천상쥔陳尙君의 견해대로 원래 한 편의 시였을 가능성이 더 크다고 보아야 할 것이다. 그렇지만 만약 이 두 편의 송별시가 원래 한 편의 시였다고 가정하면 또 다른 문제점이 생길 수 있다. 〈유선가〉의 경우 이를 기록한 문헌들 모두가 '대략 이러하다'라고만 소개하고 있어 그 온전한 모습을 확인 할 수 없는데다가 시도 부賦 같은 형식을 하고 있다. 반면, 〈고운편〉은 온전한 오언절구의 형식을 하고 있으며 그 자체만으로도 온전한 한 편의 시로 볼 수 있다. 그런데도 과연 이 두 편의 시를 본래는 한 편의 시였다고 쉽게 단정 지을 수 있을지 의문이다. 또한 이들이 본래 한 편의 시였다고 한다면, 그 중 하나가 위작이라고 밝혀질 경우 자연스레 나머지 하나 역시 위작일 가능성이 커지게 된다.

요컨대, 현재까지 〈고운편〉을 고운의 작품이 아닐 것이라고 의심하는 논자는 거의 없다. 다만, 이를 최치원이 첫 번째 귀국할 때 지어준 것이냐 아니면 두 번째 귀국할 때 지어준 것이냐의 견해 차이만 있을 뿐이다. 그렇지만 이 시를 최치원이 첫 번째 귀국할 때 지어준 것이라고 보기에는 여러모로 무리가 따르기에, 아직까지는 이를 최치원의 재입당

107 陳尙君輯校, 앞의 책, 1192면.

108 徐居正, 『筆苑雜記』, "唐學士顧雲送崔致遠還鄕詩, 有'十二乘舟渡海來, 文章感動中華國'之語. 又有贈言者曰: '巫峽重峯之歲, 絲入中華. 銀河列宿之年, 錦還東國.' 蓋十二而入唐, 二十八而東還也."

사실과 관련지어 해석하는 것이 더 일반적인 견해라 할 수 있다.

3) '최치원의 재입당 시기'에 대한 선행연구자들의 분석 고찰

최치원의 재입당 시기는 〈고운편〉이 고운의 작품인지 아닌지를 판단하는데 아주 중요한 역할을 한다. 재입당 시기가 고운의 사망 후라면 자연스레 이 시를 고운의 시로 인정하기 힘들어지기 때문이다. 그런데 앞부분에서 살펴보았듯이 적잖은 연구자들이 먼저 〈고운편〉을 고운의 시로 확신한 이후 이를 통해 최치원의 재입당 시기를 단정하고 있다. 때문에 이는 객관성과 신빙성이 다소 떨어져 보인다. 그렇다면 최치원의 재입당 시기에 대해 기타 선행연구자들은 어떻게 고찰하고 있는지를 살펴볼 필요가 있을 것이다.

최영성은 최치원이 하정사로 임명되었던 진성여왕 7년(893)에 본래의 예정보다는 늦었지만, 그래도 그해 연말쯤에 당으로 들어가 이듬해 2월 시무책을 올리기 전에 돌아온 것으로 파악하였다. 그리고 그 근거로 893년 완성되었다고 본 「지증대사비명」에 기록된 직함 '입조하정겸영봉황화등사, 전조청대부수병부시랑入朝賀正兼迎奉皇花等使, 前朝請大夫守兵部侍郎'을 제시하였다. 다만 최치원이 893년 본래의 예정대로 하정사로 재입당 하지 않았다고 해도 그 직함은 그대로 사용할 수 있었던 것이기에 먼저 이 비명을 완성한 후 893년 말에 하정사로 당에 다녀왔을 것으로 파악하였다.[109] 적잖은 선행 연구자들이 〈고운편〉만을 가지고 최치원의 재입당 사실과 그 시기를 추정한 것에 반해 최영성은 한걸음 더 나아가 「지증대사비명」을 그 근거로 제시하였다는 점에서 좀 더 신빙성이 있어 보이긴 한다. 하지만, 그의 말대로라면 '893년 하정사로 임명받

109 최영성, 앞의 논문, 230~231면.

왔지만 도적이 횡행하여 길이 막혀 당에 가지 못했다가 먼저 「지증대사비명」을 완성한 후 그해 연말 당에 들어갔으며, 하정사 임무를 마치고 돌아와서 894년 2월에 시무책을 올렸다'는 것인데 그 일들이 과연 몇 개월 사이에 모두 가능했을지 의문이다. 게다가 "학계에 보고된 바에 의하면 신라 사신이 정상적인 여행을 계속할 경우에 장안에 도착하는데 산술적으로 소요되는 시간은 3개월 정도이며 평상시 사신의 임무를 마치고 돌아오는데 걸리는 시간은 최소한 6개월이 다소 넘는다."[110]고 하는데, 연말에 당으로 건너가 하정사 임무를 완수하고 당에서 새해를 맞은 후 귀국길에 오르고도 과연 2월에 신라에 도착하여 시무책을 올릴 수 있었을지 의문이다.

진룽화金榮華는 「상태사시중장上太師侍中狀」 중의 '태사시중'이 누구인가를 고찰하며 '최치원이 재입당하여 이 글을 올린 대상은 바로 당시의 회남절도부대사 양행밀揚行密이며, 최치원의 재입당 시기는 천복天復 2년(902)이나 3년(903)이고 그 장소는 회남'이라고 고증하였다.[111] 그리고 판원리樊文禮·량타이지梁太濟 역시 최영성처럼 「지증대사비명」을 재입당시기를 추측할 수 있는 근거로 삼고 있지만, 이들은 최치원이 이 비명을 898년 이후 집필하기 시작하여 906년 즈음에 탈고한 것으로 본다. 거기에 덧붙여 「상태사시중장」의 내용을 근거로 최치원의 재입당 시기는 천우天佑 원년(904)부터 당이 멸망한 천우 4년(907) 사이이며, 장소는 양절兩浙이고, '태사시중'은 당시의 절서절도사 전류錢鏐라고 고증하였다.[112] 반면 리스런李時人은 "최치원이 이 비명을 언제 쓴 것인지 분

110 이종문, 앞의 논문, 224면.

111 金榮華, 「崔致遠在唐事蹟考」, 『中韓交通史事論叢』, 臺北 福記文化圖書有限公司, 1985, 3~45면.

112 樊文禮·梁太濟, 「崔致遠再次踏上唐土的時間和地點」, 『韓國硏究』』 第4輯, 金健人主編, 學苑出版社, 2000年 3月版, 96~109면.

명하지 않다. 최치원이 언제 이 관직을 받았는지와는 상관없이 다시 명을 받들어 당에 사신으로 갈 때도 이 관직명이었을 것이다. 최치원이 두 번째로 입당한 것은 진성여왕 7년(893) 그를 입조 하정사로 불렀으나 길이 막혀 가지 못한 뒤이거나, 효공왕 2년(898) 면직되고 나서 그 후 다시 부름을 받고 당에 들어간 것은 확실하다. 그의 「상태사시중장」이 이를 증명해준다"며 최치원이 '당 왕조 멸망의 전야'에 재입당 하였을 것으로 파악하였다.[113]

이처럼 적잖은 연구자들이 〈고운편〉 말고도 「지증대사비명」이나 「상태사시중장」 등과 같은 최치원의 저술을 근거로 그 재입당 시기를 고증하고 있다. 이는 단순히 〈고운편〉만을 그 근거로 하는 것보다는 좀 더 논리적이고 신빙성이 있어 보이긴 한다. 하지만 「지증대사비명」은 최치원이 하정사로 임명받았었다는 사실만을 확인시켜 줄 뿐 재입당 사실여부나 그 시기에 대한 확실한 단서를 제공하지는 못한다.[114] 반면 「상태사시중장」은 최치원의 재입당 사실을 확인시켜 주며 그 대략적인 시기를 가늠하는데 적잖은 도움이 되고 있다. 다만 논자들마다 그 견해가 엇갈리고 있어 최치원의 입당시기를 단정 지을 수 없다는 아쉬움은 있지만, 본고에서는 적어도 그 시기가 고운顧雲의 사망 시기(894년)보다 더 나중이라는 사실 자체에 좀 더 주목한다.

이렇듯 최치원의 재입당 시기는 고운顧雲이 생존해 있던 894년 이전

113 李時人, 『新羅崔致遠生平著述及其漢文小說〈雙女墳記〉的創作遺傳』, 『文史』 第4輯, 中華書局, 2001, 167~168면.

114 최영성은 "하정사에 임명된 사실만으로 '入朝賀正'이라 한 것인지, 아니면 실제 奉使한 이후 비문을 지어 올리면서 그 직함을 썼는지는 분명하지 않다. 후자의 경우는 더 말할 나위 없지만, 전자의 경우 역시 (奉命使臣이라는 것이 여러 모로 영광스러운 직책이다 보니, 奉使 이전에 임명된 사실만으로도 이 비문은 '入朝賀正'의 직함을 사용할 수 있었을 것이다. 그 당시보다 훨씬 이전에도 實銜이 아닌 借銜을 사용한 예가 적지 않게 있었다." (최영성, 앞의 논문, 230면, 각주34)고 말한다.

이란 견해와 그의 사후인 894년 이후일 것이라는 견해가 모두 존재하는 것이다. 그렇다면 결국 〈고운편〉 역시 고운의 작품일 가능성과 그렇지 않을 가능성 둘 모두 존재하는 것이며, 이러한 사실은 곧 그만큼 〈고운편〉이 위작일 수도 있음을 반증해주고 있다해야 할 것이다. 그리고 여기서 더 나아가 이종문은 아예 최치원의 재입당 사실 자체에 의문을 제기하고 있다.[115] 만일 그의 말대로 최치원이 재입당 한 사실 자체가 없다고 가정한다면 〈고운편〉은 결국 최치원이 처음 귀국할 때 고운이 지어준 송별시라고 보는 수밖에 없게 되거나, 혹은 이 시를 더 이상 최치원의 재입당과 관련시킬 수 없게 되므로 〈고운편〉은 당연히 고운의 작품이 아닌 것이 되어버린다. 따라서 〈고운편〉으로 최치원의 재입당 사실을 확인하거나 그 시기를 단정하는 방법은 바람직하지 못하며, 최치원의 재입당이 고운의 사후인 894년 이후에 이루어졌을 가능성의 크기만큼 〈고운편〉 역시 위작일 가능성도 커지는 것이다.

4) 〈고운편〉은 우무릉于武陵의 〈고운孤雲〉을 재편집한 위작

아직까지는 최치원의 재입당 시기만으로 〈고운편〉의 위작 여부를 단정 짓는 것 역시 그저 유추에 불과하다고 할지도 모른다. 하지만 필자가 〈고운편〉이 고운의 시가 아닐 것이라고 확신하는 결정적인 이유는 바로 이와 거의 동일한 시가 존재하기 때문이다. 그것은 바로 중만당 시인 우무릉于武陵의 〈고운편〉인데, 이 시는 『전당시』 권595에 수록되어 있다.[116] 이 두 편의 시를 함께 살펴보면 다음과 같다.

115 이종문, 앞의 논문, 217~225면.

116 彭定求等編, 『全唐詩』 卷595, 中華書局, 1980, 6894면.

㉠ 于武陵의 〈孤雲〉

南北各萬里	남과 북은 만리나 떨어져 있고,
有雲(一作時)心更閑	구름(시간)의 마음은 더욱 한가하여라.
因風離海上	바람을 타고 바다 위를 떠돌아,
伴月到人間	달을 짝하여 인간에 이르렀네.
洛浦少高樹	낙포에는 키 큰 나무가 적고,
長安無舊山	장안에는 옛 산이 없네.
裴回不可駐	배회하며 가히 머물 곳이 없어,
漠漠又空(一作更東)還	막막하게 다시 공허히 (동쪽으로) 돌아가네!

㉡ 顧雲의 〈孤雲篇〉

因風離海上, 伴月到人間. 徘徊不可住, 漠漠又東還.

우무릉의 〈고운〉 '과거시험에서 낙방한 후 자신의 재능을 알아주지 않는 세상과 의지할 곳 없이 방랑하는 자신의 처량한 신세를 한탄한 시'[117]이다. 즉, 우무릉은 정처 없이 남북을 방랑하며 떠돌아다녀야만 하는 자신을 '고독한 구름[孤雲]'에 투영시킴으로서 감정이입을 하고 있다. 그리고 구름은 대개 산이나 나무를 만나 쉬어가는 법인데, '장안에는 큰 나무가 적고, 낙포에는 옛 산이 없다'며 자신이 또 다시 막막하게 떠나야만 하는 이유를 설명하고 있다. 이는 곧 자신의 재능을 알아주지 못하는 세상에 대한 아쉬움과 원망의 표출이며 당시로서 자신이 취할 수 있는 유일한 행동은 자신을 알아줄 어딘가를 찾아 또다시 떠나야만 하는 것이기에 그러한 현실의 처량함과 미래에 대한 막막함을 표현하고 있는 것이다.

117 張固也, 「中晚唐詩人于武陵考」, 『吉林大學社會科學學報』 第48卷 第5期, 2008年 9月, 吉林大學, 94면.

반면 고운의 〈고운편〉에는 앞에서 살펴 본 김중렬의 분석처럼 고독하고 불우했던 최치원의 인생이 잘 표현되어 있다. 다만, 우무릉이 자기 자신을 '고운孤雲'이라 비유한 것에 반해, 고운은 자기 자신이 아닌 자신의 친구 최치원을 '고운孤雲'에 비유하고 있다는 점에서 차이가 있긴 하다. 그리고 '막막하게 다시 떠나야 하는' 대상이 〈고운〉에서는 우무릉 자신이기에 이는 처량한 자신의 신세에 대한 한탄의 표현인 반면, 고운의 〈고운편〉에서는 '막막하게 다시 떠나가는' 대상이 친구 최치원이기에 이는 기약 없는 이별에 대한 아쉬움의 표현이 되는 것이다. 하지만 〈고운〉에서는 '장안에는 큰 나무가 적고, 낙포에는 옛 산이 없기에 배회하며 머물 곳이 없어' 다시 떠난다고 그 이유를 명확히 제시하고 있으나, 〈고운편〉에서는 무엇 때문에 배회하며 머물 곳이 없는 것인지 그에 대한 이유가 나와 있지 않다. 이는 곧 〈고운편〉의 완성도에 의구심을 갖게 하는 요소가 될 수도 있을 것이다. 아무튼 우무릉의 〈고운〉과 고운의 〈고운편〉 모두 누군가의 고독하고 불우했던 인생을 잘 담아내고 있음에는 틀림이 없다.

하지만 시 전체를 보면 ㉡ 고운의 〈고운편〉은 오언율시인 ㉠ 우무릉의 〈고운〉 중 함련(3, 4연)과 미련(7, 8연)만으로 구성된 오언절구임을 쉽게 눈치챌 수 있다. 물론, '裵回'와 '徘回', '駐'와 '住'의 글자상의 차이가 있긴 하지만, 이들은 서로 통하는 글자들이므로 아무런 문제도 되지 않는다. 혹 마지막 연의 '공환空還'이 '동환東還'으로, 혹은 '동환'이 '공환' 바뀐 것일 수도 있지만, '공환'이 '동환'으로 쓰이기도 했다고 하니 그러하다고 확단하기도 어렵다. 따라서 어느 작품이 시대적으로 더 앞서는가에 따라 〈고운편〉이 〈고운〉을 갖고 오언절구로 재편집되었거나, 아니면 〈고운〉이 〈고운편〉을 토대로 오언율시로 재창작된 것이라고 볼 수 있다. 어찌되었거나 더 후대의 작품이 전대의 작품을 모방한 것으로 보아야 할 것이다.

그렇다면 이 두 편의 시 중 어느 것이 원작일까? 결론부터 말하자면 우무릉의 〈고운〉이 원작이라 확단할 수 있다. 왜냐하면 〈고운편〉이 정말로 고운이 최치원에게 준 송별시인지 아닌지와는 상관없이 그 두 경우 모두 〈고운편〉이 우무릉의 〈고운〉보다 앞선 시대의 것일 수는 없기 때문이다. 장구이에張固也의 고증에 따르면 우무릉은 당덕종唐德宗 정원貞元 4년(788)에 출생하여, 당의종唐宣宗 대중大中 6년(852)에 사망하였다고 한다.[118] 반면, 우자이칭吳在慶의 고증에 따르면, 고운은 당의종 대중 5년(851)에 태어났으며,[119] 사망연대는 당소종 건녕 원년(894)이다. 따라서 설령 〈고운편〉이 진짜로 최치원의 첫 번째 귀국(884년) 때 준 송별시라고 해도 우무릉의 〈고운〉보다 앞선 시대의 작품일 수는 없다. 그리고 만일 〈고운편〉이 진짜로 고운이 최치원에게 준 송별시임을 인정한다고 할지라도 그것은 순수한 창작품이 아니라 모방작이라고 해야 할 것이므로 〈고운편〉의 작가를 고운이라 할 수는 없다. 게다가 청대에 간

118 張固也의 「中晩唐詩人于武陵考」을 중심으로 하여 우무릉이란 인물에 대해 간단히 소개하자면 다음과 같다. "于武陵(788~852) : 京兆鄠縣人. 대략 貞元 4년(788)에 출생하였으며, 元和 연간(806~820)에 과거에 응시하였으나 오래도록 급제하지 못했다. 그 당시 장안과 낙양을 왕래하며, 당대의 유명 시인 賈島, 無可 등과 교유하였고, 이들은 곧 만당 양대 시파 중의 하나인 賈島詩派의 초기 구성원이 되었다. 과거에 급제하지 못하자 남북을 떠돌며 여러 막부에서 말단 관직 생활을 하였다. 京兆府三原縣尉를 역임하기도 하였으며, 大中 6년(852) 약 65세의 나이에 세상을 떠났다. 우무릉의 시는, 宋代까지는 1권 백여 수의 시가 전해졌으나, 지금은 단지 60여 수의 시만 전해지고 있다. 唐代에는 워낙 수많은 유명 시인들이 배출된 시대인지라, 우무릉을 일류 시인이라고까지 치켜세울 수는 없지만, 그래도 중만당 시단에서는 일정 지위를 차지할 수 있는 시인임에는 분명하다. 송대 이후, 우무릉의 생애와 그 시대에 대한 이해가 이미 불분명해져, 우무릉의 적잖은 시를 唐末五代의 于鄴(字武陵)의 시로 오해하는 경우가 많았다. 심지어 元代 이후에는 우무릉을 우업과 한 사람으로 동일시하는 지경에 이르렀다. 하지만, 다행히도 현대에 와 陳尙君에 의해 이러한 잘못된 내용들이 시정되었다."

119 吳在慶, 「唐五代作家生卒年考」, 『遼寧大學學報』 1996年 第5期, 遼寧大學, 2~3면.

행된 『전당시』 권637에 수록된 고운의 시 8수 중에는 〈고운편〉이 없는 반면, 권595에 수록된 우무릉의 시 50여 수 중에는 〈고운〉이 있다는 사실도 이 시가 본래 우무릉의 것임을 증명한다. 그렇다면 〈고운편〉이 고운의 작품이 아님을 인정한다면 어떠할까? 그렇다고 해도 원작은 여전히 우무릉의 〈고운〉일 수밖에 없다. 〈고운편〉이 최초로 수록된 문헌은 이인로의 『파한집』이며 이 문헌을 통해 세상에 알려졌기 때문이다.[120]

그렇다면 우무릉의 〈고운〉의 일부가 어찌하여 고운의 〈고운편〉이란 송별시로 전해지게 된 것일까? 이것은 〈고운〉이란 시가 누군가의 고독하고 불우한 인생을 잘 담아내고 있기 때문일 것이다. 따라서 후대인(그가 이인로이든 혹은 그 이전의 누구이든)이 우무릉의 〈고운〉을 본 후 이 시의 원작자가 우무릉이라는 사실을 몰랐기에 이 시는 최치원과 절친한 친구였던 고운이 신라로 돌아가는 최치원에게 지어준 것이라고 오해하였을 수도 있다. 혹은 이 시의 제목과 내용을 최치원의 호 '고운孤雲'이나 최치원의 인생과 상관지은 후, 고운顧雲의 이름을 빌려 최치원에게 주는 송별시로 보일 수 있게끔 재편집했다고 볼 수도 있을 것이다. 결국 이러한 재편집 혹은 각색을 통해, 본래 과거에 낙방한 후 자신의 처량한 신세를 한탄한 시 〈고운〉이, 모국으로 돌아가는 절친한 친구와의 이별을 아쉬워하는 〈고운편〉이란 송별시로 탈바꿈하게 된 것이다.

그렇다면 후대인은 왜 〈고운편〉의 작자를 고운으로 지목했던 것일까? 이것은 최치원과 고운이 무척 각별한 사이라는 사실을 알고는 고운

120 『전당시』(1707년 간행)가 비록 『파한집』(1260년 간행)보다 훨씬 더 후대에 간행된 것이기는 하지만, 현존하는 문헌 중 최치원에 대한 최초의 기록("崔致遠 『四六集』 一卷, 又 『桂苑筆耕』 二十卷. 高麗人. 賓貢及第, 爲高駢淮南從事")이 기재되어 있는 『新唐書』(1060년 완성) 권60 「藝文志四」에는 '于武陵詩一卷'이라는 기록도 있어 우무릉과 그의 시의 존재를 확실하게 확인할 수 있으므로 『전당시』에 수록된 그의 시들의 진위여부를 의심하지 않아도 된다.

을 그 작자로 내세우면 신뢰성이 있어 보여 사람들이 쉽게 받아들이고 믿을 것이라고 생각했기 때문일 것이다. 즉, 최치원과 고운은 874년 같은 해에 과거에 급제한 동년인데다가 고병막부에서 함께 종사한 동료이자 절친한 친구라는 사실, 그리고 『삼국사기』「최치원전」에 고운이 최치원에게 지어준 송별시 〈유선가〉가 수록되어 있다는 사실, 거기다 최치원과 고운이 서로 시를 주고받았음을 알게 하는 최치원의 시 〈모춘즉사화고운우사暮春卽事和顧雲友使〉와 〈화고운시어중양영국和顧雲侍禦重陽詠菊〉가 전해진다는 사실 등이 고운顧雲을 〈고운편〉의 작자로 지목하게 하였을 것이다. 하지만, 결론적으로 〈고운편〉은 고운이 신라로 돌아가는 최치원에게 지어준 송별시가 아니며, 고운이 최치원에게 준 송별시 중에 〈고운편〉이란 시는 애초부터 없었던 것이다.

5) 결론

현재까지 한중 학계에서는 〈고운편〉에 대해 『파한집』의 기록대로 최치원이 귀국할 때 절친한 친구 고운이 지어준 송별시임을 의심 없이 받아들이고 인정해 왔다. 하지만 필자는 본고에서 〈고운편〉에 대해 구체적으로 분석한 한중 연구자들의 견해와 최치원의 재입당 시기에 대한 한중 연구자들의 견해를 살펴보며 이 시가 위작일 가능성을 제시하였다. 그리고 중만당 시기의 시인 우무릉의 시 〈고운〉을 근거로 이 시가 고운의 작품이 아니라 그의 이름을 빌린 위작임을 밝혀내었다.

사실 〈고운편〉은 애초부터 그 진위가 의심되는, 위작일 가능성이 적지 않은 시이다. 왜냐하면 이인로는 이 시를 최치원이 처음 귀국할 때(884년) 고운이 지어준 송별시라며 문헌에 기록하였지만, 만일 그러함을 인정한다면, 시의 내용과 당시 최치원의 정황이 서로 어긋나 그 자체만으로도 이 시의 진위가 의심되기 때문이다. 게다가 이미 『삼국사기』를 통해 최치원이 884년 귀국할 당시 고운顧雲이 지어주었다고 하는 송별시 〈유선가〉가 전해지고 있어 고운이 과연 당시에 최치원에게 두 편의 송별시를 지어 준 것인지 아니면 이 둘이 원래는 한 편의 시였던 것인지 의문을 갖게 된다. 그러하기에 대부분의 학자들이 이 시를 최치원의 첫 번째 귀국이 아니라, 최치원이 하정사로 재입당 했었다는 사실과 관련 짓고 있는 것이며, 거기서 더 나아가 최치원이 고운 생전(894년)에 재입당 했을 것이라는 사실을 증명하는 중요한 근거로 삼고 있는 것이다. 하지만 이들의 논리는 역으로 만일 최치원이 재입당한 시기가 고운의 사망 후라면 〈고운편〉은 당연히 고운의 시가 아님을 인정해야 한다는 맹점을 가진다는 점에서 그 진위 여부가 의심받게 된다. 게다가 최치원의 재입당시기에 대해, 혹자는 고운이 사망하기 전이라 하고 혹자는 사망한 후라고 하는데, 어느 견해가 더 정확한지와는 상관없이 이러한 논란이 있다는 사실 자체만으로도 〈고운편〉이 고운의 작품이 아닐 가능성은 충분히 존재하는 것이다. 그리고 결정적으로 고운顧雲(851~894)의 〈고운편〉은 우무릉于武陵(788~852)의 오언율시 〈고운〉의 함련과 미련을 그대로 옮겨 오언절구로 재편집한 시라는 점에서 위작임을 확인할 수 있다. 요컨대, 〈고운편〉은 고운의 작품이 아닐뿐더러, 기껏해야 최치원의 절친한 친구였던 고운의 이름을 빌려 〈고운〉이란 작품을 갖고 재편집한 모방작에 불과하므로, 고운이 최치원에게 준 송별시 중에 〈고운편〉이란 시는 애초부터 없었던 것이라고 결론내릴 수 있다. 따라서 이인로의 『파한집』 소재 〈고운편〉은 최치원이 재입당한 사실과 그 시기를 증명하는 단서나 근거가 될 수 없으며, 더 나아가 최치원의 생애를 고찰하거나 논증하는 데 있어서도 아무런 근거가 될 수 없다.

제2부

재당시기 고운 최치원의 한시 문학

1. 최치원의 재당시기 한시 고찰
—『계원필경집』에 수록되지 않은 시를 중심으로

1) 서론

현재 최치원의 작품이라고 인정받고 있는 시는 모두 126수이다.[1] 그리고 그 시를 다시 '당에 있을 때 지은 시(이후 재당시在唐詩라 칭함)'와 '귀국 후 시'로 나눌 수 있다. 본고에서는 『계원필경집』에 수록되지 않은 '재당시'에 대해 고찰하고자 한다. 최치원의 재당시는 최치원의 재당생애를 고찰한 논문이나 최치원의 한시를 연구한 논문에서 다루어지기는 하였다. 하지만 대부분 대표시라 할 수 있는 시 위주로 진행된 탓에, 현존시 126수 중에 재당시가 몇 편 정도인지조차 제대로 파악되지 않은 상태이다. 물론 어떤 시는 그 창작시기가 과연 재당시기인지 귀국 후인지 가늠하기 힘들기 때문이기도 할 것이며, 또 어떤 시는 그다지 주목할 만한 시가 아니라고 여겨지기 때문이기도 할 것이다.

근래에 들어 『계원필경집』 소재 시만을 그 대상으로 한 연구가 속속

1 현재 학계에서 최치원의 시라고 인정받고 있는 시는 모두 127수이다. 하지만, 필자는 그 중 〈刻眉菴嚴石〉은 위작임이 분명하다고 여겨져 제외하였다.

등장하고 있다.[2] 필자 역시 『계원필경집』 소재 시는 재당시와 분리되어 별도로 연구되는 것이 더 바람직하다고 생각한다. 왜냐하면 『계원필경집』에 수록된 60수의 시중, 권17에 실린 〈기덕시紀德詩〉 30수는 모두가 고병의 업적과 공로를 칭송한 헌시이기 때문이며, 권30에 수록된 시는 〈진정상태위시陳情上太尉詩〉 한 수를 제외한 나머지 29수 모두가 귀국기에 지어진 시라는 창작시점의 특수성으로 인해 실질적으로 재당시라고 부르기도 다소 애매한 부분이 있기 때문이다. 따라서 본고가 최치원의 재당시를 고찰함에 있어 『계원필경집』에 수록된 시 60수를 제외한다고 해서 그것이 별다른 문제점이 되지는 않을 것이다.

최치원이 「계원필경집서」에서 언급한 재당시기의 문집은 다음과 같다.

1) 及第後浪跡東都時期 : 『私試今體賦五首』 1권, 『五言七言今體詩共一百首』 1권, 『雜詩賦共三十首』 1권
2) 溧水縣尉時期 : 『中山覆簣集』 5권
3) 高騈幕府時期 : 『桂苑筆耕集』 20권

본고는 이를 근거로 하여, 최치원의 재당생애를 1.과거급제시기 2.율수현위시기 3.고병막부시기로 나눌 것이다. 그리고 현존하는 시 가운데 재당시기에 지어진 시라고 여겨지는 시 전체를 대상으로 하여 각 시기에 지어진 시들을 살펴보며 최치원의 시가 어떠한 변화를 보이고 있는지를 고찰할 것이다. 각 시마다 그 시가 재당시기 중 어떤 시기에 지어

2 윤인현, 「『桂苑筆耕集』 소재 최치원의 한시 소고」, 『한국고전연구』 15, 한국고전연구학회, 2007, 169~211면 ; 왕추정, 『최치원의 『桂苑筆耕』 소재 한시 연구』, 전남대학교 대학원 석사학위논문, 2010 ; 王慶雲, 「新羅崔致遠羈泊山東半島詩文創作考」, 『東方學』 13, 한서대학교 동양고전연구소, 2007, 237~265면 ; 김동준, 「귀국기 최치원 한시의 自負와 壯心에 대하여 – 『계원필경』 권20에 수록된 한시 30수에 대한 독해」, 『진단학보』 112, 진단학회, 2011, 265~290면.

진 것인지 그 창작시점을 좀 더 분명히 밝히도록 할 것이다. 또한 선행연구자들에 의해 비교적 많은 연구가 이루어진 시에 대해서는 선행연구자들의 견해를 간략히 제시한 후 필자의 새로운 견해를 제시하도록 할 것이다. 모든 시의 전문을 제시하는 것을 원칙으로 하여야겠지만, 상황에 따라 시의 내용이 꼭 필요한 경우가 아니면, 간혹 지면 관계상 시 전문을 제시하지 않는 경우도 있을 것이다.[3]

2) 과거급제시기(874년~876년)의 시

(1) 과거급제 후 장안(874년 봄)

당으로 유학을 온 최치원은 국자감에 입학한 후 6년 동안 과거급제를 위해 "상투를 대들보에 걸어 매고 송곳으로 허벅지를 찔러가며 조금도 게을리하지 않았으며, 남들이 백의 노력을 할 때 자신은 천의 노력을 하였다." 최치원이 직접 "이때 느꼈던 심정을 읊고 사물에 의탁하여 편을 이룬 것들이 부이고 시이니 거의 상자에 넘칠 만큼 되었다"고 말한 바 있듯이 과거급제 이전에도 많은 시를 썼던 듯하다. 그것은 아마도 과거를 보기 위한 공부이기도 하였을 것이다. 하지만 아직 습작 수준을 넘어서지는 못하였던 것 같다. "어린아이가 장난친 것 같아서 장부가 보기에는 부끄러울 뿐이었다"[4]고 한 사실에서도 그러하였을 것임을 짐작

3 본고에서 인용하는 최치원의 시와 글은 김진영·안영훈 역주, 『고운최치원시집』(민속원, 1997)과 이상현 역, 『고운집』(한국고전번역원 기획, 올재, 2011), 이상현 역, 『계원필경집』(한국고전번역원 기획, 올재, 2013), 최영성 역주, 『최치원 전집 2 － 고운문집』(아세아문화사, 1999)의 것을 참고로 하였다.

4 崔致遠, 「桂苑筆耕集序」, 『桂苑筆耕集』, "右臣自年十二, 離家西泛, 當乘桴之際, 亡父誡之曰十年不第進士 則勿謂吾兒. 吾亦不謂有兒, 往矣勤哉, 無隳乃力. 臣佩服嚴訓, 不敢弭忘.懸刺無遑, 冀諧養志, 實得人百之己千之.尾觀光六年, 金名榜尾. 此時諷詠情性, 寓物名篇, 曰賦曰詩, 幾溢箱篋. 但以童子篆刻, 壯夫所慚, 及忝得魚, 皆爲

할 수 있다. 현대 연구자들 중에는 〈추야우중秋夜雨中〉, 〈장안여사여어신미장관접린長安旅舍與于愼微長官接鄰〉, 〈도중작途中作〉 등을 과거급제 이전에 지은 것으로 파악하기도 한다.[5] 하지만, 최치원은 이 시기에 지은 시들을 "어린아이가 장난친 것 같아서 장부가 보기에는 부끄러울 뿐이고, 어대를 하사받은 뒤에는 모두 버렸다"고 하였으므로 과거급제 이전에 지은 작품들은 전해지지 않았을 것이다.

현재 우리가 접할 수 있는 최치원의 시는 과거급제 이후의 작품부터이다. 이 시기의 시는 과거급제하고 난 후의 기쁨과 웅대한 포부 그리고 부모님에 대한 그리움 등이 주조를 이루었을 것이다. 필자가 파악한 이 시기의 시는 4수이다.

> 芳園醉散花盈袖　밤 꽃놀이 헤어질 때 꽃은 소매에 가득하고,
> 幽徑吟歸月在帷　읊조리며 돌아오는 길에 달빛만 장막에 있네.
> 〈成名後酬進士田仁義見贈〉

이 시를 비롯하여 〈장안춘長安春〉, 〈춘일春日〉 세 수의 시는 모두 『천재가구千載佳句』에 수록되어 있는 연구聯句로 모두 그 표현과 기교가 뛰어난 아름다운 작품이다.[6] 과거 시험 후 장안에서는 새로운 과거 급제자

棄物."

5 〈秋夜雨中〉을 과거급제 이전의 시로 보는 연구자들은 다음과 같다. 何振華, 「朝鮮新羅時期詩人崔致遠及其作品」, 『延邊大學學報』(社會科學版), 1982年 第一期, 延邊大學, 37~38면 ; 何鳴雁, 「新羅詩人崔致遠 －傳播中朝文化的先驅」, 『社會科學戰線』(文藝學), 1984年 第4期, 吉林省社會科學院, 308면 ; 박병선, 「당대한중문인의 교류에 관한 연구 －동국문종 최치원을 중심으로」, 『중국어문학논집』 46, 중국어문학연구회, 2003, 451면. 나머지 두 수의 창작시기 논의에 대해서는 잠시 후 본문에서 언급하도록 한다.

6 『千載佳句』는 일본 平安朝 때의 문인 大江維時(888~963)이 初唐에서 晩唐에 이르기까지 한문문화권 전체에서 활약한 모든 시인들을 대상으로 하여 七言佳句만을 선별하여

를 위한 희연喜宴, 관연關宴 등과 같은 여러 연회[7]가 열렸는데, 이 시들은 시의 제목과 그 내용으로 보아 최치원이 당시 연회 때의 흥겨움을 읊은 시로 보인다. 그리고 현전하지는 않지만, 이 시기에는 수선守選[8]하기 위해 고향으로 돌아가는 과거급제 동기들과 송별시를 주고받았을 것이라고 추측해 볼 수 있다.

이 시기의 시 중 시 전체의 모습을 볼 수 있는 것은 〈장안여사여우신미장관접린〉 한 수뿐이다.

上國羈棲久	상국에 와 타향살이 오래이리니,
多慚萬里人	부끄러움 많아라 만리 떠난 몸.
那堪顔氏巷	안자처럼 누추한 살림으로,
得接孟家隣	맹자 같은 좋은 이웃 얻을 줄이야.
守道惟稽古	도 지키며 옛글 배울 뿐이니,
交情豈禪貧	사귀는 깊은 정은 어찌 가난타고 싫어하리.
他鄕少知己	타향이라 알아줄 이 적으니,

편찬한 시집이다. 필자는 여기에 수록된 최치원의 시 9편은 모두가 高駢幕府에 들어가기 전에 지은 작품이라고 생각한다. 그 이유는 다음과 같다. ①『千載佳句』에 수록된 신라 문인들의 시는 최치원의 한시 작품 외에 金雲卿(821年及第)(1聯), 金可記(?~859)(6聯), 金立之(825年入唐)(1聯) 및 樸昴(1聯) 등 4명의 작품들로 모두 9수(聯句)가 수록되어 있다. 이 네 명은 모두 당에서 최치원보다 앞선 시대에 과거에 급제한 문인들이다. ② 신라말 최치원과 함께 三崔라고 불리는 崔彦撝(868~944)와 崔承祐(890年入唐)의 시나 崔匡裕(885年入唐)의 시는 한 편도 수록되어 있지 않다. ③『桂苑筆耕集』所載詩는 단 한 수도 수록되어 있지 않다. 이러한 사실을 종합하여 보았을 때 大江維時가『千載佳句』를 編纂할 때 高駢幕府시기에 지은 시들, 더 나아가 귀국 후에 지은 시들을 접하지 못하였기에 그 참고 대상이 되지 못하였을 가능성이 매우 크다.

7 과거급제자들을 위한 연회와 그때의 흥겨움을 읊은 시들에 대한 구체적인 내용은 王勳成의『唐代銓選與文學』(中華書局, 2001, 38~45면.)과 傅璿琮의『唐代科擧與文學』(陝西人民出版社, 1986, 288~326면.) 참조.

8 '守選'은 과거 급제자가 관직을 받기 전까지 기다리는 것을 일컫는다. 당시 일반 급제자들은 보통 3년의 수선 기간을 거친 후 관직을 받았다. 守選과 관계된 唐代의 과거제도에 대해서는 王勳成, 위의 책, 46~80면 참조.

莫厭訪君頻　　　그대 자주 찾는 것 싫다 마시라.

〈長安旅舍與于慎微長官接鄰〉

혹자는 이 시를 '과거 급제 이전에 지은 시'로 보기도 하고,[9] 혹자는 '동도 유랑 시기에 지은 시'로 보기도 한다.[10] 아무튼 이 시는 최치원이 장안에 일정 기간 머물렀던 시기에 지어진 것만은 틀림없다. 하지만이 이 시를 과거급제 이전 시기에 지어진 것으로 보는 데에는 여러 가지 문제점이 있다. 과거급제 이전의 시문들을 모두 버렸다는 사실은 차치해 두고라도, 이 시기에는 국자감에서 수학했는데 그런 그가 여관에 머물 이유는 없었을 것이다.[11] 게다가 최치원이 장안에 있는 국자감이 아닌 동도(낙양)에 있는 국자감에서 수학했을 가능성이 더 크다는 견해[12]도 있어 이 시기에 최치원이 과연 장안에 있었는지 자체도 논란의 여지가 있다. 그러나 필자는 최치원은 장안의 국자감에서 수학했을 것으로 생각한다. 왜냐하면, 귀국 후 지은 〈춘일요지우부지春日邀知友不至〉라는 시의 1, 2구에 "늘 장안에서 고생하던 일 생각하면, 어찌 고향의 봄을 헛되이 보내랴[每憶長安舊苦辛, 那堪虛擲故園春]."라는 표현이 그 근거가 될 수 있기 때문이다. 여기서 '장안에서 고생하던 일'이란 바로 장안에서 과

9 당인핑 저, 마중가 역, 『최치원 신연구』, 한림대학교아시아문화연구소, 2004, 243면.

10 김혜숙, 「최치원의 한시연구」, 서울대학교 대학원 석사학위 논문(『국문학연구』 51), 국문학연구회, 1981, 104면 ; 성낙희, 「최치원의 고향의식」, 『한중인문학연구』 15, 한중인문학회, 2005, 10면 ; 方曉偉, 『崔致遠思想和作品研究』, 廣陵書社, 2007, 216면 ; 박병선, 앞의 논문, 451면.

11 당시 장안의 국자감은 장안성 동남쪽에 위치하고 있었으며, 규모도 상당하여 1,200間이나 되는 학생숙사가 있었으며, 3,260명을 수용할 수 있었다고 한다. (중국 CCTV 10에서 2007년 12월 16일 방송한 다큐멘터리 『東國儒宗崔致遠』의 내용 중에서 발췌)

12 이현숙, 「나말여초 최치원과 최언위」, 『퇴계학과 한국문화』 35, 경북대학교 퇴계연구소, 2004, 201면 ; 조범환, 「최치원의 재당 활동과 귀국」, 『이화사학연구』 33, 이화사학연구소, 2006, 62면 ; 方曉偉, 위의 책, 214~215면.

거 준비를 위해 고학苦學하던 일을 의미할 것이다. 반면, 동도유람시기에 지어진 것으로 볼 경우, 이 시를 과거에 급제하여 국자감을 나온 후 동도 유람을 떠나기 전 일정 기간 장안의 여관에 머물 때 쓴 것으로 볼 수 있을 것이므로, 필자는 이 시를 과거급제 후 장안에 있을 때 지은 시로 분류하고자 한다.

이 시에서는 최치원 자신이 당에서 외국인이기에 더 크게 느껴지는 외로움과 당시의 생활고를 토로하고 있다. 그러면서도 "도 지키며 옛글 배울 뿐이니, 사귀는 깊은 정은 어찌 가난타고 싫어하리"라며 의연하면서도 당당한 모습을 보이고 있다. 최치원이 귀국 후 지은 「진감화상비명眞監和尙碑銘」은 "대저 도는 사람과 멀리 떨어져 있지 않고, 사람은 나라에 따른 차이가 있지 않다."[13]라는 말로 시작되는데, 이렇듯 '도에는 빈부도 귀천도 국적도 아무런 장애가 되지 않는다.'는 생각을 이 시에서도 찾아볼 수 있다. 이러한 생각은 아마도 최치원이 당에서 생활하는 동안 그를 위로해주고 지탱해주는 힘이 되었을 것이다.

(2) 동도유랑시기(874년 봄~876년 말)

과거급제자는 과거 급제 후 당시의 규정에 따라 관직을 받기 전에 3년의 수선守選 기간을 거쳐야 했다. 최치원은 이 수선 기간에 '낭적동도浪跡東都'하였는데 이를 동도유랑이라 하기로 한다. 이 시기는 최치원에게 여러 유적지를 돌아다니며 견문을 넓히고, 학문을 닦고, 사회지식을 쌓을 수 있는 좋은 기회가 되었다. 이 시기에는 "붓으로 먹을거릴 마련하며 부 5수, 시 100수, 잡시부 30수를 지어 모두 3편을 이루"는 등 많은 작품 활동을 했음을 알 수 있다.[14] 이 시기에는 과거 급제한 기쁨의 여흥

13 崔致遠, 「眞監和尙碑銘」, 『孤雲集』, "夫道不遠人, 人無異國."

과 함께 시간이 지날수록 방랑해야하는 자신의 처지와 가난을 걱정하고 한탄하는 모습도 보이게 된다. 이 시기에 지은 시들은 이미 습작의 수준을 넘어 작품수준 면에서 많은 발전을 보인 시기라 할 수 있다. 필자가 파악한 이 시기의 시는 4수이다.

每將詩酒樂平生　매양 시와 술로 평생을 즐겨 왔거늘,
況値春深煬帝城　하물며 봄 깊은 양제성에서 그냥 보내랴.
一望便驅無限景　한 번 바라봄에 문득 무한경으로 몰아가고,
七言能寫此時情　칠언시는 이때의 정취 옮기게 하네.
花鋪露錦留連蝶　꽃은 이슬 비단 펼쳐 나비를 묶게 하고,
柳織煙絲惹絆鶯　버들은 안개실 짜서 꾀꼬리를 끌어 붙드네.
知己相邀勸醉處　지기끼리 서로 불러 기쁘게 술 취하는 이 자리,
羨君稽古賽桓榮　그대의 깊은 학문은 환영을 겯만큼 부럽다네.

〈和友人春日遊野亭〉

이 시는 누구의 시에 창화唱和한 것인지 명확하지는 않지만, 혹자는 이 친구가 고운顧雲이라고 한다.[15] 이 시는 전체적인 분위기도 그렇거니와 특히 제1구와 제7구에서 볼 수 있다시피 밝고 호탕한 느낌을 주는 시이다. 이런 분위기는 최치원의 현존시 가운데서도 귀국기에 지은 시 몇 수를 제외하고는 보기 드문 경우이다. 과거급제한 후 수선守選하며 동도유랑 할 때, 과거급제의 흥이 아직 남아 있었을 당시인 875년 봄 즈음 친구들과 함께 양제성에 놀러갔다가 지은 시로 보인다.

〈변하회고汴河懷古〉 역시 앞의 시처럼 동도유랑 할 당시 수양제의 유

---

14 崔致遠, 「桂苑筆耕集序」, 『桂苑筆耕集』, "尋以浪跡東都, 筆作飯囊, 遂有賦五首詩一百首, 雜詩賦三十, 共成三篇."

15 方曉偉, 앞의 책, 130면.

적지를 찾아갔을 때 지은 시이다. 변하는 수양제隋煬帝가 만든 운하를 말한다. 앞의 시가 친구들과 봄을 즐기는 흥겨움을 드러낸 반면, 이 시는 수양제가 쌓은 제방이 있던 자리의 풍경을 보고 역사의 무상함을 읊으며, 이 시의 미련 "수양제가 나라 망쳤다고 말하지 마라! 예나 지금이나 사치란 다 몸을 망치는 법이니[莫言煬帝曾亡國, 今古奢華盡敗身]."라는 교훈을 제시하고 있다. 이 시는 최치원의 여타 시들이 보통 최치원 자신의 당시 상황이나 정서를 반영한 것과는 달리, 그러한 요소를 배제하며 당시의 깨달음을 담백하게 표현해 내고 있다. 이러한 교훈시敎訓詩 혹은 처세와 관계된 시의 경향은 이후 〈신축년기진사오첨辛丑年寄進士吳瞻〉, 〈우흥寓興〉, 〈고의古意〉로 이어진다.

〈유증낙중우인留贈洛中友人〉는 『천재가구』에 수록되어 있는 시인만큼 아름다운 시구이나 그 일부만 전한다. 낙양에 있는 친구에게 세월의 무심함에 대해 토로한 시이다. 동도를 방랑하며 관직받기를 기다리던 때(875년 혹은 876년 겨울 즈음)의 시로 보인다.

東飄西轉路岐塵　동서로 떠돌며 먼지 나는 길에서,
獨策羸驂幾苦辛　홀로 여윈 말 타고 얼마나 고생했던가.
不是不知歸去好　돌아감이 좋은 줄 모르는 바 아니지만,
只緣歸去又家貧　다만 돌아가도 집이 또한 가난하다네.

〈途中作〉

이 시는 여기저기 떠돌아다녀야만 하는 불안정한 현실과 경제적인 어려움에 시달려야 하는 현실을 한탄하는 내용을 담고 있다. 혹자는 과거급제 이전의 작품이라 하고,[16] 혹자는 동도유랑할 때의 시라 하고,[17] 또

16 閻琦, 「新羅詩人崔致遠」, 『西北大學學報』(哲學社會科學版), 1993年 第1期, 西北大學, 111면 ; 박병선, 앞의 논문, 451면 ; 당은평 저, 마중가 역, 앞의 책, 40면 ; 樊毓, 「崔致

혹자는 신라로 돌아온 후[18] 혹은 은거에 들어가기 전[19]에 지은 시라고도 한다. 이처럼 이 시의 창작시기를 다양하게 보고 있다는 것은 곧 최치원의 생애가 그만큼 평탄하지 못하였으며 불우했다는 사실을 증명하는 것이라 할 수 있다. 필자는 이 시가 '동도유랑' 하던 시기에 지어졌을 것이라고 생각한다. 과거급제 이전에는 국자감에서 열심히 공부할 때였으므로 동서로 떠돌 상황은 아니었다. 그리고 최치원은 신라로 돌아온 후 은거 전까지는 이 시에서 보이는 육체적 피곤함과 경제적 가난함을 한탄하기보다는 자신의 이상을 제대로 펼칠 수 없는 현실에 대해 한탄했다. 그렇다면, 이 시의 내용과 일치하는 시기는 최치원의 생애 전체를 보았을 때, '동도유랑'하던 시절이다. 비록 과거에는 급제했지만, 벼슬을 받기까지는 3년이란 수선 기간을 거쳐야 했기 때문에 여기저기 많은 곳을 떠돌아다니며 '붓으로 먹을거리를 마련해야' 했다. 그러므로 당시의 불안정한 현실과 가난을 한탄하며 이 시를 읊은 것이다.

3) 율수현위시기(877년~880년 여름)의 시

(1) 율수현위 재임시기(877년~879년 겨울)

최치원은 3년의 수선 기간을 마치고 877년 초 율수현위로 부임하였다. 율수현위로 있으면서 "짧은 시간도 헛되이 보내지 않았으며, 공적으로 사적으로 지은 글을 책으로 엮으니 모두 5권이나 되었다"[20]며 『중산

遠研究」, 西北大學 碩士學位論文, 2004, 2면 ; 김중렬, 「孤雲崔致遠의 文學思想에 關한 研究」, 고운국제교류사업회편찬, 『고운 최치원의 종합적 조명』, 문사철, 2009, 315면.

17 方曉偉, 앞의 책, 52면.

18 김혜숙, 앞의 논문, 66면.

19 이구의, 『최치원의 삶과 문학』, 국학자료원, 1995, 72면.

20 崔致遠, 「桂苑筆耕集序」, "爾後調授宣州溧水縣尉, 祿厚官閒, 飽食終日, 仕優則學,

복궤집』에 대해 서술하고 있다. 최치원이 율수현위직에 얼마동안 있었는지, 그리고 스스로 그만둔 것인지 아니면 임기가 만료되어 그만둔 것인지에 대해 논자들의 의견이 분분하다. 하지만 필자는 최치원이 877년 초 율수현위로 부임하여 당시의 현위 임기 기간 3년을 다 채운 후 879년 겨울 율수현위직에서 물러났을 것으로 본다.[21] 필자가 파악한 이 시기의 시는 5수이다.

〈등윤주자화사상방登潤州慈和寺上房〉은 최치원의 대표작의 하나로 꼽히며 후대의 문학가들로부터도 우수한 작품으로 평가받는 시로 인구에 회자되던 명시名詩이다. 이수광은 "고운의 시는 〈추야우중〉의 제3, 4구(窓外三更雨, 燈前萬古心)와 이 시의 함련인 '뿔피리 소리 속에 아침저녁 물결이 일고, 청산 그림자 속엔 고금의 인물 어리네[畫角聲中朝暮浪, 靑山影裏古今人].'가 가장 아름답다"[22]고 하였으며, 서거정은 "최치원이 당에 들어가서 과거에 급제하여 문장으로 이름을 날렸는데, 신라 매객賣客이 당에 들어가서 시를 사려고 하니 〈등윤주자화사상방〉의 '畫角聲中朝暮浪, 靑山影裏古今人'라는 구절을 써 보였다고 한다."[23]며 이 시를 높이 평가하였다. 『천재가구』에 바로 이 시의 함련이 수록되어 있다는 사실만으로도 이 시의 아름다움을 알 수 있다. 팡샤오웨이方曉偉의 고증에 의하면 "건부乾符 5년(878) 고운顧雲의 초청으로 윤주를 유람했다."[24]고

免擲寸陰. 公私所爲, 有集五卷. 益勵爲山之志, 爰標覆簣之名, 地號中山, 遂冠其首."

21 최치원의 율수현위 부임시기와 임기만료 여부 및 퇴임시기에 대해서는 이황진, 「최치원의 재당생애 재고찰」(『한국민족문화』 42, 부산대학교 한국민족문화연구소, 2012, 65~93면.) 참조.

22 李睟光, 「文章部一·文評」, 『芝峰類說』 卷8, "詩則, 窓外三更雨, 燈前萬古心 一絶與畫角聲中朝暮浪, 靑山影裏古今人, 一聯最佳."

23 徐居正, 『東人詩話』, "崔文昌侯致遠, 入唐登第, 以文章著名, 題潤州慈和寺詩, 有畫角聲中朝暮浪, 靑山影裏古今人之句, 後雞林賈客入唐購詩有以此句書示者."

24 方曉偉, 앞의 책, 220면.

하는데, 정말 그러하다면 이 시는 이때 지은 것이라고 볼 수 있다. 윤주에 놀러가 고병막부에서 활동하는 고운顧雲을 보며, 그저 말단관직인 현위에 머물러 있는 자신은 대체 어느 때 성공할 수 있을까 조바심이 났을 수도 있을 것이다. 하지만 자화사에 올라 세속적 삶에서 벗어나 바라보니 자신의 그러한 번뇌도 다 부질없는 것이라는 사실을 깨닫고 스스로를 위안하며 이 시를 지었을 것이라 생각된다.

雲布長天龍勢逸　구름 덮인 먼 하늘엔 용의 형세 빼어났고,
風高秋月雁行齊　바람 높은 가을 달밤 기러기 떼 가지런하네.

〈送舍弟嚴府〉

이 시는 『천재가구』에 수록되어 있으며, 율수현위시기에 지은 시로 보인다. 그 일부만 전하고 있는데다가, 단지 풍경만 묘사되어 있어 자세한 상황은 알 수 없다. 다만, 이 부분에서 참고할만한 사실이 있다. 서수생은 「동국문종 최고운의 문학(하)」[25]에서 『경주최씨상계보유편慶州崔氏上系補遺篇』을 펼쳐보이며 최치원의 가계에 대해 "최치원의 부친 견일肩逸은 태화泰和 임자년(832)에 태어났으며, 치원致遠·서원棲遠 두 아들을 두었고,[26] 최치원의 '아들 은함殷含은 건부乾符 무술행戊戌生(878)'이라 하였다. 만일 이를 근거로 한다면, 최치원은 율수현위로 부임한 후인 877년에 결혼하였고, 그때 동생이 당에 들어와 자신의 결혼식에 참석하였을 것이라고 유추해 볼 수 있다. 그러므로 이 시는 신라로 돌아가는 동생을 배웅하며 지은 시로 추측된다. 가을 밤 하늘을 다정한 형제처럼 줄을 지어 함께 날아가는 기러기 떼에 대한 묘사는 동생과 헤어져야만

25 서수생, 「동국문종최고운의 문학(하)」, 『어문학』 2, 한국어문학회, 1958, 91~92면.

26 그러나 최치원은 『계원필경집』 권20, 「謝賜弟棲遠錢狀」라는 글에서 "某堂弟棲遠比將家信, 迎接東歸."라며 棲遠이 舍弟(친동생)이 아니라 堂弟(사촌동생)이라고 말하고 있다.

하는 시인의 안타까움을 더욱 애절하게 드러내고 있다.

〈강산서회江山書懷〉 역시 『천재가구』에 수록되어 있는 시로, 최치원이 율수현위직에 있을 당시 누군가를 보내고 나서 그 쓸쓸함을 읊은 것으로 보인다. 그 누군가가 앞의 시에서처럼 동생일 수도 있을 것이고, 친한 벗일 수도 있을 것이다. 이 시는 누군가를 보낸 후의 쓸쓸함과 적막함이 한 폭의 그림으로 형상화된 듯한 느낌을 준다.

芙蓉零落秋池雨　연꽃이 질 무렵 가을 못에 비가 내리고,
楊柳蕭疏曉岸風　수양버들 쓸쓸한데 새벽 강둑엔 바람만 분다.
神思只勞書卷上　서책과 시름하느라 정신이 지쳤는데,
年光任過酒杯中　술잔 속에서 세월은 하염없이 지났구나.
〈袞州留獻李員外〉

이 시 역시 『천재가구』에 수록되어 있는 시로, 본래는 〈교주류헌이원외交州留獻李員外〉와 〈곤주류헌이원외袞州留獻李員外〉 두 시로 나뉘어 있는 것을, 하세영何世寧(1749~1820)이 『전당시일全唐詩逸』에서 한 편의 칠언절구로 합쳐놓았다. 그런데 박노춘은 이 시의 압운과 대우법 등을 근거로 이 시가 원래는 칠언율시였을 것이라는 견해를 제시한 바 있다.[27] 이 시가 칠언절구였는지 혹은 칠언율시였는지 확단할 수는 없지만, 이 두 연구가 한 편의 시에서 나왔을 가능성은 높다. 혹 이들이 한 수의 시가 아니라면, 같은 시제詩題로 된 두 수의 시일 가능성도 있을 것이다. 시의 내용으로 보아, 율수현위 3년의 임기가 다하여가자 박학굉사과를 준비하며 학문에 몰두할 즈음(879년 가을) 곤주에 가서 오랜만에 만난 벗에게 속절없이 흘러가는 세월과 자신의 불투명한 미래에 대한

27 박노춘, 「崔致遠詩作品數小考」, 『동양학』 5, 단국대학교동양학연구소, 1975, 238면.

답답함을 읊은 것으로 보인다.

〈고소대姑蘇臺〉는 최국술이 1926년에 발행한 『고운선생문집』에 수록된 후 최치원의 시로 알려진 시이다. 이 시 역시 두 구밖에 전하지 않아 자세한 내용을 알 수 없지만, 전쟁이 끊이지 않던 당시의 혼란한 시대상 혹은 인생의 허무함을 묘사한 것으로 보인다. 가오궈판高國藩은 이신李紳, 허혼許渾, 유가劉駕, 조업曹鄴, 호증胡曾, 나은羅隱, 교연皎然 등의 당대唐代 유명 시인들이 '고소대'를 소재로 쓴 시들을 한자리에 모아 살핀 바 있어 참고할 만하다.[28] 그는 이 시를 최치원이 율수현위직에 있을 당시에 지은 것으로 파악하였다.

이 시기에 지어진 시로 여겨지는 시 5수 가운데 4수가 『천재가구』에 수록되어 있다. 이로 보아 이 당시에 지은 작품은 빼어난 예술성을 가진 작품들이라 할 수는 있지만, 시각과 청각 등 감각적 표현을 애써 조탁한 느낌도 준다. 이것은 당시 만당시풍의 영향을 받았기 때문일 것이다. 하지만 비록 말단관직이긴 해도 「계원필경집서」에서 "녹봉도 많아지고 벼슬도 많아져서 배부르고 편안한 나날을 보내게 되었다"라고 말한 것처럼 비교적 안정된 생활과 정신적인 여유도 이 시기의 시 창작에 영향을 미쳤을 것이다.

(2) 박학굉사과 준비 시기(879년 겨울~880년 여름)

이 시기는 최치원이 율수현위의 3년 임기를 다 채우고 난 후 박학굉사과를 준비하려 잠시 산에 들어갔으나, 당시 정국이 혼란해지면서 그것이 취소 혹은 무기한 중단된 데다가 경제적인 어려움까지 겹치자 고병막부로의 입막을 시도하던 때이다. 이 시기에 대해 최치원은 "차디찬

---

28 高國藩, 「論崔致遠的詩」, 『國際中國學硏究』 創刊號, 韓國中國學會, 1998, 55~59면.

베개에 마음이 상해서 외로운 등불 아래 그림자와 짝하노라면, 겨울밤의 물시계 소리는 이별의 눈물을 자꾸만 떨어뜨리는 듯하고, 멀리서 들리는 다듬이 소리는 나그네의 마음을 마구 짓찧는 듯합니다. …… 모某의 고향집이 해 뜨는 곳에 멀리 떨어져 있고, 가는 길이 하늘 못에 가로막혀 있으니 더 말할 나위가 있겠습니까. 객사客舍에 투숙하려면 원수보다도 더 싫어지는데, 어느 문을 찾아가서 생계를 도모해야 하겠습니까. …… 그래도 소망하는 것은 만리 멀리 타국에서 와서 10여 년 동안 고학苦學한 것을 조금쯤 측은하게 생각하시어 곤궁한 처지를 구제해 주셨으면 하는 것입니다."[29]라고 당시의 어려운 상황을 서술하였다. 따라서 경제적인 어려움을 해결하고 성공하기 위해 조바심을 냈을 것이며, 그러다가 찾아낸 출로가 고병막부로 들어가는 길이었다. 이 시기에 그는 고병막부에 들어가기 위해 그동안 써왔던 시문을 정리하고, 고병에게 바칠 시와 글을 쓰는 데 매진하였던 것 같다. 「태위에게 처음 올린 글[初投獻太尉啓]」에서 "그동안 지은 잡편의 문장 5축과 진정한 칠언장구시 1백 편을 삼가 기록하여, 목욕재계하고 올리는 바입니다."[30]라고 한 것과 〈기덕시〉 30수를 고병에게 올린 것만 보아도 그러하였음을 짐작할 수 있다. 현재 전해지는 것은 고병의 공로와 업적을 칭송한 〈기덕시〉 30수뿐이다. 현전하는 시 중에 〈기덕시〉 30수를 제외하고 이 시기에 지어진 시는 없는 것 같다.

29 崔致遠, 「再獻啓」, 『桂苑筆耕集』 卷17, "及其凍枕傷神, 孤燈件影, 寒漏則滴殘別淚, 遙碪則搗破羈心 …… 況某家遙日域 路隔天池 投客舍而方甚死仇, 持何門而欲安生計 …… 或以其萬里地遠來, 十餘年苦學, 稍垂惻憫, 得濟困窮."

30 崔致遠, 「初投獻太尉啓」, 『桂苑筆耕集』 卷17, "謹錄所業雜篇章五軸兼陳情七言長句詩一百篇齋沐上獻."

4) 고병막부시기(880년 여름~884년 여름)의 시

최치원은 880년 여름 즈음에 고병막부에 들어갔지만, 고병의 도움으로 '서충관역순관署充館驛巡官'이 되어 경제적으로 다소 안정을 찾았을 뿐, 아직 온전히 고병의 신임을 얻고 중용을 얻은 것은 아니었다. 최치원이 중용을 받기 시작한 것은 881년 5월 출사에 부름을 받고부터이다. 「종군하게 한 것을 감사한 글[謝令從軍狀]」에서 "갈림길에서 울며 방황하는 때를 당하여, 큰 내를 건너게 하는 은사를 입었으니 더 말할 나위가 있겠습니까. 그지없이 감격스러워 기뻐 뛰면서 송구한 심정을 금할 수 없습니다."[31]라 하였는데 여기서 종군하게 되었다는 것은 "작년(881년) 중하(5월)에 출사할 적에 홀연히 불러 주신 것"[32]을 의미한다. 또한 출사의 부름을 받은 후에 쓴 글인 「출사한 뒤에 고사한 글[出師後告辭狀]」에서는 "이역에서 건너와서 덕문에 의탁하게 되었는바, 예전에 이름이 계과桂科에 끼었을 적에도 뜻에 맞는 줄 몰랐는데, 요즈음 연막蓮府의 직책을 맡게 되면서부터 몸의 영화를 비로소 깨닫고 있습니다."[33]라고 한 것만 보아도 881년 5월 이후 고병의 중용을 받기 시작하였음을 알 수 있다.

(1) 881년 5월 이전

최치원은 고병의 중용을 받기 전 자신의 재능을 제대로 발휘할 수도 없고, 자신의 이상과 포부를 온전히 펼칠 수 없어 많이 답답해했던 듯하

31 崔致遠,「謝令從軍狀」,『桂苑筆耕集』卷17, "況當泣路之時, 永荷濟川之賜. 下情無任感戴欣躍兢惕之至."

32 崔致遠,「長啓」,『桂苑筆耕集』卷18, "去年中夏, 伏遇出師, 忽賜招呼."

33 崔致遠,「謝出師後告辭狀」,『桂苑筆耕集』卷17, "來從異域, 託在德門, 昔曾名列桂科, 未知稱意, 今忝職居蓮府, 始覺榮身."

다. 그러한 정서가 이 시기에 지은 시에 반영되어 우울하고 침울한 분위기를 띤다. 필자가 파악한 이 시기의 시는 5수이다.

〈우인이구장견혜이보도위답友人以毬杖見惠以寶刀爲答〉는 이 시의 경련 "그대 따라 분주히 일하기로 마음먹었으니, 단지 발탁하여 일찍 써주기를 바라네[旣許驅馳終附驥, 只希提拔早登壇]."를 통해 최치원이 고병막부에 들어오기는 했지만 아직 중용 받지 못했을 때, 하루 속히 발탁되어 중용받기를 바라는 마음으로 이 시를 지었을 것이라고 추측해 볼 수 있다.

孤蓬再此接恩輝　외로운 나그네 또다시 예서 신세지니,
吟對秋風恨有違　가을바람 읊조리며 여읠 일 다시 서러워지네.
門柳已調新歲葉　문 앞 버들잎은 새 잎도 벌써 시들었건만,
旅人猶著去年衣　나그네 옷은 아직 작년 입던 그대로네.
路迷霄漢愁中老　하늘같이 아득한 길 시름 속에 나이만 먹어가니,
家隔煙波夢裏歸　바다 건너 고향집은 꿈에나 돌아갈까?
自笑身如春社燕　우습다 이 몸은 봄 사일의 제비인가
畫樑高處又來飛　그림 들보 높은 곳에 또 와 노니네.

〈秋日再經盱眙縣寄李長官〉

최치원은 다행히 고병의 도움으로 서충관역순관이 되고 경제적으로도 다소 안정을 찾긴 했지만, 아직 고병의 중용을 받지는 못했다. 자신의 이상과 포부는 언제 실현될 수 있을지 기약도 없고, 하루빨리 성공하여 고향집으로 돌아가고 싶은 맘은 굴뚝같지만 현실은 그렇지 못하였다. 이 시는 그러한 무렵, 즉 고병막부에 들어간 이후, 아직 고병의 중용을 받지 못하였을 당시(880년 가을)에 지은 것으로 보인다. 「객장에게 준 글[與客將書]」에, "지금 다행히 상공(고병)을 만나게 되었는데, 그분은 산

처럼 포용하고 바다처럼 용납하며, 비처럼 적셔 주고 바람처럼 감싸 주십니다. …… 실로 흐르는 세월은 쉽게 지나가는데, 장한 기개를 펼치기 어렵기 때문이었습니다. 오직 바라건대, 모를 감싸고 두둔해 주시어 모가 변화될 수 있게 해 주소서. 모의 소망은 제비가 고루高樓에 서식하여 길이 소막巢幕의 위험이 없어지고, 학이 새장에서 나와 승헌乘軒의 편안함을 조금 알게 되는 것입니다."[34]라는 내용에서 당시 최치원의 마음 상태를 엿볼 수 있다. 이 글은 이 시의 내용이나 분위기와도 매우 흡사하기에 그러한 추측을 가능하게 한다. 이 시에는 당시의 그런 정신적인 피비疲憊함과 조급함이 잘 담겨있으며, 그런 현실과 처지를 이장관에게 토로하고 있다.

旅館窮秋雨	객사에 늦가을 비 내리는데,
寒囱靜夜燈	차가운 창가의 등불이 고요하여라.
自憐愁裏坐	시름 속에 앉아 스스로 서글퍼하니,
眞箇定中僧	참선하는 중이 따로 없어라.

〈郵亭夜雨〉

흔히들 이 시는 최치원이 당에 있을 때 겪은 외로움과 시름을 읊은 것이라고 해석한다.[35] 하지만 이 시는 맘껏 자신의 능력을 펼치며 활발하게 활동하고 싶지만 그러지 못하고 마치 작은 연못에 갇혀있는 교룡蛟龍과도 같은 자신의 처지를 한탄하고 있는 시로 해석할 수 있지 않을까

34 崔致遠, 「與客將書」, 『桂苑筆耕集』 卷19, "今幸遇相公山包海納, 雨潤風行. …… 實以流年易邁, 壯氣難申；唯望庇庥, 得期變化.所冀燕棲雲屋, 永無巢幕之危；鶴出塵籠, 稍識乘軒之便."

35 김중렬, 『최치원 문학 연구』, 고려대학교 대학원 박사학위논문, 1983, 103면；성낙희, 『최치원의 시정신연구』, 중앙대학교 대학원 박사학위논문, 1986, 115면；김진영·안영훈 역주, 「최치원의 삶과 시세계」, 『고운 최치원 시집』, 민속원, 1997, 137면 등.

싶다. 그리면 이 시는 고병의 추천으로 서충관역순관으로 일할 때, 즉 880년 가을에 지은 시로 볼 수 있다. 만당의 사회는 왕선지王仙芝와 황소黃巢를 위시로 한 봉기군으로 인해 점점 더 혼란스러워져만 갔는데, 그러한 혼란한 정국 속에서 최치원 자신은 관역순관이라는 말단관직에 머물러 있을 뿐 아직은 자신의 능력을 발휘할 기회가 없다. 한창 활동할 젊은 나이이며 재능도 있고 패기도 충만한데 현재 자신은 마치 참선하는 승처럼 방안에만 갇혀 있는 것만 같은 느낌이 든다. 이 시는 그런 답답하고 괴로운 마음을 읊은 것이다. 이는 「종군하게 한 것을 감사한 글[謝令從軍狀]」 중 "어찌 투필投筆의 마음이 없었겠습니까마는, 시운時運을 아직 제대로 만나지 못하였고, 부질없이 청영請纓의 뜻만 지녔을 뿐, 그 일을 이루기에는 역량이 부족하였습니다."[36]라는 글에서 종군하고 싶어도 그럴 기회가 없었다는 사실을 알 수 있다. 또한 「주천을 허락한 것을 감사한 글[謝許奏薦狀]」의 "쑥대처럼 날리는 자취를 엎드려 부끄러워하다가, 난초처럼 향기로운 말씀을 우러러 듣고 보니, 너무 기뻐서 몸이 가뿐히 날아갈 듯하면서도, 송구스러워 심장이 떨리는 것을 어찌할 수 없습니다. 그 이유는 무엇이겠습니까. 모가 정역鄭驛의 직책을 맡게 된 것만도 지극히 영광스럽다고 할 것인데, 모의 이름을 요계堯階에 통하게 해 주시다니, 이는 실로 원래의 소망을 뛰어넘는 일이기 때문입니다."[37]를 통해 최치원이 고병高駢의 중용을 받고나서 얼마나 기뻐하고 감사해 했는지를 충분히 엿볼 수 있으며, 반대로 중용을 받기 전에는 또한 어떠한 심정이었을지를 짐작할 수 있다. 따라서 이 시는 앞에서

36 崔致遠, 「謝令從軍狀」, 『桂苑筆耕集』 卷17, "豈無投筆之心, 時應未偶, 空有請纓之志, 力且難成."

37 崔致遠, 「謝許奏薦狀」, 『桂苑筆耕集』 卷17, "俯慚蓬跡, 仰聽蘭言, 喜抃而身輕欲飛, 兢惶而心戰難遏. 何者. 某職叨鄭驛, 已謂極榮 ; 名達堯階, 實爲過望."

살펴본 〈추일재경우이현기이장관〉과 같은 시기에 지어졌으며 같은 고민과 번뇌를 읊은 것이라 하겠다.

叵耐東流水不回　동류하는 물이 돌아오지 않아 견디기 어려운데,
只催詩景惱人來　단지 시경만 재촉하여 사람을 괴롭히네.
含情朝雨細復細　정을 머금은 아침비는 가늘디가는데,
弄豔好花開未開　농염한 좋은 꽃은 피는지 마는지.
亂世風光無主者　난세라 좋은 경치에 주인도 없고,
浮生名利轉悠哉　부생의 명리도 더욱 아득하기만 하네.
思量可恨劉伶婦　생각하니 유령의 아내 한스러워라.
強勸夫郎疎酒盃　억지로 남편에게 술잔 멀리하라 하다니.

〈春曉偶書〉

이 시는 이 시를 쓸 당시 최치원의 상황과 마음상태를 은근하게 잘 표현해내고 있다. 동쪽으로 흘러가는 물을 보며 동쪽에 있는 고국을 떠올렸을 것이다. 그리고 내리는 비에 자신의 그 마음을 담아 함께 동쪽으로 흘려보내고 싶지만, 그러기에는 빗줄기는 너무 가늘고, '꽃이 피는지 마는지'처럼 자신의 성공이 눈앞에 다가와 있는 듯하면서도 기회는 좀처럼 오지 않는다. 따라서 자신의 성공은 더욱 아득하기만 한 느낌이 들어, 술에 취해 그런 현실을 잊고 싶은 것이다. 이 시는 고병의 중용을 받기 전, 즉 881년 봄, 혼란한 세상임에도 자신의 재능을 온전히 펼칠 수 없는 현실의 안타까움을 읊은 것이라 해석할 수 있다.

〈산양여향우화별山陽與鄉友話別〉은 최치원이 고병막부에 들어온 후, 좀 더 구체적으로는 881년 봄에 지어졌을 것으로 생각된다. 『계원필경집』 권20에 수록되어 있는 〈행차산양속몽태위기사의行次山陽續蒙太尉寄賜衣段〉의 시의 배경도 이 시와 같은 '산양'이라는 점에서도 입막 후

의 시일 것이라는 추측을 가능하게 한다. 현존하는 최치원의 시를 살펴보면, 귀국을 앞두고 봄을 읊은 몇 수의 시를 제외하고는 향수가 중심 내용이나 주제가 된 시는 거의 없고 그저 자신의 처지를 묘사하거나 신세를 한탄할 때 부수적으로 다루어지는 경우가 대부분인데, 이 시는 향수를 전면에 내세우고 있다.

沙汀立馬待回舟	강변에 말 세우고 돌아오는 배 기다리니,
一帶煙波萬古愁	한 줄기 물결 연기 만고의 시름이네.
直得山平兼水渴	산이 곧 평지되고 이 강물 다 마르면,
人間離別始應休	인간 세상에 이별도 비로소 그치련만.

〈題芋江驛亭〉

이 시는 사람들이 떠나고 돌아오는 이별과 재회의 장소인 역에서 이별이란 것이 없기를 바라고 있다. 제1구에서 돌아오는 배를 기다린다고 했으니, 최치원 자신이 떠나려거나 떠나는 누군가를 배웅나간 것이 아니라 누군가를 마중나간 것으로 보인다. 기다리는 사람이 돌아오고 이제 곧 만나게 될 터인데 시 분위기는 재회에 대한 기대와 기쁨보다는 오히려 근심과 이별에 대한 두려움이 주조를 이룬다. 그런 잠깐의 이별조차도 그에겐 괴로운 것이었는지 이별 없는 세상을 꿈꾸고 있다. 이러한 표현은 『계원필경집』 권20에 수록되어 있는 〈유별여도사留別女道士〉의 제4구 "바닷물은 어느 때다 다 마를까요[海水何時得盡枯]"에서도 찾아볼 수 있으며, 한국 한시의 송별시 중에서도 절창絶唱의 하나로 손꼽히는 정지상鄭知常의 〈송인送人〉을 떠오르게 한다. 모두가 더 이상 이 세상에 가슴 아픈 이별이 없기를 바라는 간절한 소망을 표현한 것이다.

(2) 881년 5월 이후

881년 5월 이후 최치원은 고병의 부름을 받게 되었으며, 7월에는 「격황소서檄黃巢書」를 저술하여 문명文名을 천하에 떨치게 되었으며 고병의 두터운 신임을 받게 된다. 하지만 고병은 여용지呂用之와 같은 간신의 꼬임에 넘어가 황실의 신임마저 잃게 되고, 882년에는 조정으로부터 군직軍職을 박탈당하는 상황에 처하게 된다. 하지만 최치원은 변함없이 고병의 총애를 받았고, 그것으로 인해 주변의 시기와 배척을 받기도 하였다. 최치원은 884년 여름 즈음 결국 귀국을 결정하게 된다. 따라서 이 시기에는 최치원이 당에서 지내왔던 그 어느 시기보다 희로애락이 매우 복잡하게 뒤얽혀 있었던 시기라 할 수 있다.

〈모춘즉사화고운우사暮春卽事和顧雲友使〉, 〈화고운시어중양영국和顧雲侍禦重陽詠菊〉, 〈제여지도題輿地圖〉 이 세 수의 시는 최치원과 같은 해(874년) 과거에 급제한 동년同年이자 절친한 친구이며, 함께 고병을 보좌한 동료인 고운顧雲과 관계된 시이다. 〈제여지도〉는 이규보의 『백운소설』에 '此句卽一輿地志也'(이 구절은 하나의 여지지)라는 고운顧雲의 평과 함께 수록되어 있다. 그리고 홍만종은 이 시에 대해 "'곤륜산이 동으로 뻗어 다섯 산이 푸르고, 성수해가 북으로 흘러 한 줄기 강물 누렇네.' 같은 것은 천하를 감싸 안아서 산수의 조종이 되니 사의思義가 그 호건豪健함이 극에 달해서 이 노인의 가슴 속에 몇 개의 운몽雲夢이 감추어져 있다."[38]고 하였다. 매우 기발한 표현이고 뛰어난 시이지만, 전하는 부분이 이 두 구뿐이다. 〈모춘즉사화고운우사〉와 〈화고운시어중양영국〉를 통해 당시 사이좋았던 그들의 우정과 낭만을 엿볼 수 있다.

38 洪萬宗, 『小華詩評』, "且如輿地圖一聯, '崑崙東走五山碧, 星宿北流一水黃', 襄橐天下, 山水祖宗, 思意極其豪健, 想此老, 胸中藏得幾個雲夢."

아마도 최치원이 고병막부에 들어오고 난 이후 그들 사이에 모종의 갈등이 생겨 사이가 멀어지기 전의 일일 것이다.[39]

〈화장진사교촌거병중견기和張進士喬村居病中見寄〉라는 시를 통해서 최치원과 만당시기 저명 시인 장교張喬가 친밀한 관계였음을 알 수 있다.

危時端坐恨非夫	위태로울 때 단정하여 원망 않는 것이 장부이니,
爭奈生逢惡世途	나쁜 세상 만난 것을 어찌할건가.
盡愛春鶯言言巧	봄 꾀꼬리 아리따운 소리 모두들 사랑하고,
卻嫌秋隼性靈麤	가을 매 거친 성질은 못내 미워한다네
迷津懶問從他笑	세파에 헤매이다 남의 웃음이나 사지 말게,
直道能行要自愚	바른길은 어리석은 척해야 능히 갈 수 있다네.
壯志起來何處說	장한 뜻 세워도 말할 곳이 없으니,
俗人相對不如無	속인들 상대해서 무엇할건가.

〈辛丑年寄進士吳瞻〉

이 시는 제목에 '신축년'이라고 명시되어 있으므로, 당희종唐僖宗 광명廣明 2년(881)에 지어진 것임을 알 수 있다. 당인핑党銀平은 이 시의 오첨吳瞻을 오만吳巒과 동일인물로 보고 있다.[40] 당인핑党銀平은 "이 시는 회남막부에서 아첨하면 총애 받고 정직하면 미움받는 불량한 기풍을 드러내 보이며, 지음을 찾아볼 수 없는 상황에서의 고독감을 무심코 드러내고 있다."[41]고 해석하였다. 최치원은 881년 5월 이후 고병에게 중

39 方曉偉는 "최치원은 881년 「檄黃巢書」를 통해 천하에 문명을 떨치게 되었다. 하지만 도리어 막부의 동료들로부터 배척과 차별을 받았다. 그와 반대로 顧雲은 882년 「代高駢上僖宗奏」를 통해 또 한 번 출세가도를 달리게 된다. 이렇듯 서로 다른 처지로 인해 中和 2년(882) 이후, 최치원과 顧雲은 차츰 사이가 소원해졌으며, 이러한 관계는 최치원이 귀국하던 884년까지 계속되었다"(앞의 책, 130~131면.)고 추측하였다.

40 党銀平, 『唐與新羅文化關係研究』, 中華書局, 2007, 107면.

41 党銀平, 「新羅文人崔致遠與淮南節度使高駢交往關係考」, 『社會科學戰線』, 吉林省

용을 받기 시작하였으며, 7월에는 「격황소서」를 쓰고 이 문장을 통해 문명을 천하에 떨치게 되었다. 최치원 개인에게는 881년 한 해는 무척이나 의미 있고 영광스런 한 해가 되었을 것인데, 이 해에 이처럼 세상에 대해 냉소적이고 부정적이고 비판적인 시를 쓴 것은 매우 의외이다. 필시 그가 이러한 시를 쓰게 된 어떠한 계기나 원인이 있을 것이다. 천량윈陳良運은 이 시에 대해 "이 시는 확실히 그가 「격황소서」을 기초起草한 뒤에 지은 것인데, 고병이 말만 앞세우고 행동에 옮기지 않자 실망하고 분노했지만, 감히 공개적으로 이를 고병에게 표시할 수 없어 시로써 친구에게 그 심정을 토로한 것"이라고 하며 고병에 대한 불만을 표시한 시라고 해석하였다.[42] 필자는 거기서 더 나아가 이 시를 쓰게 된 것이 아마도 "최치원은 「격황소서」로 이름을 천하에 떨치게 되었는데, 그는 오히려 회남절도사 막부에서 동료들의 배척과 괄시를 받게 되었다"[43]는 것 때문은 아니었을까 추측해 본다. 중화 2년(882), 최치원은 고병에게 자신에게 내려준 도통순관직을 거둬줄 것을 요청하는 「관직을 사양하는 장[謝職狀]」과 「장계長啓」를 올렸으며, 「장계」 중에는 "도통순관과 같은 경우도 반드시 그 직책에 걸맞은 인재를 선발해야만, 밖으로 사방의 기대에 부응하고, 안으로 십승十乘의 위엄을 도울 수 있을 것입니다. 지금 만약 모가 무턱대고 은지恩知를 욕되게 하면서 하는 일 없이 그 자리를 차지한다면, 융적戎狄의 비웃음을 사고 사전史傳의 기롱을 받을까 두렵기만 합니다. 옛날 한조漢朝에 김일제金日磾가 항상 무제武帝의 좌우에 있을 적에, 무제가 특별히 더 은총을 가하려 하자, 김일제

社會科學院, 2007年 第6期, 141면.

42 陳良運, 「東方漢文學鼻祖崔致遠詩述論」, 『中國韻文學刊』, 1999年 第2期, 中國韻文學會, 24면.

43 方曉偉, 앞의 책, 130면.

가 사양하면서 '신은 외국인이니, 장차 흉노로 하여금 중국을 깔보게 할 것입니다.'라고 하였는데, 모가 오늘 청원하는 뜻도 바로 여기에 있다고 하겠습니다. 제청諸廳의 낭관郎官이 일찍이 공의公議를 개진하였는데, 그 내용은 대개 신분이 천한 자가 귀한 사람을 방해하면 안 된다는 것으로서, 이적夷狄이 중화中華를 어지럽히지 못하게 하려는 것이었습니다."[44]라는 내용이 있다. 이는 최치원이 당으로 건너와 그 어느 때보다도 뼈저리게 느꼈을 이향인異鄕人으로서의 서러움과 비참함이었을 것이다. 이 시는 세상에 대한 적의감과 부정적인 시각을 여과 없이 직설적으로 표현해내고 있다는 점에서 최치원의 여타 시와는 색다른 성격과 풍격을 보이고 있다. 이러한 풍자 풍격의 시는 이후 〈강남녀江南女〉, 〈촉규화蜀葵花〉, 〈고의古意〉, 〈우흥寓興〉 등으로 이어지며 최치원 시의 특징 중 하나로 자리 잡게 된다.

江南蕩風俗	강남의 풍속은 방탕하기만 한데,
養女嬌且憐	기르는 딸이 교태 있고 가냘펐네.
性冶恥針線	천성은 바느질 부끄러워하니,
粧成調管絃	분단장 마치고는 악기 조율하네.
所學非雅音	배운 것은 고상한 노래가 아니요,
多被春心牽	춘정에 많이 이끌린 것이라네.
自謂芳華色	스스로 일컫기를 꽃다운 얼굴이요,
長占豔陽年	청춘 시절 길이 이어진다 하네.
却笑隣舍女	도리어 이웃여자 비웃네,
終朝弄機杼	하루 종일 베틀만 잡고 있다고.

44 崔致遠, 「長啓」, 『桂苑筆耕集』 卷18, "其如都統巡官, 須選人材稱職, 外塞四方之望, 內資十乘之威. 若今某塵玷恩知, 屍素寵位, 但恐買戎狄之笑, 沽史傳之譏.昔漢朝金日磾常在武帝左右, 帝欲別加寵遇, 日磾辭曰 : '臣外國人, 且使匈奴輕漢.'某今日之請, 實在於玆.諸廳郎官, 早陳公議, 蓋以賤無妨貴, 欲令夷不亂華."

機杼縱勞身　　베 짜느라 몸이 고달플 테지만,
羅衣不到汝　　비단옷은 네게 돌아가지 않는다면서.

〈江南女〉

이 시는 최치원의 시 중에서도 작품성과 문학성 모두를 인정받고 있는 시로, 많은 주목을 받고 있는 시 중의 하나이며 이미 많은 연구가 이루어진 바 있다. 일반적으로 〈강남녀〉는 최치원이 강남에서 관리 생활을 할 때, 즉 율수현위 혹은 회남막부에 들어간 이후 강남의 생활상을 보고 느낀 바를 시로 읊은 것으로, "〈강남녀〉는 관리와 귀족 여인의 사치스럽고 부패한 기생寄生 생활과 거만하고 횡포하며 공허한 정신세계를 폭로하고 있다. 동시에 노동하는 여성의 부지런함과 고통스런 생활처지를 묘사했는데, 이러한 현실 생활에 대한 시인의 태도가 비교적 명확하다. 노동 인민의 곤경을 동정하여 관심을 기울이고, 기생하는 통치계급에 대해서는 풍자하고 비판했다."[45]고 평가한다. 그리고 몇몇 연구자들은 이 시를 통해 최치원의 애민의식과 현실주의 풍격을 엿볼 수 있다고 하며, 만당시인 진도옥秦韜玉의 시 〈빈녀貧女〉와 비교 연구를 진행하기도 하였다.[46] 하지만, 이 시를 "고향에서 받은 마음의 상처를 표출한 것"[47]이라거나 "귀국 후 귀족 부녀자들의 기생 생활을 조소한 것"[48]처

45 何振華, 앞의 논문, 38~39면 ; 金東勳, 「晩唐著名朝鮮詩人崔致遠」, 『中央民族大學學報』(哲學社會科學版), 1985年 第一期, 中央民族大學, 77면 ; 정종대, 「최치원의 서정시에 나타난 소외의식」, 『국어교육』 73, 한국어교육학회, 1991, 322면 ; 金喜成, 「崔致遠與漢文詩」, 『滿族研究』, 1992年 第2期, 遼寧省民族宗教問題研究中心, 93면 ; 席永傑, 「唐代著名朝鮮族詩人崔致遠」, 『內蒙古民族師院學報』(哲學社會科學版), 1996年 第3期, 內蒙古民族大學, 36면 ; 당은평저, 마중가역, 앞의 책, 53면 ; 方曉偉, 앞의 책, 226면 등.

46 성낙희, 『최치원의 시정신 연구』, 96면 ; 陳良運, 앞의 논문, 22~23면 ; 倪文波, 「崔致遠文學創作研究」, 中央民族大學 博士學位論文, 2006, 50면 등.

47 성낙희, 「최치원 시의 고향의식」, 19면.

럼 귀국 후 신라에서 지은 것으로 해석하기도 한다. 그러할 수 있는 이유는 아마도 "그 제목으로 보아 분명 당나라에 있을 때에 지은 것으로 보인다. 다만 당나라 강남의 당시 상황에 대한 묘사가 신라 사회와 별반 다르지 않을 것이다. 고운은 당대의 현실을 사치와 퇴폐에 빠져있는 강남녀에 견주어 나타내고 있다. …… 강남의 방탕한 풍속 묘사는 곧바로 고운이 살던 당대 신라의 생생한 현실세계의 모습이라고 하겠다. 따라서 고운은 자신이 살던 당대의 신라 풍속을 강남과 같은 방탕한 풍속이 유행하는 시대로 인식하고 있다."[49]라는 강구율의 설명이 그 해명이 될 수 있을 것이다. 그리고 그런 당과 신라의 당시 사회상의 유사성 말고도 최치원의 신분도 이 시를 재당시로도 혹은 귀국 후 시로도 볼 수 있게 하는 요인이 될 것이다. 재당시기에는 외국인이란 신분 때문에, 귀국 후에는 육두품이란 신분 때문에 자신의 정치적 이상과 포부를 펼칠 수 없었으며, 오히려 주변 사람들로부터 재주가 아무리 많고 아무리 노력해도 높은 자리에는 오를 수 없을 것이라며 "베 짜느라 몸이 고달플 테지만, 비단옷은 네게 돌아가지 않는다"는 조소를 받았다고, 혹은 그러한 자기 스스로에게 냉소했다고 해석할 수 있을 것이다. 하지만 〈강남녀〉는 최치원이 고병막부에 들어가고 난 후 〈진정상태위시〉에서 "해내의 누가 해외 사람 어여삐 여기겠습니까?"라고 탄식했던 것처럼, 혹은 "이적이 중화를 어지럽히지 못하게 하려는 것"이었다고 자신이 직접 겪었던 일처럼 외국인으로서 겪었을 냉대와 조소를 읊은 것으로 보는 편이 더 타당할 것이라 생각된다.

48 馬家駿, 「崔致遠和他的詩」, 『陝西師範大學學報』(哲學社會科學版), 1983年 第2期, 陝西師範大學, 63면.

49 강구율, 「고운 한시에 나타난 이원적 현실인식과 갈등 연구」, 『문학과 언어』 23, 문학과 언어학회, 2001, 82~83면.

〈화이전장관동일유산사和李展長官冬日遊山寺〉의 이전장관을 〈추일재경우이현기이장관〉의 이장관과 동일 인물로 보는 이도 있다.[50] 미련(일찍 시와 술 벗 삼던 도연명을 알았더라면, 세상의 명리 모두 잊었을 것 아닌가[曾接陶公詩酒興, 世途名利已忘機.])을 통해 세상의 명리에 연연해하는 자신을 뒤돌아보고 있음을 알 수 있다. 마침내 고병의 중용을 받게 되고「격황소서」을 통해 문명도 떨치게 되는 등 자신이 그토록 바라던 성공과 출세를 하게 되었다. 하지만 주변에는 자신의 성공을 질투하고 배척하는 이들도 적지 않다. 그러던 중 산사를 찾은 최치원은 경치에 취해 세상일을 잊고 마음을 씻으며 명리에 얽매이고 있는 속된 자신을 반성하고 있다. 이 시는 앞에서 살펴 본 〈신축년기진사오첨〉과 관련이 있는 듯하며, 이 시를 쓴 겨울에는 그 시를 썼을 당시보다 훨씬 더 마음의 평안과 안정을 찾은 듯이 보인다.

〈송오진사만귀강남送吳進士巒歸江南〉는 절친한 벗 오만과 이별하며 지은 시이다. 수련(그대와 안 뒤 몇 번째 이별인가. 이번에 또 헤어지니 한이 더욱 깊어지네[自識君來幾度別, 此回相別恨重重].)을 통해 최치원과 오만의 친분관계를 충분히 짐작할 수 있으며, 함련(전쟁으로 가는 곳 마다 어수선하니, 시와 술로 어느 때 다시 만나볼까[幹戈到處方多事, 詩酒何時得再逢].)에서는 당시의 혼란한 정국과 사회상을 엿볼 수 있다.『계원필경집』권20에도 귀국을 앞두고 오만과 나눈 송별시 〈수오만수재석별 이절구酬吳巒秀才惜別 二絶句〉가 수록되어 있다. 이것으로 미루어보아 이 시는 그보다 앞선 시기에 지은 것이다.

夕陽吟立思無窮　석양에 서서 읊조리니 생각이 끝이 없고,
萬古江山一望中　만고 강산이 한 눈에 들어오네.

50 党銀平,『唐與新羅文化關係研究』, 中華書局, 2007, 109면 ; 方曉偉, 앞의 책, 136면.

太守憂民疎宴樂　태수가 백성 걱정에 잔치를 멀리 하니,
滿江風月屬漁翁　강 가득한 바람과 달은 어옹의 차지라네.
〈饒州鄱陽亭〉

최치원이 당에 머물던 만당의 당시 사회는 왕선지王仙芝・황소黃巢의 난亂 등으로 인해 매우 혼란스러웠던 시기였다. 그런데 이 시는 태평성대의 모습이거나 혹은 최소한 꽤나 평탄하고 평화로운 사회의 모습이다. 당시 혼란한 사회상과 시의 내용 사이에 지나치게 큰 괴리가 있다. 과연 당시에 이러한 모습이 가능했을지 의문이며, 최치원이 진정 그러한 평안한 모습을 보고 이 시를 읊은 것인지 의문이 간다. 성낙희는 "어지럽던 전란의 와중을 지나서 비로소 대하게 되는 평화로운 풍경을 읊자는데 그 본의가 있기보다는 이면에는 역으로 지금까지의 그렇지 못했던 세태, 즉 태수가 정치에는 관심이 없고 백성들을 착취하여 주연酒宴이나 자주 벌리던 난세의 비리를 은근히 한탄한 것"[51]이라며 반어적으로 해석하였다. 하지만 이를 반어적으로만 볼 수도 없는 것이, 「가목에게 준 글[與假牧書]」에 "모某는 이 고을에 들어온 뒤로부터 고향에 돌아온 것 같은 느낌이 듭니다. 백성이 편안한 것을 보면 삼군三軍이 안락하리라는 것을 알 수 있고, 마을이 태평한 것을 보면 군읍郡邑이 엄숙하리라는 것을 알 수 있습니다. 만약 상시常侍께서 관맹寬猛을 서로 조화하고 은위恩威를 함께 행하지 않으셨다면, 어떻게 촌락의 주민이 집집마다 서로 경축하며 원근을 막론하고 자부慈父를 만난 것처럼 희희낙락하는 지경에 이를 수 있었겠습니까."[52]라는 이와 유사한 상황이 서술되어 있다.

51 성낙희, 「최치원의 시정신 연구」, 163면.

52 崔致遠, 「與假牧書」, 『桂苑筆耕集』 卷 19, "某自達仁境, 如歸故鄉.見百姓之安則知三軍之樂也, 見鄉閭之泰則知郡邑之肅也.若非常侍寬猛相濟, 恩威並行, 則何以至村落之居, 室家相慶, 自近及遠, 嬉嬉然喜遇慈父."

이는 아마도 실제로 그러했다기보다는 그들에게 보낸 글이기에 예의와 형식상 어느 정도 과장되게 표현하며 그들을 높인 것으로 이해해야 할 것이다. 그런 의미에서 본다면, 이 시 역시 최치원이 요주饒州에서 그곳의 벼슬아치에게 그의 정치적 업적을 다소 과장하여 칭송하며 지어 준 시일 수도 있지 않을까 하는 생각을 하게 된다.

5) 결론

지금까지 최치원이 당에 머무르는 18년 동안 지은 한시, 즉 '최치원의 재당시'에 대해 살펴보았다. 본고에서는 『계원필경집』에 수록된 60수의 시를 그 대상에서 제외시켰다. 이는 권17의 기덕시 30수는 고병의 공로와 업적을 칭송한 헌시이며, 권20에 수록된 30수의 시는 〈진정상태위시〉 한 수를 제외한 나머지 29수가 귀국기에 쓰여진 시라는 창작시점의 특수성이 더 강하기 때문이다. 필자는 최치원의 현존시 126수의 시중 28수(『계원필경집』 소재 60수 제외)가 재당시기에 지어진 것으로 보았다. 이들을 표로 나타내어 보면 다음과 같다.

표 1 최치원의 재당시기별 한시 목록

1. 과거급제시기(874년 봄~876년)		8首
1) 과거급제 후 장안	〈春日〉(『千載佳句』) 〈長安春〉(『千載佳句』) 〈成名後酬進田仁義見贈〉(『千載佳句』) 〈長安旅舍與於愼微長官接隣〉	七言聯句 七言聯句 七言聯句 五律
2) 동도유랑시기	〈和友人春日遊野亭〉 〈汴河懷古〉 〈留贈洛中友人〉(『千載佳句』) 〈途中作〉	七律 七律 七言聯句 七絶

2. 율수현위시기(877년~880년 여름)		5首(+30)
1) 율수현위 재임시기	〈登潤州慈和寺上房〉(『千載佳句』)	七律
	〈送舍弟嚴府〉(『千載佳句』)	七言聯句
	〈袞州留獻李員外〉(『千載佳句』)	七絶
	〈江山書懷〉(『千載佳句』)	七言聯句
	〈姑蘇臺〉	七言聯句
2) 박사굉사과 준비시기	『桂苑筆耕集』 卷17 〈紀德詩〉30首	七絶30首
3. 고병막부시기(880년 여름~884 여름)		15首(+1)
1) 881년 5월 이전	〈山陽與鄉友話別〉	七絶
	〈友人以毬杖見惠以寶刀爲答〉	七律
	〈秋日再經盱眙縣寄李長官〉	七律
	〈郵亭夜雨〉	五絶
	〈春曉偶書〉	七律
	〈題芋江驛亭〉	七絶
2) 881년 5月 이후	〈陳情上太尉詩〉(『桂苑筆耕集』 권20 소재)	七律
	〈暮春卽事和顧雲友使〉	七律
	〈和顧雲侍禦重陽詠菊〉	七律
	〈題輿地圖〉	七言聯句
	〈和張進士喬村居病中見寄〉	七律
	〈辛丑年寄進士吳瞻〉	七律
	〈江南女〉	五古
	〈送吳進士巒歸江南〉	七律
	〈和李展長官冬日遊山寺〉	七律
	〈饒州鄱陽亭〉	七絶
* 귀국기(884년 여름~885년 봄): 『계원필경집』 권20 소재		(29首)

앞에서 살펴본 것과 같이 최치원의 시에는 그 시를 창작할 당시 자신의 상황과 정서가 고스란히 배어 있어, "최치원의 한시는 실로 그의 내면을 읽을 수 있는 거울과 같다"[53]고 평할 수 있다. 덕분에 각 시기마다 전해지는 몇 수의 시만으로도 당시 최치원의 생활상을 충분히 짐작할

53 정환국, 「나말여초의 문학사적 전환과 최치원」, 『새 민족문학사 강좌 1』, 창비, 2009, 111면.

수 있다. 최치원의 재당생애는 크게 과거급제시기, 율수현위시기, 고병막부시기로 나눌 수 있는데, 본문에서 이루어진 논의를 정리해보면 다음과 같다.

과거급제시기에는 과거급제하고 난 후의 기쁨이 주조를 이루고 있으며, 동도유랑기간에는 과거 급제한 기쁨의 여흥과 함께 시간이 지날수록 방랑해야 하는 자신의 처지와 가난을 걱정하고 한탄하는 모습도 보이게 된다. 이 시기에 지은 시들은 이미 습작의 수준을 넘어 작품수준면에서 많은 발전을 보인 시기라 할 수 있다.

율수현위시기에 지어진 시로 여겨지는 시 5수 가운데 4수가 『천재가구』에 수록되어 있는데, 이로 보아 이 당시에 지은 작품은 빼어난 예술성을 가진 작품들이 많이 있었던 것으로 보인다. 이것은 당시 만당시풍의 영향을 받았기 때문이기는 할 것이지만, 이것은 비록 말단관직이긴 하지만 비교적 안정된 생활과 정신적인 여유가 이 시기의 시 창작에 영향을 미친 것으로 보인다.

고병막부시기는 최치원이 고병에게 중용을 받기 시작한 881년 5월을 기준으로 두 시기로 나눌 수 있다. 중용을 받기 전에는 금의환향하지 못하는 것에 대한 자책이나 자신의 재능과 포부를 마음껏 펼칠 수 없는 현실 한탄이 주조를 이룬다. 881년 5월 이후 최치원은 고병의 부름을 받아 종사하게 되고, 7월에는 「격황소서」를 통해 문명文名을 천하에 떨치며 고병의 두터운 신임을 받게 된다. 하지만 그로 인해 주변의 시기와 배척을 받기도 하였다. 따라서 이 시기는 최치원이 당에서 지내왔던 그 어느 시기보다 희로애락이 매우 복잡하게 뒤얽혀 있었던 시기였으며, 그로 인해 다양한 풍격의 시가 지어졌을 것이라 여겨진다.

최치원의 재당시를 통틀어 현전하는 오언시는 단 3수밖에 안되지만, 이는 칠언시가 더 유행했던 만당 문단의 경향과도 관계있을 것이다. 또한 최치원은 당에서 당시의 유명 시인인 두순학杜荀鶴, 고병高駢, 장교張橋, 고운顧雲 등과 같은 저명 시인들과의 친분과 교류를 통해, 그리고 당시의 문학풍조와 시풍을 몸소 체험하며 시 창작에 많은 영향을 받았을 것이다. 하지만 그는 또 외국인인 신라인이었기에 그의 시에는 당나라 문인들과는 또 다른 감성과 고민이 담겨있음도 확인할 수 있다. 따라서 최치원의 재당시기 한시에 대해 "최치원의 생활과 창작 노선은 당대 수많은 지식인이 모두 걸어왔던 길이다. 만당 시풍의 영향을 받은 최치원의 시는 당대 시단에서 주목받을 만큼 성취와 지위를 얻었다."[54]고 평가할 수 있다.

54 周晃, 「晩唐詩與崔致遠」, 『國外文學』, 1990年 第2期, 北京大學, 218면.

2. 『계원필경집』 권20 소재 시의 편집상의 특징 고찰

1) 서론

『계원필경집』은 한국 문학사에서 현전하는 최고最古의 개인 문집으로, "지금까지 전해오는 우리 동방의 시문들은 이 문집을 개산비조開山鼻祖로 삼지 않을 수가 없으며, 이 문집은 또한 동방 예원藝苑의 근본이요 시초이다."[55] 최치원은 「계원필경집서」에서, "회남淮南의 군직을 맡으면서부터 고시중의 필연筆硯의 일을 전담하게 되었습니다. 그리하여 군서가 폭주하는 속에서 있는 힘껏 담당하며 4년 동안 마음을 써서 이룬 작품이 1만 수도 넘었습니다만, 이를 도태하며 정리하고 보니 열에 한둘도 남지 않았습니다."[56]라며 『계원필경집』이 어떠한 성격의 문집이며 자신이 고병막부 시절에 얼마나 많은 글들을 지었는지에 대해 서술하고 있다. 『계원필경집』 20권 전체에는 310편의 문장과 60수의 시가 수록되어 있는데, 권1~16은 회남에서 고병의 종사관으로 있을 때 그를 대신하여 지은 군문軍文으로 공적인 성격이 강한 글인 반면, 권17~20은 최치원이 고병 및 고병 휘하 인물에게 보낸 편지나 지인에게 보낸 글들로 최치원 자신의 일과 정감을 표현한 글로 사적인 성격이 강한 글이다.[57] 『계원필경집』의 각종 문장은 최치원의 빼어난 재능과 처신의 능수능란함을 보여줄 뿐만 아니라, 문학방면에 있어서도 조예가 깊음을 보여준다.[58] 특히, 최치원 개인의 일과 감정을 기록한 권17~20의 글들은 고병

55 徐有榘, 「校印桂苑筆耕集序」, (崔致遠) 『桂苑筆耕集』, "我東詩文集之秖今傳者 不得不以是集爲開山鼻祖. 是亦東方藝苑之本始也."

56 崔致遠, 「桂苑筆耕集序」, 『桂苑筆耕集』, "從職淮南, 蒙高侍中專委筆硯, 軍書輻至, 竭力抵當, 四年用心, 萬有餘首, 然淘之汰之, 十無一二."

57 『계원필경집』의 구성과 내용 등에 대해서는 장일규의 「해제－현전하는 우리나라 고대의 유일한 문집」(이상현 역, 『계원필경집』 1, 2013.) 참조.

막부시기, 더 나아가 재당시기의 최치원과 그의 작품을 이해하는데 큰 도움을 준다.

최치원의 시 대부분이 최치원 자신을 서정주인공으로 하고 있으며,[59] 시를 창작할 당시 자신의 상황과 정서를 과장하지 않고 거짓 없이 솔직하게 읊고 있어 "최치원의 한시는 실로 그의 내면을 읽을 수 있는 거울과 같다."[60]는 평가를 받는다. 권20에 수록된 30수의 시 역시 그러한 평가를 수긍하게 한다. 하지만, 그 30수 중 〈진정상태위시陳情上太尉詩〉를 제외한 나머지 29수가 모두 귀국을 결정하고 난 후, 귀국길에 오를 무렵이나 귀국길에 오른 후, 즉 884년 5월 이후부터 885년 봄 사이에 지은 시들이어서 실질적으로 4년여의 막부생활과 관련된 시작품은 거의 없다. 바로 이 부분에서 필자는 몇 가지 의문을 갖게 되었다. 그것은 바로 최치원은 고병막부에서 4년여 동안 지은 시문을 『계원필경집』이란 제목 아래 정리하면서, 무슨 이유로 정작 자신이 왕성한 활동을 하던 때에 지은 시는 〈진정상태위시〉를 제외하고는 한 편도 넣지 않은 것일까? 라는 문제를 비롯하여 『계원필경집』 권20에 수록된 시는 편집상 어떠한 특징을 가지고 있는 것인가에 대해 의문이 생겼다.

최치원의 시에 대해서는 이미 다각도에서 많은 연구가 이루어졌으며, 『계원필경집』 소재 시 역시 연구자들의 논지에 맞춰 시의 주제 혹은 재당시기의 시 등을 연구할 때 부분적으로 연구되어 왔다. 특히 권20에 수록된 영물시 10수는 "시인은 특정한 역사의 환경 중, 영물의 형식으로

---

58 陳尙君, 「崔致遠在中國文學發展中的地位」, 『漢唐文學與文獻論考』, 上海古籍出版社, 2008, 201면.

59 馬家駿, 「崔致遠和他的詩, 『陝西師範大學學報』(哲學社會科學版), 1983年 第1期, 陝西師範大學, 65면.

60 정환국, 「나말여초의 문학사적 전환과 최치원」, 『새 민족문학사 강좌 1』, 창비, 2009, 111면.

속에 있는 복잡한 감정과 정의로운 외침 소리를 토로해 만당 시가의 보고에 고귀한 재산을 더해 주었다"[61]고 할 만큼 그 우수성을 인정받으며 많은 연구가 이루어졌다. 근래에 들어 『계원필경집』 소재 시만을 그 연구 대상으로 제한시킨 논문들이 속속 등장하고 있다. 윤인현은 『계원필경집』에 실린 한시 60수를 통해 고운 최치원의 문학 형성기에 나타난 작가적 역량과 전대의 문학사상 계승 그리고 전대의 한시 작법의 학습 및 영향 관계를 고찰하였다.[62] 이 논문은 권20 소재의 시보다는 권17에 실린 고병의 덕을 찬양한 기덕시紀德詩 30수에 좀 더 많은 비중을 두고 있다. 왕추정은 『계원필경집』에 수록된 시 60수를 (1)고병의 업적을 기린 기덕시, (2)자아심경을 토로한 영물시, (3)희비가 나타난 이별시로 구분하여 고찰하였다.[63] 왕칭윈王慶雲은 『계원필경집』 권20 소재 30수 중에서도, 산동반도에 머무르며 지은 시만을 대상으로 하여 이들 작품의 구체적 창작 시간 및 지역적 환경을 체계적으로 고찰한 바 있다.[64] 『계원필경집』 권20에 실린 시의 편집 문제에 주목한 연구로는 김동준의 논문이 있다. 그는 『계원필경』 권20에 수록된 한시 30수가 '귀국기의 자편시고自編詩稿'라는 점에 주의하여, 최치원 스스로가 부각하고자 했던 서정의 한 국면을 탐색하였다. 그의 이 논문은 『계원필경집』 권20 소재의 시에 대한 입체적 독해를 가능하게 하였다는 점에서 큰 의의를 가진다 하겠다. 그는 권20의 한시 30수가, (1)최치원의 계획에 따라 칠언절구 15수와 칠언율시 15수로 엄선되었을 가능성이 높다는 점, (2)시간적 순서

61 何鳶, 「朝鮮古代新羅詩人崔致遠詩作初探, 『東疆學刊』, 1986年 第1期, 延邊大學, 41면.

62 윤인현, 「『계원필경집』 소재 최치원의 한시 소고」, 『한국고전연구』 15, 2007, 169~211면.

63 왕추정, 「최치원의 『계원필경』 소재 한시 연구」, 전남대학교 대학원 석사학위논문, 2010.

64 王慶雲, 「新羅崔致遠羈泊山東半島詩文創作考」, 『東方學』 13, 한서대학교 동양고전연구소, 2007, 237~265면.

에 따라 질서 있게 편차되어 있다는 점, (3)정선된 30수의 시편들이 자부와 장심壯心의 흐름을 조성하여 중국에서의 능동적 활약을 헌강왕에게 환기시키도록 되어 있다는 점, (4)의인화와 우의를 사용한 일련의 작품들이 불우함보다는 자부와 지우知遇에 초점을 맞추고 있다는 점 등을 고찰하였다.[65] 하지만, 그는 너무도 간단히 '권20의 한시 30수가 시간적 순서에 따라 질서 있게 편차되어 있다'고 결론 내린 느낌이다. 왜냐하면, 〈진정상태위시〉의 창작 시기에 대해서는 아직 논란이 있으므로 그 문제를 명확히 해결해야만 그 명제가 올바르다고 결론내릴 수 있기 때문이다.

본고는 필자가 『계원필경집』 권20에 수록되어 있는 30수를 보며 갖게 된 여러 가지 의문, 즉 1) 이 시들은 과연 창작 시간 순서대로 편집된 것일까? 2) 최치원이 고병막부에서 왕성한 활동을 하던 시기에 창작한 시들은 왜 수록되지 않은 것일까? 3) 무슨 이유로 칠언시만으로 편집된 것일까? 4) 여러 편의 송별시를 수록하면서도 어찌하여 최치원의 절친한 친구로 알려진 고운顧雲과 나눈 송별시는 없는 것일까? 라는 문제에 대해 고찰해 보고자 한다.

2) 창작 시기 순서에 따른 편집 여부

『계원필경집』 권20에는 27제 30수의 시가 수록되어 있다. 이 시들을 필자가 생각하는 창작시점을 기준으로 배열해보면 다음과 같다. 시 제목 옆의 괄호는 『계원필경집』에 수록된 시의 순서이다. 권17에 기덕시 30수가 있어 권20은 31번부터 시작된다. 권20에 배열된 편차는 필자가

65 김동준, 「귀국기 최치원 한시의 自負와 壯心에 대하여－『계원필경』 권20에 수록된 한시 30수에 대한 독해」, 『진단학보』 112, 진단학회, 2011, 265~290면.

생각하는 창작 시점 순서와 동일하다.

가. 고병에게 중용받기 시작할 무렵(881년 5월) 지은 시 1수 :
〈陳情上太尉詩〉(桂31)

나. 귀국을 결정할 무렵(884년 8월 이전) 지은 시 4수 :
〈奉和座主尙書避難過維陽寵示絶句三首〉(桂32~34),
〈歸燕吟獻太尉〉(桂35)

다. 귀국길에 오른 후(884년 8월 이후) 지은 시 6수 :
〈酬楊贍秀才送別〉(桂36), 〈行次山陽續蒙太尉寄賜衣段令充歸覲續壽信物謹以詩謝〉(桂37), 〈留別女道士〉(桂38), 〈酬進士楊贍送別〉(桂39), 〈楚州張尙書水郭相迎因以詩謝〉(桂40), 〈酬吳巒秀才惜別二絶句〉(桂41~42)

라. 귀국 도중 산동반도에 머물 때(884년 겨울~885년 봄) 지은 시 18수 :

ㄱ. 大珠山에서 읊은 영물시 10수 : 〈石峯〉(桂43), 〈潮浪〉(桂44), 〈沙汀〉(桂45), 〈野燒〉(桂46), 〈杜鵑〉(桂47), 〈海鷗〉(桂48), 〈山頂危石〉(桂49), 〈石上矮松〉(桂50), 〈紅葉樹〉(桂51), 〈石上流泉〉(桂52)

ㄴ. 乳山과 巉山에서 봄을 기다리며 지은 시 8수 : 〈和友人除夜見寄〉(桂53), 〈東風〉(桂54), 〈海邊春望〉(桂55), 〈春曉閒望〉(桂56), 〈海邊閒步〉(桂57), 〈將歸海東巉山春望〉(桂58), 〈和金員外贈巉山淸上人〉(桂59), 〈題海門蘭若柳〉(桂60)

(1) 〈진정상태위시〉의 창작 시기 고찰

권20에는 40편의 시문이 게재되었는데, 주로 884년 10월에 회남에서 본국에 들어오면서 조서 등을 보내는 사신을 겸하여 귀국 길에 오를 때부터 885년 3월 귀국할 때까지 작성한 글이 대부분을 차지한다.[66] 김동

66 장일규, 앞의 논문, 43면.

준은 권20에 수록된 30수의 시가 시간적 순서에 따라 질서 있게 편차되어 있다고 보았는데, 필자 역시 그러하다고 생각한다. 하지만 이 명제가 올바른 명제임을 증명하기 위해서는 먼저 해결해야 할 문제가 있다. 바로 〈진정상태위시〉의 창작 시점을 분명히 밝혀줘야만 한다는 것이다. 왜냐하면 〈진정상태위시〉에 대한 창작시기 논란이 있기 때문이다. 만일 이 시를 귀국길에 오를 무렵, 혹은 그 이후에 창작하여 고병에게 바친 것이라고 한다면, 이는 시기적으로 '나. 귀국을 결정할 무렵'이나 '다. 귀국길에 오른 후' 즈음에 위치해야 할 것이다. 그렇다면 권20의 시 30수가 시간 순서에 따라 배열된 것이라는 명제는 잘못된 것이 된다. 따라서 이 시의 창작시기를 먼저 분명히 밝혀내야만 권20 소재 시들이 과연 시간 순서대로 배열된 것인지 아닌지를 결론내릴 수 있는 것이다.

海內誰憐海外人　해내의 누가 해외 사람 어여삐 여기겠습니까,
問津何處是通津　나루를 묻노니 어느 길이 나루로
本求食祿非求利　본디 녹을 구했을 뿐 이를 구함은 아니요
只爲榮親不爲身　단지 어버이 빛내려 할 뿐 제 몸 위한 건 아니랍니다.
客路離愁江上雨　강가 내리는 비에 객지에서 이별하는 시름 깊어가고,
故園歸夢日邊春　고국에 봄 올 즈음엔 고향 돌아가는 꿈을 꾸네.
濟川幸遇恩波廣　내 건너다 다행히 넓은 은혜의 물결 만나,
願濯凡纓十載塵　속된 갓끈의 십 년 먼지 씻어버리고 싶습니다.

〈陳情上太尉詩〉

어떤 연구자들은 이 시를 최치원이 고병막부에 들어간 지 얼마 되지 않았었을 때 지은 것으로 보며 '신라인인 자신을 기용해준 데 대한 감사의 시로 당에 온 목적, 고향에 대한 그리움, 벼슬길에 나아가고 싶은 소망을 완곡하게 밝히는' 시라고 해석한다.[67] 하지만 어떤 연구자들은 이

시를 최치원이 884년 귀국을 결정한 후 귀국길에 오를 무렵에 지은 시로 보며 '몇 년 동안 자신을 보살펴준 것에 대한 감사와 귀국을 허락해달라는 완곡한 요청'을 표현한 시로 보기도 한다.[68] 즉, 이 시를 어느 시기에 지은 것으로 보느냐에 따라 그에 대한 해석이 달라지는 것이다. 하지만 대부분의 연구자들은 그저 시의 내용상으로만 그 시기에 창작되었을 것이라고 언급만 할 뿐, 왜 그러한지 그에 대해 논증하거나 분석한 글은 거의 찾아볼 수 없다. 이 두 가지 견해가 팽팽하게 맞서고 있는 상태에서, 필자가 아무런 논증 없이 권20에 수록된 30수의 시가 창작 시간 순서에 따라 편집된 것이라고 결론지을 수는 없을 것이다.

〈진정상태위시〉가 최치원이 귀국을 결정하고 난 후에 지은 시라고 볼 수 있는 정황이 여럿 있기는 하다. 첫째, 『계원필경집』 권17에 고병에게 바친 기덕시 30수 중에 맨 마지막 시로 이미 〈진정陳情〉이란 시가 있는데, 과연 권20에서 고병에게 다시 '진정'하는 시를 바칠 필요가 있었을까하는 의문을 갖게 한다. 하지만, 권17의 〈진정〉은 최치원이 고병에게 자신을 기용해줄 것을 바라며 두 번의 자천서(「초투헌태위계初投獻太尉啓」와 「재헌계再獻啓」)를 올린 끝에 고병의 돌봄을 입게 되자, "하늘에 오르는 날 부디 버리지 마소서[他日昇天莫棄遺]."라며 회남왕淮南王 유안劉安의 "한 사람이 도를 깨치면 그가 기르던 닭이나 개까지도 승천한다[一

67 김혜숙, 「최치원의 시문 연구」, 서울대학교 석사학위논문, 1981, 107면 ; 성낙희, 「최치원의 시정신 연구」, 중앙대학교 대학원 박사학위논문, 1986, 128면 ; 성낙희, 「최치원 시의 고향의식」, 『한중인문연구』 15, 한중인문학회, 2005, 10면 ; 이구의, 『최치원의 삶과 문학』, 국학자료원, 1995, 53면 ; 夏春豪, 「中古朝鮮詩人崔致遠漢詩藝術成就」, 『鹽城師範學院學報』(哲學社會科學版) 1997年 第4期, 鹽城師範學院, 58면 ; 김동준, 앞의 논문, 277면.

68 周旻, 「晩唐詩與崔致遠」, 『國外文學』, 1990年 第2期, 北京大學, 207면 ; 陳蒲淸, 「韓國漢文學的奠基作 : 桂苑筆耕集」, 『長沙大學學報』, 2002年 第1輯, 2면 ; 倪文波, 「崔致遠文學創作研究」, 中央民族大學 博士學位論文, 2006, 50면 ; 党銀平校注, 『桂苑筆耕集校注』, 2007, 744면 ; 왕추정, 앞의 논문, 41면 ; 장일규(앞의 논문, 37면.)은 이 시의 창작시기를 885년 봄으로 보았다.

人得道, 鷄犬升天].”는 용사用事를 인용하며 고병에게 자신을 등용해주기를 바라는 마음을 전한 것이다. 따라서 최치원이 실질적으로 고병에게 등용된 후에, 그것도 중용을 받게 된 후에 자신을 기용해준 것에 감사하며 〈신성상태위시〉를 쓴 것으로 볼 수 있다. 둘째, 권20에 수록된 30수의 시 중 이 시를 제외한 나머지 29수 모두가 귀국을 결정하고 난 이후에 지어진 시이기 때문에 이 시도 그 무렵에 지어진 것으로 볼 여지가 충분히 있기는 하다. 하지만 나머지 29수의 시가 그러하기에 이 시 역시 그러하다고 하는 것 역시 단순한 추측에 불과할 뿐이다. 셋째, 만일 맨 마지막 구 “속된 갓끈의 십 년 먼지 씻어버리고 싶습니다.”에서의 이 ‘10년’을 과거 급제(874년) 이후 최치원이 귀국을 결정한 884년까지의 기간으로 보면 아귀가 맞아 보인다. 하지만, 고병막부에 있던 시간은 4년여인데, 왜 굳이 과거 급제한 시기까지 거슬러 올라 10년이라고 했을지 의문이다. 또한 최치원이 당에서 보낸 시간은 18년이므로, 이를 10년이라 했다고 보기에도 무리가 있다. 반면, 만일 이 ‘10년’을 당으로 유학온 후 국자감에서 공부할 무렵(868년)부터 고병의 쓰임을 받게 된 해(880년)까지의 10여 년으로 해석하면 보다 자연스럽다. 이보다 좀 더 객관적이고 구체적인 논거를 들면 다음과 같다.

최치원이 입막 전이나 입막 초기에 고병에게 올린 글들이 권17에 다수 수록되어 있다. 그 중 「종군하게 한 것을 감사한 글(謝令從軍狀)」에 “갈림길에서 울며 방황하는 때를 당하여, 큰 내를 건너게 하는 은사를 입었으니 더 말할 나위가 있겠습니까. 그지없이 감격스러워 기뻐 뛰면서 송구한 심정을 금할 수 없습니다.”[69]란 표현이 있는데, 이 부분에도 똑같이 ‘제천濟川’[70]이란 단어가 사용되었을 뿐만 아니라, 그 내용도 이

69 崔致遠, 「謝令從軍狀」, 『桂苑筆耕集』 卷17, “況當泣路之時, 永荷濟川之賜, 下情無任感戴欣躍兢惕之至.”

시와 흡사한 부분이 많다. 여기서 종군하게 되었다는 것은 "작년(881년) 중하에 출사할 적에 홀연히 불러 주신 것"[71]을 의미한다. 최치원은 880년 여름 즈음에 고병막부에 들어가게 되긴 하였지만, 그때는 단순히 고병의 도움으로 '서충관역순관署充館驛巡官'이 되고 경제적으로 다소 안정을 찾았을 뿐, 아직 고병의 중용을 받았다고 보기에는 부족함이 있을 때이다. 하지만 881년 5월 출사에 부름을 받고 나서 쓴 글인 「출사한 뒤에 고사한 글[出師後告辭狀]」에서는 "이역에서 건너와서 덕문에 의탁하게 되었는바, 예전에 이름이 계과桂科에 끼었을 적에도 뜻에 맞는 줄 몰랐는데, 요즈음 연부蓮府의 직책을 맡게 되면서부터 몸의 영화를 비로소 깨닫고 있습니다."[72]라고 한 것만 보아도 881년 5월 이후 고병의 중용을 받기 시작하였음을 알 수 있다.

권17의 「배를 빌려준 것을 감사한 글[謝借舫子狀]」에 "매양 심신이 편안해짐을 느끼곤 하니, 이 은혜는 뼈에 새겨 잊을 수가 없습니다. 삼가 칠언장구시 1수를 지어 목욕재계하고 위에 올리며 태계를 외람되게 함하려니, 그지없이 감사하고 황송한 심정을 금할 수 없습니다."[73]란 내용이 있는데 이 역시 이 시와 관련된 내용을 담고 있으며, 여기서 말하는 '칠언장구시일수'가 혹 이 시를 말하는 것일 수도 있을 듯싶다.

권19의 「이부 시랑에 제수된 것을 하례한 별지[賀除吏部侍郎別紙]」에서

70 '濟川'이란 말은 『書經』「說命上」: "爰立作相, 王置諸其左右. 命之曰 : 朝夕納誨, 以輔台德. 若金, 用汝作礪 ; 若濟巨川, 用汝作舟楫."에서 나온 말로 주로 帝王을 보좌하는 것을 비유하는 데 쓰인다. 최치원에게는 고병을 보좌하게 된 것을 일컫는 것으로 볼 수 있다.

71 崔致遠, 「長啓」, 『桂苑筆耕集』 卷18, "去年中夏, 伏遇出師, 忽賜招呼."

72 崔致遠, 「謝出師後告辭狀」, 『桂苑筆耕集』 卷17, "來從異域, 託在德門, 昔曾名列桂科, 未知稱意, 今忝職居蓮府, 始覺榮身."

73 崔致遠, 「謝借舫子狀」, 『桂苑筆耕集』 卷17, "每當定志安神, 則乃銘肌刻骨 謹課七言長句詩一首齋沐上獻."

최치원은 고병막부에 입막하고 나서 느낀 감격과 그 이후의 상황에 대해, "만리타국에서 의지할 곳 없이 오래도록 고생하며 떠돌다가, 10년 만에 지우를 얻어 요행히 날개를 떨치고 날아오를 수 있었습니다. 그리하여 이향에서 늙어가는 어버이를 영예롭게 해드리고, 벼슬길에 올라 붉은 관복을 입는 영광을 차지하였습니다."[74]라 하였다. 이는 마치 이 시의 수련, 함련, 미련의 내용을 문장으로 바꾸어 놓은 듯하다. 이 글은 881년에 지어진 것으로 보인다.[75] 그러므로 이 시는 최치원이 귀국을 결정한 후나 귀국길에 오를 무렵에 창작된 것이라기보다는 고병막부에 들어간 후, 좀 더 구체적으로 말하자면, 최치원이 고병에게 자신의 능력을 인정받고 본격적으로 쓰임을 받기 시작한 881년 5월 이후 고병에게 진정한 시로 보는 것이 더 타당할 것이다.

(2) 〈봉화좌주상서피난유양총시절구삼수〉와 〈귀연읍헌태위〉의 창작 시기

혹시 〈진정상태위시〉가 귀국을 결정한 후 '몇 년 동안 자신을 보살펴준 것에 대한 감사와 귀국을 허락해달라고 완곡히 요청'을 표현한 시로 해석된다 해도 이 시가 30수의 맨 앞에 편차되며 결국 창작 시간 순서에 따라 편집된 것으로 볼 수 있는 가능성도 있을 것이다. 따라서 그 뒤에 편차된 시 몇 수의 창작 시점을 함께 살펴볼 필요가 있다.

年年荊棘侵儒苑　해마다 유원은 가시덤불 우거지고,

74 崔致遠, 「賀除吏部侍郎別紙」, 『桂苑筆耕集』 卷19, "某伏思萬里無依. 久勞漂蕩, 十年有遇, 幸遂奮飛, 異鄕榮垂白之親, 達路忝披朱之飾."

75 党銀平校注, 앞의 책, 675면.

處處煙塵滿戰場　여기저기 전장엔 티끌 연기 자욱하네.
豈料今朝覲宣父　오늘 아침 선부[공자]님을 찾아뵙고서,
豁開凡眼睹文章　그 문장 접하여 좁은 안목 넓힐 줄이야.

亂時無事不悲傷　난리 때라 매사가 슬프기만 해,
鸞鳳驚飛出帝鄕　난봉도 놀라 제향을 떠나가네.
應念浴沂諸弟子　기수에 목욕하던 제자 생각나,
每逢春色耿離腸　매양 봄이 오면 이별의 애를 녹이네.

濟川終望拯湮沈　강 건널 때에 건져주길 바랐더니,
喜捧淸詞浣俗襟　훌륭한 글월 보고 속된 마음 씻었네.
唯恨吟歸滄海去　안타까이 읊조리며 저 바다로 돌아가니,
泣珠何計報恩深　깊은 은혜 갚지 못해 눈물만 흐르네.
〈奉和座主尙書避難維陽寵示絶句三首〉(桂32～34)

중화 4년(884) 5월, 예부상서 배찬裵瓚이 회남을 지날 때 친히 최치원의 거처를 방문하여 최치원이 매우 감격한 일이 있는데, 이러한 사실은 권19의 「왕림해 준 것을 사례한 장문(謝降顧狀)」을 통해 확인할 수 있다. 이 때 서로 시를 주고받았으며, 최치원이 배찬의 시에 화답한 시가 바로 이 세 수인 것이다. 이 시를 통해 혼란했던 당시의 사회를 알 수 있을 뿐만 아니라, 제 3수를 통해 최치원은 당시에 이미 신라로 돌아갈 것을 결심한 후임을 예측할 수 있다.

秋去春來能守信　가을에 갔다 봄에 오는 약속 지키며,
暖風涼雨飽相諳　따슨 바람 서늘한 비를 실컷 겪었네.
再依大廈雖知許　다시 큰 집에 기댄 지 얼마이던가.
久汙雕梁卻自慚　오래도록 들보 더럽힘이 부끄러워라.
深避鷹鸇投海島　사나운 매를 피해 섬으로 갈 땐,

羨他鴛鷺戲江潭　강가의 물새들이 부러웠다네.
只將名品齊黃雀　명색은 참새와 다름없는데,
獨讓銜環意未甘　구슬을 물어 드리지 못해 안타까워라.

〈歸燕吟獻太尉〉(桂35)

이 시는 권18「은문 배수재를 위하여 청탁한 글[與恩門裵秀才求事啓]」의 내용, 특히 "덕문에 몸을 의탁하여 이역에서 광채가 났습니다. 비록 못 속의 교룡이 비를 얻어서 막다른 길에 매몰될 염려는 없어졌으나, 바다 제비가 진흙을 물어다 화려한 들보를 더럽힌 죄를 졌습니다. 자취가 미천하여 황공함이 갑절이나 더하니, 깊은 그 은혜를 어떻게 갚을 수 있겠습니까."[76]를 시로 옮겨놓은 것과 같은 느낌이다. 이 글은 884에 지은 것이다.[77]

이 시에 대해 김동준은 "'돌아온 제비'로 소재를 삼은 까닭은 최치원 자신이 다시 고병에게 의탁하게 되었음을 전제한 것으로 판단되며, 그렇기에 '돌아온 제비'는 곧 자신을 우의적 객관적 상관물로 볼 수 있다.…… 마지막 미련은 미처 제대로 '보은'하지 못한데 대한 아쉬움을 '황작黃雀'의 고사를 써서 전달함으로써, 돌보아주신 은혜에 대한 고마움을 표현하고 있다."[78]고 보았다. 하지만, 이 시에 대한 그의 해석으로는 아무래도 이 시를 최치원이 귀국을 결정할 무렵에 그 심정을 읊었다고 보기에는 다소 무리가 있어 보인다. 그가 권20에 수록된 시들이 시간적 순서를 가지고 있는 것으로 파악했다면, 이 시는 '다시 고병에게 의탁하게 되었음을 전제로 한 것'이 아니라, '은혜를 갚지 못하고 떠나가게

---

76 崔致遠,「謝降顧狀」,『桂苑筆耕集』卷19, "某伏念身托德門, 光生異域. 雖池蛟得雨, 無沈埋末路之憂. 而海燕含泥, 有點汚畫梁之罪. 跡賤而兢惶倍切, 恩深而展效何期."

77 党銀平校注, 앞의 책, 646면.

78 김동준, 앞의 논문, 278-279면.

된 것을 송구스럽게 생각하는 것'으로 해석해야 할 것이다. 이 시에 대해 샤춘하오夏春豪는 "매 행마다 힘이 모두 균형을 이루고 전편에 약한 필치는 보이지 않는다. 구마다 은인과 작별을 고하고 동쪽으로 돌아가고자 하는 뜻을 썼다. 오랫동안 주인을 성가시게 하다가 지금 돌아가고자 함을 제비의 말투를 빌려 말했는데, 완곡하고 정이 깊다."[79]고 해석하였는데, 이렇게 보는 것이 더 바람직하다고 여겨진다.

권20에 수록된 「귀근하도록 허락해 준 데 대해 사례한 계문[謝許歸覲啓]」을 통해 최치원이 공식적으로 귀국을 허락받은 것은 884년 8월 즈음임을 알 수 있다. 그렇다면 〈진정상태위시〉(桂31)를 귀국을 결정한 후 '몇 년 동안 자신을 보살펴준 것에 대한 감사와 귀국을 허락해달라고 완곡히 요청'한 시로 해석한다 할지라도, 그 시의 내용상 최소한 〈봉화좌주상서피난유양총시절구삼수〉(桂32~34)나 〈귀연음헌태위〉(桂35) 뒤에 오는 것이 더 자연스럽다고 생각된다. 만일 그렇다면 권20 소재의 시가 시간적 순서대로 편집되었다는 것은 잘못된 견해가 되는 것이다. 하지만 〈진정상태위시〉는 필자가 앞에서 분석한 것처럼 고병막부에 들어간 후 중용을 받기 시작했을 무렵에 창작된 시이므로 권20의 시들은 창작 시간 순서대로 편집된 것으로 보아야 할 것이다.

3) 귀국 결정 이후의 시로 편집된 이유

(1) 고병막부 시기에 창작한 시를 수록하지 않은 이유

최치원 자신이 고병막부에서 왕성한 활동을 하던 시기에 지은 시를 『계원필경집』에 수록하지 않은 이유는 과연 무엇일까? 이에 대한 답으

79 夏春豪, 앞의 논문, 60면.

로 다음과 같은 상황들을 생각해 볼 수 있다.

당시에는 공무상 혹은 예의상 글을 주고받는 일이 많다 보니 시詩보다는 문文을 쓸 기회가 더 많았다거나, "회남의 군직을 맡으면서부터 고시중의 필연의 일을 전담하게 되면서, 군서가 폭주하는 속에서 있는 힘껏 담당"하다 보니 자기 개인적인 감정과 느낌을 시로 읊을 여유가 없었기 때문이다. 만일 이러한 이유라면, 이 의문에 대한 답은 너무도 간단할 것이다. 즉, 그 기간 동안에 시를 별로 쓰지 않았기 때문인 것이다. 하지만 그렇게 결론을 내려버린다는 것은 최치원의 문학적 열정과 재능을 시나지게 과소평가하는 것이라 여겨진다. 최치원은 「계원필경집서」에서 '과거 급제 전에 지은 부와 시가 상자를 가득 채우고도 남을 정도였고, 과거 급제 후 동도를 유랑을 하며 부 5수, 시 100수, 잡시부 30수를 지었으며, 율수현위직에 있을 당시에는 공적으로나 사적으로 지은 시들을 모아 『중산복궤집』 5권을 만들었다'고 하였다. 이것만으로도 그가 시 짓기를 얼마나 좋아했고 능했는지를 알 수 있는데, 고병막부에서 지은 시가 전혀 없었을 것이라고 생각하기는 힘들 것이다. 실질적으로도, 현전하는 최치원의 120여 수의 현존시 중에는 『계원필경집』에 수록되어 있지는 않지만, 고병막부시기에 지은 것으로 여겨지는 시가 적지 않다. 『계원필경집』에 수록된 시들이 모두 칠언시이므로, 그 편집 대상이 되었을 칠언시만으로 국한한다 하더라도 〈송오진사만귀강남送吳進士巒歸江南〉, 〈모춘즉사화고운우사暮春卽事和顧雲友使〉, 〈화고운시어중양영국和顧雲侍禦重陽詠菊〉, 〈신축년기진사오첨辛丑年寄進士吳瞻〉, 〈추일재경우이현기이장관秋日再經盱眙縣寄李長官〉, 〈춘효우서春曉偶書〉, 〈화장진사교촌거병중견기和張進士喬村居病中見寄〉, 〈산양여향우화별山陽與鄕友話別〉, 〈제우강역정題芋江驛亭〉, 〈요주파양정饒州鄱陽亭〉, 〈화이전장관동일유산사和李展長官冬日遊山寺〉 등 10수가 넘는다. 따라서 고병막부

시기에 최치원이 시를 별로 짓지 않았을 것이라고 생각하기는 힘들다. 고병막부 시기에 지은 시들을 별도로 모은 문집이 있기 때문이라고 생각할 수도 있을 것이다. 하지만, 최치원이 헌강왕에게 바친 28권의 문집에는 그러한 별도의 시집은 없었던 것으로 보아 실제로 그러한 문집이 존재하지는 않았던 것 같다.

어쩌면 김동준의 해석이 이 질문에 대한 답이 될지도 모르겠다. 김동준은 "권20에 수록된 30수의 한시에는 그 '밖'과 대비하여 '보이지 않은', 어쩌면 '보여주고 싶지 않았던 것'들이 통째로 누락되어 있다. 단적으로 그 '안'에는 나약, 우울, 불우, 개탄, 분속憤俗의 시적 정서들이 대체로 배제되어 있는 것이다. 제3연구자로서의 연구자들에게 최치원 한시의 핵심으로 평가된 일군의 시들이 말끔히 지워져 있는 것은 무슨 까닭일까? 그에 대한 간명한 해답으로서 '헌강왕의 어람을 계산해서'였다고 정리해서 말할 수 있을 것이다. 그리고 이 계산된 의도에 따라 권20의 30수가 자부와 장심을 엿보게 하는 시편들로 정선되었고, 중국 내에서의 능동적 '활약'을 떠올리게끔 조절되어 있다고 평가할 수 있을 것이다."[80] 라고 하였다. 상당히 일리가 있어 보이는 설명이다. 하지만, 30수의 시 중 〈봉화좌주상서피난유양총시절구삼수〉나 〈귀연음헌태위〉마저도 '자부와 장심을 엿보게 하는 시'라고 보기에는 무리가 있다. 뿐만 아니라 권20의 시를 '자부와 장심을 엿보게 하는 시'만으로 편집하기 위해 최치원이 고병막부에서 왕성한 활동을 할 당시 지은 시들을 일부 누락시켰을 수는 있겠지만, 그렇다고 해서 그것이 곧 귀국기에 지은 시들만으로 편집한 이유는 될 수 없다. 필자는 권20 소재 시의 주제는 '귀국을 앞둔 감회'라고 생각한다. 그 감회는 당에서 자신을 보살펴 준 고병, 배찬 등

80 김동준, 앞의 논문, 287면.

을 비롯한 지인들에 대한 고마움과 그들과 헤어져야 하는 석별의 정도 있지만, 점차 그것은 귀국에 대한 기대와 흥분으로 변해 가게 되고 그런 와중에 자연스레 '자부와 장심을 엿보게 하는 시'들이 창작되었을 것이다. 따라서 김동준의 설명 역시 이 질문에 대한 온전한 답은 될 수 없다.

필자의 비견을 제시해 보자면, 그 이유는 최치원이 『계원필경집』의 수많은 문장들, 특히 권17부터 권20까지에 수록되어 있는 글들에서 이미 당시의 상황과 감회를 충분히 서술했다고 여겼기 때문일지도 모르겠다. 이는 위에서 살펴보았듯이 〈진정상태위시〉의 내용은 권17의 「사령송군장謝令從軍狀」이나 권19의 「하제이부시랑별지賀除吏部侍郎別紙」의 내용과 상당히 유사하며, 〈귀연음헌태위〉는 권18의 「여은문배수재구사계與恩門裵秀才求事啓」의 내용과 매우 흡사함을 알 수 있었다. 『계원필경집』 권20에 수록된 시를 하나 더 살펴보기로 하겠다.

自古雖誇晝錦行	예부터 금의환향 자랑하지만,
長卿翁子古虛名	장경옹자라는 허명만 차지했네.
旣傳國信兼家信	국신에다 또 가신 얻으니,
不獨家榮亦國榮	가문의 영광이요 나라의 영화.
萬里始成歸去計	만리 땅 비로소 돌아갈 길 얻었건만,
一心先筭卻來程	마음 한편엔 다시 오길 생각하네.
望中遙想深恩處	멀리 깊은 은혜를 받은 곳을 그려보니,
三朶仙山目畔橫	삼신산이 눈가에 어리네.

〈行次山陽續蒙太尉寄賜衣段〉

이 시는 권20의 「귀근하도록 허락해 준 데 대해 사례한 계문[謝許歸覲啓]」의 내용을 담고 있다. 특히 "고향을 떠난 세월이 오래되고, 항해의 여정이 또 머나먼지라, 머물러 있으려니 오조烏鳥의 사정私情에 마음이 아프고, 떠나려니 견마犬馬의 그리움이 가슴을 채웁니다. 오직 바라는 바는 동쪽으로 돌아갈 꾀를 잠시 내었다가, 서쪽으로 돌아와 다시 영후하고 시봉侍奉하면서, 우러러 인자한 봉강封疆에 의탁하여 영원히 비천한 자취를 편안하게 하는 것입니다. 지금 배를 타고 떠날 생각을 하니, 그저 연헌戀軒하는 마음만 절실해집니다."[81]라는 문장은 이 시의 경련과 미련으로 시화詩化되었다는 인상을 줄 정도이다.

앞의 여러 시에서 볼 수 있는 것처럼 최치원은 귀국을 결정하기 전의 막부 생활상이나 마음 상태 등을 계·상·서·별지 등의 문장을 통해 충분히 표현해 내었기에 『계원필경집』을 편집하며 몇 편의 시를 제외하고는 모두 빼버린 것이라고 생각할 수도 있을 듯하다. 그리고는 아예 자신이 귀국을 결정하고 난 후에 지은 시들만으로 권20을 편집했을지도 모를 일이다.

필자의 비견을 하나 더 제시하자면, 최치원이 귀국하자 헌강왕은 그를 '시독겸 한림학사 수병부시랑 지서서감사'로 삼았다[82]는 사실이 최치원이 그러한 편집을 한 것과 관련이 있다고 생각한다. 최치원이 쓴 「숙위하는 학생과 수령 등을 차견하여 입조하게 한 장문[遣宿衛學生首領等入朝狀]」에, "신이 삼가 생각건대, 동방의 사람들이 중국에 가서 배우려 하는 것은 오직 예와 악이라고 할 것인데, 여기에 여력이 있으면 문장을 공부하고 정음正音으로 언어를 변화시키고 있다고 할 것입니다. 문장은 표장表章을 지어서 해외의 신절臣節을 진술할 수 있게 하려 함이요, 언어는 정례情禮를 전달하여 천상의 사거使車를 받들게 하려 함입니다. 이

81 崔致遠, 「謝許歸覲啓」, 『桂苑筆耕集』 卷20, "且緣辭鄕歲久, 泛海程遙, 住傷烏鳥之情, 去懷犬馬之戀. 唯願暫謀東返, 迎待西來, 仰托仁封, 永安卑跡. 今卽將期理棹, 但切戀軒."

82 金富軾, 「崔致遠傳」, 『三國史記』 卷46 列傳, "光啓元年(885年), 使將詔書來聘, 留爲侍讀兼翰林學士守兵部侍郎知瑞書監事."

직책은 한림이라고 해서 종신토록 종사하게 되어 있습니다."[83]라는 내용이 있는데, 이를 통해 한림학사의 주된 임무는 사대외교문서 작성과 사행영접이었음을 알 수 있다. 그리고 주지하다시피 최치원은 신라로 돌아온 후 당에 보내는 국서를 작성하기도 하였고 비문·기·찬·원문 등 국가에서 필요로 하는 문장을 다수 지었다. 즉, 최치원이 당에서 돌아오자마자 자신이 맡게 된 직책이 한림학사였으며, 그 임무는 주로 문서작성이 주가 되는 것이기에, 헌강왕에게 자신이 시도 능하지만, 그보다는 문장에 더 능하다는 사실을 더 부각시키기 위해서였는지도 모른다. 그렇게 하려고 하다 보니, 자신이 당에서 가장 빼어난 활동을 했던 고병막부에서 자신이 공적 사적으로 쓴 문장에 더 큰 비중을 두고 편집하게 되었으며, 권20에서는 귀국을 결정하고 난 후에 지은 시들을 위주로 편집하였을 가능성도 있을 것이다.

(2) 〈진정상태위시〉를 권20에 수록한 이유

그렇다면 역으로 최치원이 고병막부에 들어간 초기, 혹은 고병에게 중용받기 시작하면서 고병에게 바친 〈진정상태위시〉는 무슨 이유로 『계원필경집』 권20의 30수에 선별되어 수록될 수 있었던 것일까? 앞에서도 언급한 바 있듯이 이 시를 제외한 나머지 29수는 모두가 귀국을 결정하고 난 후나 귀국길에 오르고 난 후에 지은 시인데도 최치원은 이들보다 몇 년이나 앞서 지은 이 시 한 수를 굳이 선별하여 수록한 것일까?

이 시는 최치원이 당에서 겪었던 행과 불행이 담겨 있으며, 또한 외국

83 崔致遠, 「遣宿衛學生首領等入朝狀」, 『孤雲集』, "臣竊以東人西學, 惟禮與樂, 至使攻文以餘力, 變語以正音. 文則俾之修表章, 陳海外之臣節, 語則俾之達情禮, 奉天上之使車. 職曰翰林. 終身從事."

인이기에 겪어야만 했던 서러움, 고향과 부모님에 대한 그리움, 그리고 성공에 대한 기대 등이 종합적으로 표현되어 있는 예술적 성취가 뛰어난 작품이다.[84] 즉, 이 시 한 편에 최치원의 재당생애 전반의 경험과 경력과 감성이 두루 담겨있다고 볼 수 있다. 그렇기 때문에 고병막부시기, 더 나아가 귀국을 결정하기 전까지 최치원 자신이 당에서 보낸 시간과 내용을 모두 함축하고 있다고 여겨 이 시를 선별한 것은 아닐까 생각해 본다.

혹은 헌강왕에게 자신이 하고 싶은 마음속에 있는 말들을 이 시 하나로 대변하고자 했던 것이었는지도 모른다. 즉, 최치원은 외국인임에도 불구하고 자신의 능력을 인정해주고 자신을 중용하여 재능을 펼칠 기회를 준 백락伯樂이자 지우知遇인 고병에게 감사의 마음을 전한 것처럼, 헌강왕도 자신을 중용해주어 자신의 능력과 재능을 펼칠 기회를 주십사 하는 바람으로 이 시를 선별한 것으로 볼 수 있다. 그리고 자신은 자신의 이익을 구하기보다는 어버이를 영광스럽게 하고, 헌강왕 더 나아가 신라를 위해 온 힘을 다할 것임을 맹세하는 의미도 담고 있을 수 있다. 한걸음 더 나아가 자신이 당에서 십여 년을 고생하다 고병이라는 훌륭한 주인을 만나 그동안의 '속된 갓끈의 먼지를 씻어버리고 싶었던 것'처럼, 이제 헌강왕이라는 현주賢主를 만났으니 또한 당에 있으며 쌓였던 '속된 갓끈의 먼지를 씻어내고 싶다'는 바람을 전하고자 이 시를 수록한 것일 수도 있다. 결론적으로 이 시 〈진정상태위시〉는 비록 자신이 몇 년 전 고병에게 바친 시이긴 하지만, 그 내용이 거의 그대로 헌강왕에게도 드리고 싶은 마음을 담고 있기에 이 시가 비록 나머지 29수의 시와 그 시기나 내용면에서 많이 다름에도 불구하고 수록한 것으로 볼 수 있겠다.

84 夏春豪(앞의 논문, 58면.)는 "이 진정시는 평범하게 응수한 글이 아니라, 깊고 진지한 뜻을 가득 함축하고 있으며 예술적으로도 원숙함에 이르렀다."며 이 시를 높이 평가하였다.

4) 모두가 칠언시만으로 편집된 이유

『계원필경집』 소재 시에 있어 또 한 가지 눈여겨볼만 한 사실은 주지하다시피 거기에 수록된 60수의 시가 모두 칠언시라는 점이다. 권17에 수록된 기덕시 30수 모두가 칠언절구이며, 권20에 수록된 30수는 칠언절구 15수, 칠언율시 15수이다. 「계원필경집서」에 의하면 신라로 돌아와 헌강왕에게 바친 28권의 문집에 동도유랑할 때 지은 '오언칠언금체시 100수'도 있었는데, 이것으로 보아 그가 오언시도 즐겨 썼음을 알 수 있다. 그런데 『계원필경집』에는 왜 한 편의 오언시도 없이 오지 칠언시만을 수록하였는지, 그러한 특별한 이유가 있었던 것인지 자못 궁금하다. 그저 마음에 드는 시들을 추려내다 보니 칠언시만 남았던 것인지, 아니면 어떤 이유 혹은 목적이 있어 의식적으로 칠언시만으로 편집한 것인지는 알 수 없지만, 후자의 경우일 가능성이 더 클 것이다. 김동준 역시 "권20의 30수가 칠절 15수 칠율 15수로 구성된 것은 우연한 현상이 아니었던 것이다. 그것은 최치원이 활동했던 당말 문단의 유행을 충실하게 반영한 것이며, 최치원 자신으로서 본다면 어쩌면 15대 15라는 비율로 칠언의 시형을 골라냈을 가능성도 없지 않다."[85]고 설명하였다. 필자의 결론도 결국에는 그와 별반 다르진 않다. 다만, '당말 문단의 유행을 충실하게 반영한 것'이라는 사실을 좀 더 분명하게 살펴볼 필요가 있을 것 같다. 최치원의 현존시 126수를 재당시기와 귀국 후로 나누어 각 시체詩體별로 그 수가 어떻게 되는지를 분류하여 보면 다음과 같다.

85 김동준, 앞의 논문, 275~276면.

표 1 최치원의 현존시 시체별 분류표

<table>
<tr><th colspan="2">現存詩 126首</th><th colspan="2">在唐詩 (88首)</th><th colspan="2">歸國後詩(38首)</th></tr>
<tr><td>五言詩</td><td>19</td><td colspan="2">3首</td><td colspan="2">16首</td></tr>
<tr><td>五絶</td><td>10</td><td>〈郵亭夜雨〉</td><td>1</td><td>〈秋夜雨中〉,
〈遁世詩 8首〉</td><td>9</td></tr>
<tr><td>五律</td><td>5</td><td>〈長安旅舍與於愼微
長官接隣〉</td><td>1</td><td>〈贈雲門蘭若智光上人〉
〈題雲峰寺〉, 〈泛海〉
〈旅遊唐城贈先王樂官〉</td><td>4</td></tr>
<tr><td>五古</td><td>4</td><td>〈江南女〉</td><td>1</td><td>〈寓興〉, 〈蜀葵花〉,
〈古意〉</td><td>3</td></tr>
<tr><td>七言詩</td><td>108</td><td colspan="2">85首</td><td colspan="2">22首</td></tr>
<tr><td rowspan="3">七絶</td><td rowspan="3">71</td><td rowspan="2">〈題海門蘭若柳〉
(桂60)
〈袞州留獻李員外〉
景物詩4首
(桂54~57) 等</td><td rowspan="2">20</td><td>〈題伽倻山讀書堂〉,
〈贈山僧〉 等</td><td>8</td></tr>
<tr><td>〈贈希朗和尙 六首〉
〈鄕樂雜詠 五首〉</td><td>11</td></tr>
<tr><td>『紀德詩』30首
(桂1~30)</td><td>30</td><td>〈石榴〉</td><td>1</td></tr>
<tr><td>七律</td><td>28</td><td>詠物詩 十首
(桂43~52)
〈登潤州慈和寺上房〉
〈陳情上太尉詩〉
(桂31) 等</td><td>27</td><td>〈寄顥源上人〉</td><td>1</td></tr>
<tr><td>七言
殘句</td><td>9</td><td>『千載佳句』所載
殘句 6首
〈題輿地圖(殘句)〉
〈姑蘇臺(殘句)〉</td><td>8</td><td>〈碧松亭(殘句)〉</td><td>1</td></tr>
</table>

126수의 현존시 중 오언시 19수, 칠언시 107수로 칠언시가 85%를 차지한다. 최치원의 이러한 시의 창작 경향을 스즈위施子愉가 『전당시』에 1권 이상의 시가 수록된 시인들의 작품을 대상으로 통계를 낸 표를 참고로 하여 살펴보기로 하겠다.[86]

86 施子愉, 「唐代科擧制度與五言詩的關係」, 『東方雜誌』 第44卷 第8號, 1944. 본고는 徐盛의 글 「晩唐七言律詩와 新羅漢詩」(『中國語文論叢』 37, 중국어문연구회, 2008, 56면.)에서 재인용한 후 필자가 오언시와 칠언시를 좀 더 알아보기 쉽게 재편집한 후 최치원

표 2 唐代詩人과 최치원의 시체별 작품수

	初唐	盛唐	中唐	晚唐	崔致遠	
					在唐詩	歸國後詩
五言古詩	663	1795	2447	561	1	3
五言絶句	172	279	1015	674	1	9
五言律詩	823	1651	3233	3864	1	4
五言排律	188	329	807	610	0	0
五言詩 計	1846	4054	7502	5709	3	16
七言古詩	58	521	1006	193	0	0
七言絶句	77	472	2930	3591	50	20
七言律詩	72	300	1848	3683	27	1
七言排律	0	8	36	26	0	0
					七言殘句 8	七言殘句 1
七言詩 計	207	1301	5820	7493	85	22

이 표를 보면, 중당까지는 오언시가 칠언시보다 더 많이 창작되었지만, 만당에는 그 상황이 역전되어 칠언시가 오언시보다 더 많이 창작되었음을 알 수 있다. 그리고 만당에는 오언율시, 칠언율시, 칠언절구가 가장 많이 창작되었음도 확인할 수 있다. 그러므로 만당시인인 최치원이 재당시기에 지은 시 중 칠언절구와 칠언율시가 가장 많은 비중을 차지하는 것도 무척 자연스러운 현상인 것이다. 천상쥔陳尙君은 "최치원의 한어로 시를 짓는 능력은 확실히 숙련되고 정통한 정도에 도달하였으며, 심지어는 절묘한 경지 혹은 입신의 경지에 이르렀다 표현해도 전혀 지나친 말은 아닐 것이다."[87]라고 최치원의 시재詩才를 높이 평가하였

의 작품 수를 첨가하였다.

87 陳尙君, 「崔致遠在中國文學發展中的地位」, 『漢唐文學與文獻論考』, 上海古籍出版社, 2008, 200면.

다. 그리고 더 나아가 "최치원이 시가 방면에서 각체에 모두 능하였지만 특히 칠언율시의 성취가 가장 뛰어났으며, 백거이白居易, 허혼許渾을 본받았지만 스스로 이룩한 성취도 커서 만당의 여느 시인들과 견주어도 전혀 손색이 없다."[88]고 추켜세웠다.

현재 전해지고 있는 신라시인 박인범(10수), 최광유(10수), 최승우(10수)의 시 역시 모두가 칠언시뿐이다. 만당에서처럼 신라 후기에도 칠언시가 유행하였을 것이라고 짐작해 볼 수 있다. 이런 사실들을 염두에 두고 생각해보면 최치원은 한국한문학의 개산비조답게 신라에 칠언시를 좀 더 광범위하게 전파하고 칠언시의 유행을 선도하는 역할을 하고자 했을지도 모르며, 그러한 이유로 당에서 돌아온 그 이듬해에 바친 『계원필경집』에는 칠언시만을 선별하여 수록하였다고 생각해볼 수도 있겠다.

5) 고운顧雲의 송별시가 없는 이유

최치원의 시를 내용별로 분류하여 고찰할 때 결코 빠뜨릴 수 없을 정도로 큰 비중을 차지하며 그 작품성도 인정받는 시가 바로 송별시이다. 『계원필경집』 권20에만도 〈귀연음헌태위歸燕吟獻太尉〉(桂35), 〈수양섬수재송별酬楊贍秀才送別〉(桂36), 〈유별여도사留別女道士〉(桂38), 〈수진사양섬송별酬進士楊贍送別〉(桂39), 〈초주장상서수곽상영인이시사楚州張尙書水郭相迎因以詩謝〉(桂40), 〈수오만수재석별이절구酬吳巒秀才惜別二絶句〉(桂41~42)처럼 여러 수의 송별시가 수록되어 있다. 그런데 그 송별시 중 뜻밖에도 고운顧雲과의 송별시가 없다는 점이 다소 의아하다. 주지하다시피 고운顧雲은 최치원과 같은 해(874년) 과거에 급제한 동년이자 절친한

88 위의 논문, 202면.

친구이며, 최치원이 고병막부에 들어가는 데에도 도움을 주었으며, 함께 고병을 보좌한 동료이기도 하다. 뿐만 아니라 그들이 막역한 사이였음을 〈모춘즉사화고운우사暮春卽事和顧雲友使〉, 〈화고운시어중양영국和顧雲侍禦重陽詠菊〉 등 서로 창화唱和한 시를 통해서도 알 수 있다. 게다가 『삼국사기』 권46 〈최치원전〉에는 고운顧雲이 지어주었다는 송별시 〈유선가儒仙歌〉가 기록되어 있고, 이인로의 『파한집』에는 또 다른 송별시 〈고운편孤雲篇〉이 기록되어 있다. 만일 이들 기록이 사실이라면 최치원도 당연히 고운에게 송별시를 지어주었을 것이다. 그런데 최치원이 고운에게 준 송별시가 그 어디에도 수록되어 전해지지 않는 것은 좀 의외이다. 물론 이는 이미 실전되었기 때문일 수도 있지만 그러하다면 이는 결국 그 시가 『계원필경집』에 수록되지 않았기 때문인 것이다. 그렇다면 과연 최치원이 고운의 시에 증답한 송별시가 있기는 한 것인지 의구심이 생긴다. 이에 대해 팡샤오웨이方曉偉는 "최치원은 881년 「격황소서」를 통해 천하에 문명을 떨치게 되었다. 하지만 도리어 막부의 동료들로부터 배척과 차별을 받았다. 그와 반대로 고운은 882년 「대고병상희종주代高騈上僖宗奏」를 통해 또 한 번 출세가도를 달리게 된다. 이렇듯 서로 다른 처지로 인해 중화 2년(882) 이후, 최치원과 고운은 차츰 사이가 소원해졌으며, 이러한 관계는 최치원이 귀국하던 884년까지 계속되었다. 그러하기에 『계원필경집』 권20에 그렇게 많은 송별시를 수록하고 있으면서도 정작 고운과 나눈 송별시가 없는 것"[89]이라며 『계원필경집』에 고운과 주고받은 송별시가 수록되지 않은 것은 자연스러운 일이라고 추측했다. 매우 그럴싸한 추측인 듯싶다. 왜냐하면, 『계원필경집』에도 고운과 주고받은 서신이나 문장이 한 편도 없는데다가 고운이 언급된 것도 입막 전에 고병에게

89 方曉偉, 『崔致遠思想和作品研究』, 廣陵書社, 2007, 130~131면 ; 228면.

올린 「초헌계獻詩啓」에 "모가 삼가 동년인 고운 교서가 상공에게 바친 장계長啓 1수와 단가短歌 10편을 보건데, 학파는 고래가 바다 물결을 내뿜는 듯하였고, 사봉詞鋒은 검광劍光이 은하에 비낀 듯하였습니다. 빠짐없이 갖추어 찬송하였으니, 세상에 길이 전해질 것입니다."90라는 내용을 제외하고는 거의 찾아볼 수 없기 때문에, 입막 이후 그들 관계에 있어 모종의 문제가 있었던 것은 아닌지 의심이 가기는 한다. 필자 역시 최치원이 귀국할 때 고운과 화답한 송별시는 없었을 것이라 생각한다. 그리고 일반적으로 생각해 보아도 당시 둘의 관계가 아무리 서먹서먹했다 할지라도, 만일 고운이 먼저 송별시를 지어 보냈는데도 최치원이 그것을 무시하고 답하지 않았을 것이라고는 생각되지 않기 때문이다. 이렇게 본다면, 『계원필경집』에 고운과 주고받은 송별시가 수록되지 않은 이유는 아주 간단하다. 즉, 최치원과 고운顧雲이 주고받은 송별시는 애초부터 없었기 때문인 것이다.

6) 결론

이상으로 『계원필경집』 권20 소재 시 30수의 편집상의 특징을 살펴보았다. 필자가 『계원필경집』 권20 소재 시를 보며 갖게 된 의문이 그 중심 내용이 되었다. 그 내용을 요약하면 다음과 같다.

첫째, 『계원필경집』 권20에 수록된 30수의 시는 전체적으로 보아 그 창작시간 순서에 따라 편집된 듯한 느낌을 주는데, 과연 그러할까라는 의문이 들었다. 하지만 그러하다고 쉽게 결론을 내리기엔, 맨 앞자리에 편차된 〈진정상태위시〉의 창작시기가 논자들마다 다르다는 점이 문제

90 崔致遠, 「獻詩啓」, 『桂苑筆耕集』 卷17, "某啓, 某竊覽同年顧雲校書獻相公長啓一首短歌十篇. 學派則鯨噴海濤, 詞鋒則劍倚雲漢. 備爲贊頌, 永可流傳."

점으로 등장했다. 그리하여 필자는 〈진정상태위시〉가 최치원이 고병의 중용을 받기 시작한 이후에 창작된 것임을 최치원의 사적인 내용의 글이 다수 수록된 『계원필경집』 권17~20에 있는 관련 문장들을 통해 증명하였다.

둘째, 『계원필경집』 권20 소재 시는 〈진정상태위시〉를 제외하고는 모두가 귀국을 결정하고 난 이후의 시로 편집되었다. 그렇다면 최치원은 귀국을 결정하고 난 이후에 창작한 시들로 문집을 편집하면서 왜 〈진정상태위시〉를 권20에 수록한 것일까? 그리고 왜 그 시를 제외하고는 자신이 고병막부 시절 왕성한 활동을 할 무렵에 지은 시들을 수록하지 않은 것일까? 이에 대해 필자는 최치원은 귀국을 결정하기 전의 막부 생활상이나 마음 상태 등을 계・상・서・별지 등의 문장을 통해 충분히 표현해 내었다고 생각했기에 당시에 창작한 시들을 누락시킨 것이라고 생각하였다. 그리고 최치원이 당에서 돌아오자마자 자신이 맡게 된 직책이 한림학사였으며, 그 임무는 주로 문서작성이 주가 되는 것이기에, 자신이 시도 능하지만, 그보다는 문장에 더 능하다는 사실을 더 부각시키기 위해서였다고 보았다. 그리고 〈진정상태위시〉를 수록한 이유는, 이 시가 고병막부시기, 더 나아가 자신이 당에서 보낸 시간과 내용을 모두 함축하고 있기에 이 시를 선별한 것이며, 이 시의 내용이 헌강왕에게 자신이 전하고 싶은 마음을 고스란히 담고 있기에 선별하여 수록한 것으로 해석하였다.

셋째, 『계원필경집』에는 왜 한 편의 오언시도 없이 오직 칠언시만을 수록하였는지, 그러한 특별한 이유가 있었던 것인지 자못 궁금하였다. 이는 만당 시기에는 칠언시가 오언시보다 더 많이 창작되었는데 최치원은 당시 문단의 유행을 반영하였기 때문으로 보인다. 그리고 최치원은 한국한문학의 개산비조답게 신라에 칠언시를 좀 더 광범위하게 전파하고 칠언시의 유행을 선도하는 역할을 하고자 해서였을지도 모른다는 추론도 제시해 보았다.

마지막으로, 『계원필경집』 권20에 여러 편의 송별시가 수록되어 있는데 뜻밖에도 절친한 친구로 알려진 고운顧雲과의 송별시가 없다는 점이 다소 의아했다. 중국학자 팡샤오웨이方曉偉는 "서로 다른 처지로 인해 중화 2년(882) 이후, 최치원과 고운은 차츰 사이가 소원해졌으며, 이러한 관계는 최치원이 귀국하던 884년까지 계속되었기에 『계원필경집』 권20에 그렇게 많은 송별시를 수록하고 있으면서도 정작 고운과 나눈 송별시가 없는 것"이라는 견해를 제시한 바 있다. 그의 이러한 견해가 이 질문에 대한 대답이 될 수도 있을 듯싶다.

제3부

귀국 후 고운 최치원의 한시 문학

1. 최치원의 귀국 후 한시 작품 연구

1) 서론

현재까지 전해지고 있는 최치원의 시는 126수이다.[1] 하지만 같은 시를 두고도 혹자는 최치원이 당에 있을 때에 지은 '재당시'로 분류하기도 하고, 혹자는 신라로 돌아온 이후에 지은 '귀국 후 시'로 분류하기도 하는 등 그 창작시기를 명확히 판단할 수 없는 시도 적지 않다. 그렇기 때문인지, 최치원의 현존시 전체를 대상으로 하여 재당시는 몇 수이며 귀국 후 시는 몇 수인지를 명확히 밝히며 '재당시' 혹은 '귀국 후 시'를 독립적으로 연구한 논문은 찾아보기 힘들다. 특히 최치원의 귀국 후 생애 및 귀국 후의 시는 재당생애 및 재당시에 비해 그리 큰 주목을 받거나 논란의 대상이 되지는 않았다.

최치원의 귀국 후 한시를 독립적으로 다루지는 않았지만 최치원의 시

1 126수 중 9수는 聯句 형태로 그 일부만 전하고 있어 온전한 형태의 시 전체 모습을 볼 수 있는 시는 모두 117수이다. 그리고 김중렬, 이구의, 김태호 등 많은 연구자들이 〈刻眉菴巖石〉을 현존시 목록에 포함시켰으나, 필자는 이 시가 위작임이 분명하다 판단하기에 현존시 목록에서 제외시켰다.

전반을 살피며 귀국 후 한시를 비중 있게 다룬 글이 몇 편 있다. 흐어전화何振華는 최치원의 귀국 후 생애를 '귀국 후 은거 이전시기'(885~898), '은거시기'(899~?)로 나누어 고찰하였다. 그는 '귀국 후 은거 이전시기'의 시에 대해 "자기의 포부를 실현할 수 없는 것에 대한 불만, 조국의 운명에 대한 우려, 통치 계급에 대한 증오가 함께 뒤섞여 이 시기의 창작은 비교적 크게 발전했다"고 평가하였다. 반면, '은거시기'의 작품에 대해서는 "이런 소극적인 현실 도피의 은거 생활이 창작에 좋지 못한 영향을 가져왔다. 이 시기 그의 창작에서 전시기의 작품에 비견할만한 작품을 한 편도 찾아보기 어렵다."[2]고 평가하였다. 하지만 그는 대표시 몇 수만을 대상으로 귀국 후 시를 살피고 있는데다가, 이 논문을 쓸 당시(1982년)에는 그 예술성을 인정받고 있는 『지봉유설』 소재 8수, 이른바 둔세시遁世詩를 참고하지 못하였다는 한계를 가진다. 그리고 이구의는 최치원의 귀국 후 생을 '환국·탈속기'라 명명한 후 귀국 후의 한시를 '실의와 표랑', '중관中觀의 세계', '피안에서의 삶'으로 구분하여 살핀 바 있다.[3] 하지만 그 역시 귀국 후의 시가 몇 수인지 밝히지 않았으며 대표시 몇 수만을 대상으로 하였다.

필자는 최치원의 현존시 전체를 대상으로 하여 각 시의 창작 시기를 규명하거나 추측하여 그 시가 '재당시'인지 '귀국 후 시'인지를 구분하고 분류하는 것도 의미 있는 작업이라고 생각한다. 그 창작시기가 불분명한 작품에 대해 최치원이 그 시를 어떠한 시기에 어떠한 상황에서 지었을 것인가를 추정해보는 것도 필요한 작업이다. 그럼으로써 최치원 한시작품의 시기별 변화와 특징 등을 좀 더 분명히 이해할 수 있기 때문이다.

2 何振華, 「朝鮮新羅時期詩人崔致遠及其作品」, 『延邊大學學報』(社會科學版), 1982年 第一期, 45면.

3 이구의, 『최고운문학연구』, 아세아문화사, 2005, 254~283면.

이에 필자는 앞서 '최치원의 재당시기 한시'를 고찰한 바 있다.[4] 그 글에서는 126수의 현존시 중 『계원필경집』에 수록된 60수의 시를 제외한 나머지 66수 가운데 28수의 시를 '재당시'로 파악하였다. 그러므로 66수의 시 중 그 28수와 〈석류石榴〉를 제외[5]한 37수의 시가 '귀국 후 한시'가 된다. 필자는 본고에서 그 37수를 대상으로 하여 최치원이 신라로 귀국한 이후에 지은, 이른바 '귀국 후 한시'를 살펴볼 것이다.[6] 특히 최치원의 귀국 후 한시 창작의 변화와 특징을 살피는 데 중점을 두도록 하겠다.

2) 헌강왕·정강왕 시기(885년 3월~887년 7월) : 귀국기의 포부가 좌절로

최치원이 귀국한 헌강왕 11년(885) 3월부터 정강왕이 서거한 887년 7월까지가 귀국 후 제1단계이다. 이 시기는 최치원이 헌강왕의 환대를 받으며 귀국 한 후 자신의 정치적 이상과 포부를 펼칠 준비를 하던 희망 가득했던 시기이다. 하지만 헌강왕과 정강왕의 죽음으로 그들의 지지가

4 이황진, 「최치원의 재당시기 한시 고찰-『계원필경집』에 수록되지 않은 시를 중심으로」, 『열상고전연구』 37, 열상고전연구회, 2013.

5 「石榴」: 根愛泥沙性愛海, 實如珠玉甲如蟹. 酸中甘味何時來, 葉落風高月建亥 뿌리는 진흙을 좋아하고 성품은 바다를 그려, 열매는 구슬 같고 껍질은 게 껍질 같네. 시면서도 단맛 어느 때 맛보려나, 잎 지고 바람 높은 시월이라네.(최영성 역주, 『최치원전집 2 -고운문집』, 아세아문화사, 1999, 62면.) 이 시는 그 창작 시기를 가늠하기 어려울 뿐만 아니라, 그 진위가 의심되므로 본고에서는 다루지 않는다.

6 지면 관계상 37수의 시 전문을 모두 제시하고 분석하는 것은 다소 무리가 있으므로, 대표성을 띠는 시와 창작시기 논란이 있는 시들을 위주로 제시하고 분석하기로 한다. 나머지 시들은 시 전문을 제시하지 않고 간략히 언급하거나 각주에서 다루도록 하겠다. 본고에서 인용하는 '귀국 후 한시'의 시는 이상현 역 『고운집』(한국고전번역원 기획, 올재, 2011.)을, 『계원필경집』 소재 시는 이상현 역. 『계원필경집』(한국고전번역원 기획, 올제, 2013.)을 따르며, 이곳에서 인용한 시들의 출처를 별도로 밝히지는 않는다. 이상현 역의 『고운집』에 수록되어 있지 않은 시의 경우는 최영성 역주, 『최치원전집 2 -고운문집』(아세아문화사, 1999.)을 따른다.

사라진데다가, 그를 의심하고 꺼리는 사람이 많아지자 결국 외직으로 나가게 되며,[7] 그 희망과 포부는 점차 좌절로 바뀌게 되는 시기이기도 하다.

『계원필경집』 권20에는 30수의 시가 수록되어 있는데, 대부분이 귀국을 결정하고 난 후부터 신라로 돌아오기 전까지의 '귀국기'에 지어진 시들이다. 거기에는 귀국 당시 '최치원의 포부를 엿볼 수 있게 하는 시'[8]가 여럿 있어 귀국 후의 시와 좋은 비교 대상이 된다. 먼저, 귀국기의 시 중 최치원의 포부와 장심壯心을 가장 잘 드러내고 있는 시 두 편을 보기로 하겠다.

驟雪翻霜千萬重　치달리며 뒤집히는 천만 겹 서리와 눈,
往來弦望躡前蹤　현망에 왔다 갔다 종전의 길 반복하네.
見君終日能懷信　너는 종일토록 신의를 제대로 지키는데,
慙我趨時盡放慵　나는 아무 때나 멋대로 구니 부끄러워.
石壁戰聲飛霹靂　석벽에 싸우는 소리 벽력이 날아가고,
雲峯倒影撼芙蓉　운봉은 거꾸로 박혀 연꽃으로 일렁이네.
因思宗慤長風語　인하여 생각나는 종각의 장풍의 말,
壯氣橫生憶臥龍　호기가 발동하며 와룡을 추억하네.

〈潮浪〉

7 金富軾, 「崔致遠傳」, 『三國史記』, 卷46 列傳, "致遠自以西學多所得, 及來將行己志, 而衰季多疑忌, 不能容, 出爲大山郡太守."(최치원은 당나라에 가서 배워 아는 것이 많았으므로 나라에 돌아와서는 자기의 뜻을 널리 펴보려고 하였으나, 세상이 어지러운 탓에 그를 의심하고 꺼리는 사람이 많아 그 뜻이 능히 용납되지 않으므로 외직으로 나가 대산군[鴻山] 태수가 되었다.)

8 김동준(「귀국기 최치원 한시의 自負와 壯心에 대하여 —『계원필경』 권20에 수록된 한시 30수에 대한 독해」, 『진단학보』 112, 진단학회, 2011, 287면.)은 "『계원필경집』 권20에 수록된 30수의 한시는 헌강왕의 어람을 계산해서, 이 계산된 의도에 따라 권20의 30수가 자부와 장심을 엿보게 하는 시편들로 정선되었고, 중국 내에서의 능동적 활약을 떠올리게끔 조절되어 있다"고 하였다.

보통 사람들은 조수潮水를 보면 그저 자연의 섭리라고만 생각할 텐데, 시인인 최치원의 눈에는 매번 어김없이 약속을 지키는 신의 있는 사람으로 비친 모양이다. 함련에서는 그러한 한결같은 조랑潮浪을 의인화한 후, 자신은 시속時俗만 좇아왔다고 고백하며 자아성찰하고 있다. 하지만 미련에서는 '승풍파랑乘風破浪'[9] 고사를 탄생시킨 종각宗慤의 포부를 떠올리는 동시에 난세의 영웅 제갈공명을 떠올리며 그와 같은 위업을 이루고 싶다는 '웅장한 포부'를 드러낸다. 이는 최치원 자신의 원대한 정치 이상과 포부의 표출이며 신라로 돌아가서 그것을 펼쳐보겠다는 결심의 표현인 것이다.

不材終得老煙霞	부재라서 연하 속에 끝내 늙을 수 있었나니,
澗底何如在海涯	계곡 아래가 어찌 해변에 있는 것만 하겠는가.
日引暮陰齊島樹	저녁 해는 그림자 끌어 섬 나무와 가지런하게 하고,
風敲夜子落潮沙	밤바람은 솔방울 두들겨 밀물 모래밭에 떨어지게 하네.
自能盤石根長固	바위 속에 서려서 뿌리가 절로 단단하거니,
豈恨淩雲路尙賖	구름 뚫을 길 아직 멀다 한할 것 있으리오.
莫訝低顔無所愧	키 작아도 부끄러울 것 없음을 의심 마오,
棟樑堪入晏嬰家	안영의 집 동량으로 너끈히 들어갈 테니까.

〈石上矮松〉

척박한 환경과 온갖 역경을 딛고 자라난 '바위 위의 작은 소나무'를 보며 최치원은 당에서 외국인이라는 불리한 조건과 많은 역경을 극복하고 성공한 자신을 떠올렸을 듯싶다. 그러하기에 미련에서 자신의 웅대

9 乘風破浪 : 먼 곳까지 불어 가는 바람을 타고 끝없는 바다의 파도를 헤치고 배를 달린다는 뜻으로, 원대한 뜻이 있음을 이르는 말.

한 포부와 이상을 표출해 낼 수 있었던 것이다. 최치원은 자신이 당에서 성공하여 금의환향하고 있지만, 당에서는 자신이 아무리 재주와 능력이 많아도 한 막부의 종사관에 불과할 뿐이었다. 당에서는 사람들이 자기를 그저 한낱 작은 소나무로 여겼겠지만, 이제 자신이 신라로 돌아가면, 제나라의 명재상 안영처럼 신라를 지탱할 수 있는 훌륭한 재목이 될 것이라고 장담한다.

하지만, 이렇듯 커다란 포부를 갖고 신라로 돌아온 최치원은 자신의 든든한 배경이자 지원자였던 헌강왕의 죽음과 주변의 의심과 경계까지 더해지자 자신의 포부를 포기해야만 하는 위기를 맞게 되고 이로 인해 점차 좌절하게 된다. 필자가 현존시 중 이 시기에 지은 것으로 판단하는 시는 〈춘일요지우부지春日邀知友不至〉, 〈공산성公山城〉 두 수이다. 본고에서는 〈공산성〉은 각주에서 다루고,[10] 여기서는 〈춘일요지우부지〉를 살펴보도록 하겠다.

10 〈公山城〉 襟帶江山似畫成 / 可憐今日靜消兵 / 陰風忽捲驚濤起 / 猶想當時戰鼓聲 가련타 오늘에야 고요히 兵塵 사라졌네. / 성곽을 둘러싼 강산은 그림 같은데 / 음풍이 홀연히 거센 파도를 일으키니 / 아직도 당시의 戰鼓 소리 아직도 들리는 듯하네. (최영성 역주, 앞의 책, 62~63면.) 方曉偉(『崔致遠思想和作品研究』, 廣陵書社, 2007, 283면.)는 최치원이 908년 저술한 〈新羅壽昌君護國城八角燈樓記〉 중의 '至十一月四日, 邀請公山桐寺弘順大德爲座主, 設齋慶讚'라는 내용을 근거로 이 시를 908년에 지어진 것으로 파악하였다. 그러나 그러하다고 보기엔 이 시의 내용과 당시의 상황이 맞지 않는다. 900년 이후부터는 후백제(900)를 표방한 견훤과 후고구려(901)를 표방한 궁예가 각기 나라를 세우면서 이른바 후삼국 형국의 혼란이 계속 되었다. 고려 왕건은 935년 신라를, 936년 후백제를 멸하고 후삼국을 통일하였으니 적어도 그 당시까지는 전쟁이 끊이지 않았을 것이다. 그런데 이 시는 '김헌창의 난'(헌덕왕 14년, 822) 뿐만 아니라 이미 세상의 모든 전란이 그치고 平靜과 평화를 되찾은 것처럼 비쳐진다. 최치원이 아무리 속세와 연을 끊고 은거 생활을 하였다고 할지라도, 전쟁이 난무하는 그런 혼란한 세상 속에서 '공산성'을 바라보면서 읊은 시가 이처럼 평안하고 안정된 분위기의 시는 아닐 것이다. 따라서 필자는 이 시가 정말로 최치원이 지은 것이라면, 그나마 신라가 혼란의 소용돌이 속으로 들어가기 전인, 최치원이 신라로 들어온 이후 경험했을 가장 평화로웠던 시기인 헌강왕 때에 지은 것으로 보아야 한다고 생각한다.

每憶長安舊苦辛	고생 심했던 장안의 일 늘상 떠오르는데
那堪虛擲故園春	고향 동산 봄날을 어떻게 그냥 보낼 수야
今朝又負遊山約	산에 가자는 오늘의 약속 또 저버리다니
悔識塵中名利人	속세의 명리 좇는 사람 내가 왜 알았는지.

〈春日邀知友不至〉

제2구의 '고원故園'을 어떻게 해석하느냐에 따라 재당시기에 지은 시로 보기도 하고, 귀국 후 신라에서 지은 시로 보기도 한다. 이앤치閻琦는 "고원 두 글자는 자구에 구속되어 볼 필요가 없다. 거주한 때가 오래되면 고원으로 부를 수 있다"며,[11] 이 시를 최치원이 당에 있을 때 지은 시로 보고 있다. 그리고 팡샤오웨이方曉偉는 "이 시에서의 '지우知友'는 분명 '고운顧雲'일 것이며, 이 후로 최치원과 고운顧雲의 사이는 점점 소원해진 것으로 보인다."[12]고 추측하며 이 시를 재당시기에 지어진 것으로 보았다. 하지만 일반적으로는 이 시를 최치원이 귀국한 후 신라에서 지은 것으로 보며, 필자 역시 그러하다고 생각한다. 제1구 '장안'을 당의 수도로만 볼 것이 아니라 '당' 자체를 의미하는 시어로도 해석할 수 있다. 즉 신라로 돌아온 이후 당에서 성공하기 위해 고생했던 일들과, 고향을 그리워했던 그때를 생각하며 친구와 마음껏 고향의 봄을 즐기려 하였지만 그 친구는 산놀이 약속을 또 저버렸다. 이것은 최치원을 지지하던 헌강왕이 서거하고 난 후 최치원에 대한 주변의 의심과 경계가 심해지자, 산놀이를 약속했던 그 친구가 최치원과 가깝게 지내기를 꺼려했기 때문으로 보인다. 그리고 그러한 사람은 비단 그 친구 하나만은 아니었을 것이다. 이렇듯 최치원은 점차 신라사회에 실망하고 좌절하게

11 閻琦, 「崔致遠佚詩箋證」, 『文學遺産』, 1993年 第6期, 中國社會科學院文學硏究所, 550면.

12 方曉偉, 앞의 책, 130면.

되고, 이 좌절은 다음 시기에 더욱 깊어진다.

이 시기는 귀국 후 왕의 든든한 지지를 받았던 때이므로 신라의 정치와 관료사회에 대한 비판의식은 아직 그리 크지 않았던 것으로 보인다.

3) 진성여왕 · 효공왕 시기(887년 7월~898년 11월)
: 애국 · 애민정신과 체념

진성여왕이 즉위한 이후부터 최치원이 아찬에서 물러난 효공왕 2년(898)까지가 귀국 후 제2단계이다. 이 시기는 신라가 점차 파국을 향해 치달으며 지방각지에서 민란과 반란이 끊이지 않았던 시기로 최치원은 부성군, 문창군, 천령군 등지에서 군수를 맡으며 외직을 전전하였다. 하지만, 최치원은 외직에 나가 있으면서도 894년에는 조국을 위해 '시무책'을 올리는 등 국궁진췌鞠躬盡瘁하였음에도 오히려 진골귀족과 관료들의 견제와 배척으로 말미암아 뜻을 이루지 못하고 절망한다. 요컨대, 이 시기는 애국 · 애민정신이 충만했지만, 전 시기부터 이어진 좌절이 더욱 깊어지며 그 좌절이 점차 체념으로 변하게 되는 시기라 할 수 있다.

필자가 파악한 이 시기의 시는 모두 20수(〈留別西京金少尹峻〉, 〈秋夜雨中〉, 〈旅遊唐城贈先王樂官〉, 〈古意〉, 〈鄕樂雜詠〉 5수, 〈寓興〉, 〈蜀葵花〉, 〈贈希朗和尙〉 6수, 〈贈金川寺主〉, 〈題雲峰寺〉, 〈寄顥源上人〉)이다.

相逢信宿又分離　만나서 두 밤 자고 다시금 이별,
愁見岐中更有岐　갈림길에 또 갈림길 시름겹기만.
手裏桂香銷欲盡　소진되려 하는 손안의 계수 향기,
別君無處話心期　헤어지면 누구와 속마음 얘기할지.

〈留別西京金少尹峻〉

진성여왕 7년(893) 신라는 추성군 태수 김준을 고주사告奏使로, 최치원을 하정사賀正使로 당에 파견하려고 하였지만, 당시 비할 데 없는 기황饑荒으로 도둑들이 성하여 길이 막혀 당에 갈 수 없었다.[13] 이 기록상의 김준이 바로 이 시의 김준이라고 보는 것이 일반적인 견해이다. 그런데, 제목이 '서경김소윤준'이다. 서경은 현재의 평양이며, 추성군은 현재의 충남 보령군이다. 따라서 이들이 과연 동일 인물인지 의심의 여지가 있다. 게다가 이앤치閻琦는 "서경소윤은 곧 경조부소윤京兆府少尹으로 경조부에서 두 번째로 높은 관직이다. 또 지덕至德 이후에 봉상鳳翔(지금의 섬서성 봉상)을 일찍이 서경이라 불렀는데, 혹 김준이 봉상부鳳翔府의 관직을 지냈는지는 알 수 없다."[14]라며 이 시를 재당시기에 지은 것으로 보았다. 하지만『삼국사기』에 명백히 '김준'이란 인물에 대한 기록이 전하는 바, 이 시에 등장하는 '서경', '소윤', '김준'을 당보다는 신라의 그것과 관련짓는 것이 더 바람직할 것이다.

신라가 삼국을 통일한 이후 행정구역은 9주5소경九州五小京 체제로 재편되었다. '9주'는 상주尙州, 양주良州, 강주康州, 한주漢州, 삭주朔州, 명주溟州, 웅주雄州, 전주全州, 무주武州를, '5소경'은 국원소경(충주)國原小京(忠州), 북원소경(원주)北原小京(原州), 금관소경(김해)金官小京(金海), 서원소경(청주)西原小京(靑州), 남원소경(남원)南原小京(南原)을 일컫는다. 신라하대에 이르면 한화정책漢化政策에 따라 '소경小京'을 '경京'으로 개칭하고 관원을 당조唐朝식으로 대윤大尹, 소윤小尹으로 불렀으며 그 위상도 군태수郡太守로 인식될 정도로 약화되는 현상으로 바뀌었다.[15] 그

13 金富軾,「崔致遠傳」,『三國史記』卷46 列傳, "唐昭宗景福二年, 納旌節使兵部侍郎金處誨沒於海, 卽差橘城郡太守金峻爲告奏使, 時致遠爲富城郡太守, 柢召爲賀正使, 以比歲饑荒, 因之, 盜賊交午, 道梗不果行."

14 閻琦, 앞의 논문, 550면.

15 양기석,「新羅西原京硏究 : 新羅五小京設置와 西原京」,『호서문화연구』11, 충북대학교 중원문화연구소, 1993, 5~35면.

렇다면 이 시에서 말하는 '서경'은 곧 '서원경'으로 김준이 그곳의 소윤 관직에 있었음을 알 수 있다. 즉, '서(원)경소윤김준'과 '추성군태수김준'은 동일인물인 것이다. 그러므로 이 시는 최치원이 893년 함께 당으로 가기로 했다가 못 가게 되자 김준과 이별하며 지은 것이 틀림없다. 제3구 "소진되려 하는 손안의 계수 향기"는 당에서 과거에 급제하며 떨쳤던 예전의 그 화려한 명성도 이제 와서는 시들해져 간다는 의미이다. 신라로 돌아왔지만, 자신이 당에서 떨쳤던 명성도 이제는 별 도움이 안 되고 오히려 그로 인해 고국에서 소외받고 경계 받는 현실을 한탄하고 있다. 그리고 제4구 "헤어지면 누구와 속마음 얘기할지"를 통해 최치원이 귀국 후 얼마나 외롭고 고독했을지 충분히 짐작할 수 있다.

〈여유당성증선왕악관旅遊唐城贈先王樂官〉[16]의 수련(성했다 쇠하는 사람의 일이여, 실로 서글픈 허망한 인생이라[人事盛還衰, 浮生實可悲].)에서는 헌강왕 당시 번영했던 신라가 이젠 점차 몰락의 길을 걷고 있고, 자신이 당에서 성공한 후 귀국하며 가졌던 포부가 이제는 좌절로 바뀌게 되었음을 서러워하고 있다. 이러한 한탄과 고독은 〈추야우중秋夜雨中〉에서 '擧世少知音'(세상에는 날 알아주는 이 적구나)라고 극대화된다. 이렇듯 이 시들에는 현실 속의 소외와 고독이 잘 드러나 있으며, 이를 통해 전 시기에 비해 그 좌절이 더욱 심화되었음을 알 수 있다.

최치원의 애국·애민정신을 엿볼 수 있는 시로는, 〈고의古意〉, 〈우흥寓興〉, 〈향악잡영鄉樂雜詠〉 5수를 들 수 있다.

狐能化美女	여우도 미녀로 변신할 수 있고,
貍亦作書生	삵도 서생이 될 수 있다네.

16 이 시는 최치원이 893년 하정사로 임명받아 당으로 가기 위해 그곳을 지날 때 자신을 중용하고 총애한 헌강왕 때의 樂官을 우연히 만나 그 감회를 읊은 것이다.

誰知異類物　　누가 알겠는가 사람과 다른 짐승들이,
幻惑同人形　　사람모양 똑같이 하고 호리는 줄을.
變化尙非艱　　몸을 바꾸기야 어려울 것 있으리오,
操心良獨難　　정말 어려운 건 마음을 잡는 일이지.
欲辨眞與僞　　진짜인지 가짜인지 알고 싶거들랑,
願磨心鏡看　　마음의 거울 닦고서 비춰 보시기를.

〈古意〉

많은 연구자들이 이 시를 '신랄하고 예리한 필치로 신라 통치 계급 내부의 알력과 서로 권리를 쟁탈하는 비열한 행위를 풍자'한 시로 파악한다. "봉건 통치자를 여우와 삵에 비유하여 그들의 가면을 벗겼다. 그들이 겉으로는 인의 도덕을 말하나 실상은 인민을 기만하는 거짓 군자임을 풍자했다"[17]는 흐어전화何振華의 견해가 대표적이다. 반면 이 시를 재당시기에 지은 것으로 본 흐어이위앤何鳶은 "당말의 군벌 혼전 시기에는 투기하여 권세에 빌붙고 항상 얼굴을 바꾸는 인물이 매우 많았다. 이러한 사람들은 줏대 없이 이쪽저쪽에 빌붙어 때로는 봉기군에 가담했다가 돌아서서는 조정과 번진에 의탁하였다. 마치 이리와 삵처럼 교활하고 음험하며 통치 계급의 하수인을 맡았다. 이 시는 그들의 '가면'을 가차 없이 벗겨내어 이리와 승냥이 같은 본성을 노출시켰다."[18]라며 당시의 당 사회와 관련지어 이 시를 해석하였다. 하지만, 이 시는 당시 신라 특히 진성여왕 즉위 후의 혼란한 사회상을 풍자한 것으로 해석할 수 있다.

17 何振華, 앞의 논문, 42면.

18 何鳶, 「朝鮮古代新羅詩人崔致遠詩作初探」, 『東疆學刊』 1986年 第1期, 延邊大學, 36면.

> (진성여왕) 2년(888) 2월에 소량리에 있는 돌이 저절로 움직여 옮겨갔다. 왕은 평소에 각간위홍과 더불어 통하였는데, 이때에 이르러 떳떳이 그를 궁내로 불러 일을 보게 하고, 왕은 그에게 명하여 대구화상과 더불어 향가를 모아 수집하게 하고, 이를 삼대목이라 이름하였다. 각간 위홍이 죽자 왕은 그 시호를 혜성대왕이라 하였다. 그 뒤에 왕은 남몰래 아름다운 소년장부 2, 3명을 궁중에 이끌어 들여 음란한 짓을 하고 또 그들에게 요직을 주어 국정을 맡기니, 이로 인하여 아첨하는 자들이 뜻을 펴고 뇌물이 공공연히 행하고, 상벌이 불공평하고 기강이 무너졌다. 이때에 한 무명씨가 비방하는 글을 써서 조정의 큰 길 앞에 걸어 놓았다. …… 그날 밤에 갑자기 구름과 안개가 끼고 바람과 천둥이 치고 우박이 쏟아지므로 왕은 크게 두려워하여 거인을 내어 놓아 돌려보냈다.[19]

여기서 '진성여왕'은 여우(狐)를, '각간위홍'은 삵(貍)을, '아름다운 소년장부 2, 3인'은 짐승의 무리들(異類物)을, '아첨하는 자들이 뜻을 펴고 뇌물이 공공연히 행하고, 상벌이 불공평하고 기강이 무너졌다'는 사람 모양 똑같이 하고 호리는 줄(幻惑同人形)을 상징한다고 볼 수 있다. 게다가 자신과 같은 육두품 출신의 지식문인인 왕거인王巨仁이 무고하게 해를 당하는 일까지 생기자 그 일이 남의 일 같지 않았을 것이다. 이에 이 시를 통해 그런 사회상을 비판하고 풍자한 것으로 이해할 수 있다. 이 사건이 일어난 것은 최치원이 신라로 돌아온 후 4년이 되었을 무렵이다. 자신의 든든한 지원자가 되었던 헌강왕이 돌아가시고 외직 지방관으로 물러나야했던 그이지만, 아직 자신의 정치적 이상과 포부를 포기하지

19 金富軾,『三國史記』本傳 卷十一 眞聖王 二年(888年), "二年春二月, 少梁裏石自行. 王素與角幹魏弘通, 至是常入內用事. 仍命與大矩和尙, 修集鄕歌, 謂之三代目. 及魏弘卒, 追謚爲惠成大王. 此後, 潛引少年美丈夫兩三人, 淫亂, 仍授其人以要職, 委以國政. 由是, 佞倖肆志, 貨賂公行, 賞罰不公, 紀綱壞弛. 時有無名子, 欺謗時政, 構辭榜於朝路. …… 其夕, 忽雲霧震雷雨雹, 王懼, 出巨仁放歸."

않았던 때이다. 따라서 진성여왕의 문란한 사생활과 왕에게 아첨하는 사람들로 가득한 당시 관료사회를 바라보며 그러한 현실을 한탄하지 않을 수 없었다. 그래서 충성스런 관료들과 백성들에게 이렇게 '마음잡기 진실로 어려운' 혼란한 세상일 수록 '참과 거짓을 분별하려거든, 마음의 거울 닦고 보아야 한다'고 경계한다. 이는 〈우흥寓興〉[20]의 경련에서 "몸의 영화는 속진이 더럽히기 쉽고, 마음의 때는 물로도 씻기 어려운 법"이라는 훈계와 동일한 것으로 이 두 편 모두에 최치원의 애민정신이 담겨있다고 볼 수 있다. 하지만 각 시의 미련을 보면 그 어조가 다소 다르다. 〈우흥〉이 "담박한 우정을 누구와 논해 볼거나. 세상길은 감주만을 좋아하니 원"이라며 다소 관조적이고 체념적인 어조를 띠는 반면, 이 시 〈고의〉는 "진짜인지 가짜인지 알고 싶거들랑, 마음의 거울 닦고서 비춰 보시기를"이라며 경계와 훈계의 어조를 띠고 있다. 이로 미루어보아, 〈고의〉는 아직은 자신의 포부를 펼치고자 할 때 지은 것으로 〈우흥〉보다는 그 창작시기가 좀 더 이르며 그만큼 더 신랄하고 격렬하게 당시 사회를 비판하고 있음을 알 수 있다.

〈향악잡영〉 5수는 『삼국사기』 권32에 수록되어 전하지만, 그 창작 동기나 창작시기 등 참고할 만한 내용은 기록되어 있지 않다. 이 시는 한국 연희사演戲史의 시원始源을 밝혀주는 소중한 자료로, 이 시들에 대한 연구는 주로 연희사적 측면에서 다루어지고 있다. 이 시를 통해 최치원이 일반 백성의 생활과 전통예술에도 관심을 기울이고 있었음을 알 수

20 〈寓興〉 : 願言扃利門, 不使損遺體 / 爭奈探珠者, 輕生入海底 / 身榮塵易染, 心垢水難洗 / 澹泊與誰論, 世路嗜甘醴 아무쪼록 이욕의 문에 빗장을 걸어, 부모님이 주신 몸 손상하지 말기를. / 어찌하여 구슬 뒤지는 저 사람들은, 목숨 걸고 바다 밑으로 들어가는지. / 몸의 영화는 속진이 더럽히기 쉽고, 마음의 때는 물로도 씻기 어려운 법. / 담박한 우정을 누구와 논해 볼거나, 세상길은 감주만을 좋아하니 원. 이 시 역시 신랄하고 예리한 필치로 신라 통치 계급 내부의 알력과 서로 권리를 쟁탈하는 비열한 행위를 풍자하였다는 평가를 받는다.

있으며, 이는 곧 최치원의 애민정신과 관련지을 수 있다. 흐어전화何振華는 최치원이 귀국 후 지방관리로 있을 때 이 시를 창작한 것으로 추측하였다.[21]

최치원은 비록 무산되긴 했지만 893년에는 하정사로 명받아 당나라에 가려 했었고, 894년엔 '시무책'을 올리기도 했다. 그 외에도 이 시기에는 정부의 명으로 여러 국가문서나 고승高僧의 비명碑銘을 짓는 등 여전히 조국을 위해 최선을 다하며 자신의 정치적 이상과 포부를 펼쳐보려 했다. 왕이 최치원이 올린 '시무책'을 가납한 후 최치원을 육두품으로 오를 수 있는 가장 높은 자리인 아찬으로 삼으며 무언가 변화가 있을 것만 같았다. 하지만, 골품제라는 신분제는 끝내 풀지 못할 족쇄가 됨을 새삼 깨닫게 되고, 시무책으로 인해 오히려 진골 귀족들과 간신들의 견제와 배척만 더 커지게 되었을 뿐이다. 그리고 효공왕 2년(898)년에는 그 아찬 자리마저 면직당하고 만다.[22] 이렇듯 시간이 흐를수록 최치원의 좌절은 더욱 깊어지고 차츰차츰 자신의 정치적 이상과 포부를 접으며 체념하게 된다. 불교 관련 저술 활동이나 스님들과의 왕래를 통해 점점 불교에 심취하게 된 것이 세상에 대한 욕망과 집착을 버리는 데 적잖은 역할을 하였을 것이다.

寂寞荒田側	적막하여라 묵정밭 가까운 곳에,
繁花壓柔枝	여린 가지 무겁게 다닥다닥 핀 꽃.
香經梅雨歇	향기는 매우를 거쳐 시들해지고,
影帶麥風欹	그림자는 맥풍을 띠고서 기우뚱.
車馬誰見賞	거마를 타신 어느 분이 감상하리오,

21 何振華, 앞의 논문, 43면.

22 安鼎福, 『東史綱目』 第五下 戊午孝恭王二年, "唐昭宗光化元年(898) 冬十一月, 弓裔作八關會. 阿飡崔致遠有罪免."

蜂蝶徒相窺	그저 벌과 나비만 와서 엿볼 따름.
自慚生地賤	출신이 천해서 스스로 부끄러워하는 터에,
堪恨人棄遺	사람의 버림받는다고 원망을 또 하리오.

〈蜀葵花〉

이 시에 대해 논자들은 "접시꽃은 시인의 화신으로, 시인이 꽃을 빌어 재주를 갖고도 때를 만나지 못한 자신을 비유한 것"[23]이라 해석하기도 하고, "시인은 비록 탁월한 재능과 지혜를 가지고 있으나 배척받아 중용되지 못하자 당시의 봉건 왕조와 관료에 대한 불만을 표현한 것"[24]으로 해석하기도 한다. 화려하고 아름다운 모습을 가졌음에도 불구하고 사람들에게 소외받고 버림받는 접시꽃은 뛰어난 재능을 가졌음에도 사람들에게 소외받고 버림받는 최치원 자신을 의미한다. 다만, 재당시기에 지은 것으로 해석할 경우에는 '당에서 외국인으로서 차별대우 받는 자신의 모습'[25]을, 귀국 후 신라에서 지은 것으로 해석할 경우에는 '골품제하의 신라사회에서 일정한 한계를 가질 수밖에 없는 자신의 처지'[26]를 상징한다는 점에서 차이를 보일 뿐이다. 이 시는 최치원이 귀국기에 지은 〈두견杜鵑〉[27]과 많은 유사성을 보인다. 〈두견〉의 제6구 "누가 붉은색

23 金淑喜, 「新羅詩人崔致遠與其詠物詩〉, 『安徽文學』(下半月) 2008年 第12期, 安徽文聯, 324면.

24 何振華, 앞의 논문, 43면.

25 허권수, 「최치원의 재당생애에 대한 소고」, 『중어중문학』 10, 영남중국어문학회, 1985, 249면.

26 金東勳, 「晩唐著名朝鮮詩人崔致遠」, 『中央民族大學學報』(哲學社會科學版), 1985年 第1期, 中央民族大學, 78면 ; 席永傑, 「唐代著名朝鮮族詩人崔致遠」, 『內蒙古民族師院學報』(哲社版), 1996年 第3期, 內蒙古民族師院, 36면 ; 강구율, 「고운 한시에 나타난 이원적 현실인식과 갈등연구」, 『문학과 언어』 23, 문학과 언어학회, 2001, 85면 등.

27 〈杜鵑〉 : 石罅根危葉易乾, 風霜偏覺見摧殘 / 已饒野菊誇秋艶, 應羨巖松保歲寒 / 可惜含芳臨碧海, 誰能移植到朱欄 / 與凡草木還殊品, 只恐樵夫一例看 바위틈에 뿌리 내려 쉽게 잎이 메마르고, 풍상에 시달려 유난히 꺾이고 시들었네. / 들국화가 가을의

난간 앞에 옮겨다 심어줄까"와 이 시의 제5구 "거마를 타신 어느 분이 감상하리오"는 모두 빼어난 아름다움(재주)을 가지고 있는 자신을 누가 제대로 알아봐줄까 탄식한다. 하지만, 전자는 누군가 옮겨 심어 줄 것이라는 희망이 서려있으나, 후자는 감상해 줄 리가 없다는 체념이 어려 있다. 게다가 〈두견〉의 "범상한 초목과는 그래도 품종이 다르건만, 나무꾼은 똑같이 볼까 그것이 두렵도다."에서는 자신에 대한 자부심과 자긍심을 드러내고 있지만, 〈촉규화〉는 "출신이 천해서 스스로 부끄러워하는 터에, 사람의 버림받는다고 원망을 또 하리오."에서는 체념으로 끝을 맺는다. 따라서 〈촉규화〉가 〈두견〉보다 더 나중에 지어졌다고 추론할 수 있다. 따라서 〈촉규화〉는 최치원이 신라로 귀국한 후에 지은 것으로, 골품제라는 벽에 부딪쳐 좌절하다 결국 체념하게 된 자기 자신을 시적으로 형상화한 시로 볼 수 있다.

〈증희랑화상贈希朗和尚〉 6수는 본래 10수의 시였는데 현재 전해지고 있는 것은 6수뿐이며, 천령군 태수를 역임할 때 지은 시이다.[28] 이 시는 희랑화상에게 준 증시贈詩이기는 하나, 매 수마다 많은 불교용어가 등장하고 있으며, 희랑화상을 칭송하는 내용이 주를 이루고 있어 일종의 헌시獻詩로도 볼 수 있다. 최치원은 귀국 후 당에 보내는 국서國書를 작성하기도 하고 비문·기·찬 등 국가에서 필요로 하는 많은 문장을 지었

미태를 뽐냄은 봐준다 해도, 바위의 솔이 겨울 추위에 꿋꿋함은 부러우리라. / 애틋해라 향기 머금고 푸른 바다 굽어봄이여, 누가 붉은색 난간 앞에 옮겨다 심어줄까. / 범상한 초목과는 그래도 품종이 다르건만, 나무꾼은 똑같이 볼까 그것이 두렵도다.

28 "希朗大德君, 夏日於伽倻山海印寺, 講華嚴經. 仆以捍虜所拘, 莫能就聽. 一吟一詠, 五側五平, 十絶成章, 歌頌其事. 防虜大監天嶺君太守遏粲崔致遠."(희랑대덕君이 여름에 가야산 해인사에서 화엄경을 講하였는데, 나는 오랑캐를 막아내느라고 청강할 수 없었다. 一吟一詠하여 五側五平으로 절구 십 수를 이루어 노래로써 그 일을 기린다. 방로대감천령군태수 알찬 최치원) "五側五平, 十絶成章"라 한 것으로 보아 본래는 10수의 절구(측운 5수, 평운 5수)였던 것이 분명한데, 현재는 6수만 전해지고 있다. (최영성 역주, 앞의 책, 81~82면.)

다. 그 중 불교관련 저작도 상당량을 차지하는데, 이는 그가 불교에 대한 상당한 지식을 가지고 있었기에 가능한 일이었다. 또한 불교관련 저작에 열중하다보니 불교에 더 쉽게 몰입하고 심취하게 되었을 수도 있다. 그리고 이러한 불교 심취는 최치원이 자신의 정치적 포부와 이상을 실현할 수 없음에 좌절했지만 점차 그것을 체념하고 속세의 욕망을 버림으로 번뇌에서 벗어날 수 있게 하는 촉진제가 되었을 것이다.

하어전화何振華는 중국 봉건시대에 은거한 적이 있는 시인들을 다섯 유형으로 분류한 바 있다.[29] 그 중, 세 번째 유형은 "관직에 있던 시기에 정치의 더러움과 관료사회의 험악함을 목도하고 자신의 정치적 포부를 실현할 수 없음을 깨닫는다. 하지만 각종 이유로 바로 은거에 들어가지는 못하고 관직생활을 하면서 한편으로는 요산완수遊山玩水하며 그런 현실을 도피한다. 그런 후에 현실을 도피하고자 하는 생각이 더욱 커져 소침消沈한 길을 가게 되는 경우"로, 최치원의 은거가 바로 이 유형에 속한다. 〈증금천사주贈金川寺主〉, 〈제운봉사題雲峰寺〉, 〈기호원상인寄顥源上人〉는 비슷한 내용을 담고 있는데, 이 세 편의 시는 바로 '각종 이유로 바로 은거에 들어가지는 못하고 관직생활을 하면서 한편으로는 유산완수하며 그런 현실을 도피'할 당시에 지은 것이다. 〈증금천사주〉[30]에서 최치원은 금천사에 와서 마음의 평안을 얻고 속세의 먼지를

29 何振華, 앞의 논문, 44면. 나머지 네 유형은 다음과 같다. 1. 官運이 형통하지 못해 일부러 한 때 은거에 들어가 자신의 몸값을 높인 후 나중에 초빙에 응하여 관직이 빠르게 상승하는 경우. 2. 은거생활을 일종의 향락으로 보거나 淸高한 행위로 간주하며 은거생활을 하는 경우. 4. 진보적인 정치이상을 가지고 있으나 배척을 받게 되고 그 이상을 실현할 수 없음을 깨닫고 은거에 들어간 후 암담하기만 한 정치, 세속의 허위, 관료 사회의 더러움을 힘 있게 비난 하는 경우. 5. 암담하기만 한 정치와 관료사회의 부패가 눈에 거슬려 은거에 들어간 후 '귀농의 길'을 가며, 작품을 통해 이상적인 사회를 설계하는 경우.

30 〈贈金川寺主〉 : 白雲溪畔刱仁祠, 三十年來此住持 / 笑指門前一條路, 纔離山下有千歧 백운 계곡 가에 인사(불교사원)를 창건하고, 삼십 년 내내 주지하고 계시는 분. / 웃으면서 가리키는 문 앞의 한 가닥 길, 산 아래 떠나자마자 천 갈래가 된다나요.

털어내었다고 생각하였다. 하지만 지주는 그래도 문 앞의 한 가닥 길이 문을 나서면 천 갈래가 될 거라며 웃는다. 지주는 최치원이 막상 절을 떠나 다시 속세로 돌아가는 길에 들어서면 또다시 속세의 문제로 번뇌하리라는 것을 이미 알고 있던 것이다. 반면 〈제운봉사〉[31]에서는 속세로 다시 돌아가는 자신을 연무와 노을이 비웃을 것이라고 한다. 그 비웃음을 감수하면서도, 자신의 포부와 이상의 날개를 접게 만든 '속진의 세상 속'으로 돌아갈 수밖에 없었던 것은 아마도 아직은 자신이 조국을 위해 무엇인가를 더 해야 한다고 생각했기 때문일 것이다. 그리고 〈기호원상인〉[32]에서는 '진세를 멀리 떠나면 물론 좋기야 하겠지만, 풍정의 미련은 못 버릴 테니 이를 어찌하오'라며 정말 속세를 떠나 자연에 귀의하고 싶지만 아직 결단을 내리지 못하고 번뇌하는 모습을 엿볼 수 있다. 요컨대 이 세 수의 시에는 육두품이라는 신분적 한계와 주변의 견제로 인해 더 이상 자신의 포부를 펼치기 어렵다는 것쯤은 이제는 이미 알고 있고, 또 그러한 세속적 욕심은 이미 포기하고 체념하였지만, 그럼에도 단호하게 속세를 등지지 못하고 번뇌하는 최치원의 모습이 담겨져 있다.

31 〈題雲峰寺〉: 捫葛上雲峰, 平看世界空 / 千山分掌上, 萬事豁胸中 / 塔影日邊雪, 松聲天半風 / 煙霞應笑我, 回步入塵籠. 칡덩굴 끌어 잡고 운봉사에 올라가, 가만히 바라보니 세계가 공허해라. / 산이란 산은 손바닥 위에서 흩어져 있고, 일만 가지 일이 가슴속에서 트이네. / 해 주변에 눈 날리매 탑은 그림자 지고, 반공중에 바람 불자 솔은 소리 내네. / 연무와 노을은 내 모습 보고 비웃으리, 속진의 새장 속으로 도로 들어가느냐고.

32 〈寄顥源上人〉 : 終日低頭弄筆端, 人人杜口話心難 / 遠離塵世雖堪喜, 爭奈風情未肯闌 / 影鬪晴霞紅葉逕, 聲連夜雨白雲湍 / 吟魂對景無羈絆, 四海深機憶道安 종일토록 머리 숙이고 붓끝만 희롱하나니, 사람마다 입을 봉해 속내 말하기 어려워서 / 진세를 멀리 떠나면 물론 좋기야 하겠지만, 풍정의 미련은 못 버릴 테니 이를 어찌하오. / 노을 그림자 밝게 드리운 홍엽의 산길이요, 밤새도록 빗소리 이어진 백운의 여울이라. / 시인의 영혼은 경치를 대하여 거침없이 달리는데, 사해는 기심이 깊은지라 우리 도안이 생각나오.

이 시기에 지어진 시들에는 재당시기의 시와 마찬가지로 감각적 이미지가 두드러지는 가구佳句가 많다. 하지만 재당시에 비해 조탁한 느낌이 적고 자연스럽다. 그리고 재당시기의 시처럼 감상적인 분위기를 많이 풍기지만, 시의 내용과 그 분위기에서 작가의 경륜과 성숙미를 느낄 수 있다. 따라서 이 시기의 시는 "수량상으로는 재당시기에 지은 시들에 비해 적지만, 우수한 작품이 많으며, 재당시기의 시들과 비교해보았을 때 아주 큰 발전이 있었다."[33]고 할 수 있다.

4) 소극적 은거시기(898년 11월~908년) : 청각적 이미지로 표출된 은거에 대한 열망과 결단

보통 최치원이 아찬직에서 물러난 효공왕 2년(898) 11월을 은거의 기점으로 본다.[34] 최치원이 당소종唐昭宗 천복天復 4년(904) 봄에 저술한 「법장화상전法藏和尙傳」 '후서後序'를 통해 904년 당시 그가 전란도 피하고 신병치료를 위해 가야산 해인사에 은거하고 있었다는 사실을 알 수 있다. 그리고 알찬閼粲 이재부부異才夫婦의 요청으로 908년 저술한 〈신라수창군호국성팔각등루기新羅壽昌君護國城八角燈樓記〉는 최치원의 문장 중 저술연대가 밝혀진 마지막 작품이다. 따라서 은거를 시작한 후에도 908년까지는 세간과 완전히 격리되었던 것은 아니다. 당시까지도 사람들이 여전히 그를 찾아왔으며, 그는 저술활동에도 많은 시간을 할애하였다. 그러므로 908년까지는, 처음에는 현실과 속세의 사람들로부터 멀리 벗어나려 자연에 기탁하였다가 나중에야 속세와 인연을 끊고 정치

33 何振華, 앞의 논문, 42면.

34 何振華, 위의 논문, 44면 ; 김중렬, 「최치원 문학 연구」, 고려대학교 대학원 박사학위 논문, 1983, 35면 ; 이재운, 「고운의 생애와 정치활동」, 한국사학회 동국대학교 신라문화 연구소편, 『신라 최고의 사상가 최치원 연구』, 주류성, 2001, 65면 ; 方曉偉, 앞의 책, 281면 등.

생활에서 완전히 몸을 빼내는 이른바 '소극적 은거시기'라 칭할 수 있다.

필자가 파악한 '소극적 은거시기'의 시는 모두 6수(〈泛海〉,[35] 〈贈山僧〉, 〈贈梓穀蘭若獨居僧〉, 〈題伽倻山讀書堂〉, 〈贈雲門蘭若智光上人〉, 〈黃山江臨鏡臺〉)이다.

僧乎莫道靑山好　스님아, 청산이 좋다고 말하지 말라.
山好何事更出山　산이 좋다면 무슨 일로 다시 나온단 말인가.
試看他日吾蹤跡　두고 보라, 뒷날 나의 자취를.
一入靑山更不還　한 번 청산에 들면 다시는 나오지 않으리.

〈贈山僧〉

이 시는 일명 〈입산시入山詩〉로도 불린다.[36] 최치원이 은거에 들어가며 단호하고 호기 있게 그 굳은 의지를 표명하고 있다. 청각적 이미지

35 〈泛海〉 : 掛席浮滄海, 長風萬里通 / 乘槎思漢使, 採藥憶秦童 / 日月無何外, 乾坤太極中 / 蓬萊看咫尺, 吾且訪仙翁 돛 걸고 푸른 바다 배 띄우니, 장풍 만리의 기분과 통한다 할까. / 뗏목을 탄 한나라 사신도 생각이 나고, 약 캐러 간 진나라 아동들도 떠오르네. / 허공 밖에 걸려 있는 해와 달이요, 태극 속에서 나온 하늘과 땅이로세. / 봉래가 지척의 거리에 보이니, 나도 잠깐 선옹을 찾아볼거나. 이 시는 최치원이 신라로 돌아가는 배안에서 읊은 시이다. 하지만 그것이 첫 번째 귀국 때(앞의 논문, 96면.)인지, 아니면 하정사로 당에 재입당 하고나서 돌아가던 두 번째 귀국 때(方曉偉, 앞의 책, 276~278면.)인지에 대해서는 견해 차이가 있다. 다만 885년 봄 귀국기에 썼던 시들에는 고향을 그리워하는 정서나 고향으로 돌아가는 기쁨과 흥분이 담겨 있는데, 이 시에는 그보다는 仙界에 좀 더 관심이 있어 보이는 것으로 보아 두 번째 귀국할 때 지은 것이라 생각된다. 최치원이 하정사로 재입당한 시기에 대해서도 논란이 있는데, 최치원이 재입당한 시기는 아마도 902~907년 즈음일 것이다. 이때는 비록 최치원이 이미 은거에 들어간 이후이지만, 은거 후에도 외부와 연계를 완전히 끊지 않고 있었으며 국정 및 명찰 도량의 佛事 활동에 참가하였다. 그래서 그는 국가의 요청이 있을 때는 찬술도 하고, 하정사로 당에 다녀올 것을 요청하자 그것을 받아들이고 당에 다녀온 것으로 보인다. 최치원은 다시 唐에 가서 휘황찬란했던 대당 제국의 최후의 몰락을 직접 목도하고는, 당시 도탄에 빠져버린 신라도 머잖아 그리 될 것이라 예측했을 것이다. 그러하기에 신라로 돌아오며 역사의 흥망성쇠와 자연의 섭리를 새삼 깨달은 뒤 더 깊이 은거할 것을 굳게 결심하였을 것으로 보인다.

36 최영성 역주, 앞의 책, 61~62면.

를 통해 묘사된 구절은 없지만, 마치 산승에게 하는 말들이 시를 읽는 이들의 귓가에 들려오는 듯한 효과를 준다. 자신은 청산에 들면 다시는 나오지 않을 것이라고 그렇게 호언장담하였지만, 그것이 마음처럼 그리 쉬운 일은 아니었을 것이다. 이 시기에 지어진 다른 시들을 보면 그가 은거에 들어가고 나서도 얼마나 많은 고민과 갈등을 했을지를 엿볼 수 있다.

雲畔構精廬　　구름 이는 곳에 정려를 엮고,
安禪四紀餘　　선정을 닦은 지 어언 반백 년
笻無出山步　　지팡이 짚고 산 밖에 거닌 일 없고,
筆絶入京書　　붓 들고 서울에 글 보낸 일 없다오.
竹架泉聲緊　　대나무 홈통을 흐르는 샘물 소리 졸졸,
松欞日影疎　　소나무 난간에 비치는 해 그림자 듬성.
境高吟不盡　　높은 그 경지를 시로 어찌 표현할까,
瞑目悟眞如　　눈 감고서 진여를 깨달을 수밖에.

〈贈雲門蘭若智光上人〉

이 시는 〈증산승〉 속에 언급된 산승과는 달리 속세를 벗어나 반백 년 동안 흔들림 없이 수도에 열중하는 지광스님을 칭송하고 있다. 그러한 지광스님을 바라보며 최치원은 은거 후에도 자꾸 나랏일이 걱정되고, 속세의 일로 번민하는 자신이 답답했을 것이다. 그러자 저절로 지광스님이 대단해 보이고 존경스러웠을 것이며, 자기 자신도 하루 속히 그와 같은 경지에 다다르기를 소원하며 이 시를 읊었을 것이다. '대나무 홈통을 흐르는 샘물 소리 졸졸'에는 대나무 홈통만을 따라 졸졸 흐르는 샘물이 다른 곳으로 새지 않고 그 길만을 따라 흐르듯, 자신 역시 더 이상 속세로 눈을 돌리지 않고 자연 속에 묻혀버리고 싶다는 열망이 담겨있다고 볼 수 있다.

除聽松風耳不喧	솔바람 소리 들리는 외엔 소음이 일체 없는,
結茅深倚白雲根	흰 구름 이는 깊은 산골에 띠집을 엮었나니.
世人知路翻應恨	세상사람 길 아는 것이 오히려 한스러워,
石上莓苔汚屐痕	바위의 이끼가 신발 자국에 오염될 테니까.

〈贈梓穀蘭若獨居僧〉

재곡 난야(불교사원)에서 독거하는 승려에게 지어준 시지만, 오히려 최치원이 이 시를 빌려 자신의 처지와 생각을 드러낸 것으로 보인다. 재곡 난야를 묘사하면서 그곳은 자연 속에서 들을 수 있는 '솔바람' 이외에는 그 어느 소음도 없는 곳이라고 표현하고 있다. 이는 최치원 자신이 그만큼 속세의 시끄러움에서 벗어나 자연 속에 묻혀 버리고 싶다는 열망을 표현한 것이다. 은거를 결심하고 산으로 들어왔으나, 여전히 사람들은 그를 찾아와 문장을 써 달라는 등 이런저런 요청을 해왔다. 은거 후에도 여전히 그러한 일이 생기자, 속세를 완전히 벗어나고 싶은 결단을 '바위의 이끼가 세상 사람들의 왕래로 더러워질까' 걱정한다고 시적으로 형상화하고 있다.

狂奔疊石吼重巒	미친 듯 바위에 부딪치며 산을 보고 포효하니,
人語難分咫尺間	지척 간의 사람의 소리도 알아듣기 어려워라.
常恐是非聲到耳	세상의 시비하는 소리 귀에 들릴까 저어해서,
故教流水盡籠山	일부러 물을 흘려보내 산을 감싸게 하였다네.

〈題伽倻山讀書堂〉

최치원의 대표작으로 꼽히는 수작이다. 속세를 떠나 은거에 들어간 후 지은 시이다. 입산을 한 후에도 여전히 속세의 일로 번뇌하는 자신을 보며, 그 번뇌에서 벗어나 온전하게 탈속하고자 애쓰는 모습이 잘 표현되어 있다. 제3연의 '세상의 시비'는 그가 은거해 버리자 이에 대해 옳다 그르다 말하는 정계의 반응 혹은 세상 사람들의 여론을 말하는 것일 수도 있겠다. 그리고 최치원 자신의 복잡하고 혼란스런 마음상태나 세상과 관련된 속된 모든 것이 시비일 수도 있다. 이 시는 아직은 자신의 의지만으로는 완전히 탈속하지 못하자 자연의 힘을 빌려서라도 그렇게 하고자 하는 몸부림을 잘 형상화하고 있다. 또한 속세를 떠나 더이상 그 어떤 번뇌도 하지 않고 온전히 자연에 귀의하고자 하는 열망과 결단을 매 구마다 '바위에 부딪치는 물소리', '사람 소리', '세상의 시비하는 소리', '물 흘려보내는 소리' 등의 청각적 이미지를 사용해 극대화하고 있다.

煙巒簇簇水溶溶　연무 낀 봉우리 옹긋쫑긋 강물은 넘실넘실,
鏡裏人家對碧峰　인가가 산을 마주하고 거울 속에 잠겼어라.
何處孤帆飽風去　바람 잔뜩 외로운 돛배 어드메로 가시는고,
瞥然飛鳥杳無蹤　새 날아가듯 순식간에 자취 없이 사라졌네.

〈黃山江臨鏡臺〉

남효온은 임경대가 최치원의 은거 후 자취가 깃든 곳 중의 하나라고 기록하였다.[37] 따라서 이 시는 최치원이 은거 후에 지은 시임이 분명하

37 南孝溫, 「遊海雲臺序」, 『秋江集』 卷4, "唐室危, 乞骸骨東還. 適値雞林黃葉, 世道崎嶇, 遂放情自晦, 膏肓泉石, 遊遨終其身. 其所寄跡者, 伽倻山海印寺, 智異山青鶴洞, 昌原府月影臺, 梁山郡臨鏡臺, 東萊縣海雲臺乃其地."(당나라 왕실이 위태로워서 벼슬을 그만두고 신라로 돌아왔으나 마침 신라의 국운이 쇠퇴하고 세상의 도가 험난한 때를 만나자 드디어 마음 내키는 대로 자신을 숨기고서 泉石을 사랑하며 즐겁게 노닐다가 평생을 마쳤으니, 그 자취가 깃든 곳은 가야산 해인사와 지리산 청학동과 창원부 월영대와 양산군 임경대와 동래현 해운대가 바로 그 지역이다.)

다. 제1, 2연에서는 임경대 일대의 아름다움을 묘사하고 있는데, 이를 통해 조국의 아름다운 산하에 대한 최치원의 애정을 엿볼 수 있다. 하지만 제3, 4연에는 쓸쓸한 배경과 함께 슬픈 정서가 배어있다. 바람 따라 어디론가 가는 '외로운 돛배'는 위태로운 조국 신라를 상징하며, 이 시에는 곧 은거 후에도 여전히 도탄에 빠진 신라를 걱정하는 최치원의 모습이 투영되어 있다고 볼 수 있다.

지금까지 살펴본 것처럼 '소극적 은거시기'에 지어진 시는 대부분 속세와의 연을 완전히 끊지 못하는 자신을 탓하거나, 온전히 탈속하고자 하는 열망과 결단을 담고 있으며, 그것이 청각적 이미지를 통해 좀 더 절실히 표출되고 있다. 이것은 속세로부터 온전히 벗어나고자 하는 열망은 강하지만, 그래도 멸망해가는 조국 신라를 내버려둔 채 홀로 은거하는 것이 과연 옳은 것인가 고민하고 번뇌하는 최치원의 마음의 반영인 것이다.

5) 적극적 은거시기(909년~?)의 시 : 달관과 둔세시

909년부터 최치원은 속세에서 좀 더 멀리 벗어나 점차 달관의 경지, 탈속의 경지에 이르게 되는데 이 시기를 '적극적 은거시기'라 칭하기로 한다. 최치원이 적극적 은거로 들어서게 된 데에는 당의 멸망도 하나의 이유가 될 수 있다. 자신에겐 제2의 조국과도 같은 당이 907년 멸망하자, 최치원은 이미 후삼국시대에 들어서며 도탄에 빠져버린 신라도 결국 머지않아 그리될 것임을 예감하였을 것이다. 게다가 조국인 신라를 배반하고 후백제나 고려를 섬길 수도 없어 마침내 완전히 속세를 떠나 모든 세상사와 번뇌를 떨쳐버리기로 결심한 것이다. 이 시기에 지어진 시는 모두 9수(『지봉유설』 소재 8수와 〈碧松亭(殘句)〉)이며, '둔세시遁世詩'[38]라 명명할 수 있다. 이 시기의 시에서는 최치원이 더이상 속세의 일로 번뇌하는 모습은 찾아볼 수 없으며, 유유자적하며 음풍농월하는 모습이 잘 드러나 있다. 『지봉유설』 소재 8수의 둔세시 중 "선인이 옥베개를 밀어 일어나니, 이 몸과 세상은 어느새 천년일세[仙人推玉枕, 身世欻千年]."(제1수 3, 4구); "산 속의 중들은 세월을 잊었지만, 잎 새에 어린 봄은 기억하네[山僧忘歲月, 唯記葉間春]."(제2수 3, 4구); "고요한 가운데 나를 잊고 있노라니, 솔바람이 베갯머리를 스쳐 가네[寂寂因忘我, 松風枕上來]."(제3수 3, 4구); "두견새 소리 들려오니, 그윽한 흥취 절로 알겠구나[子規聲入耳, 幽興自應知]."(제5수 3, 4구); "무심히 달빛을 쳐다보다 묵묵히 돌아가는 것도 잊었다네[無心見月色, 默默坐忘歸]."(제6수 3, 4구) 등과 〈벽송정碧松亭〉 "모년에 돌아와 벽송정 아래 누우니, 한 가닥 푸른 가야가 나의 눈 안에[暮年歸臥松亭下, 一抹伽倻望裏靑]."의 내용과 표현에서 그러한 최치원의 모습을 그려볼 수 있다.

은거에 들어가기 전후에 지은 시들은 대부분이 탈속한 산중 생활을 동경하면서도 막상 속세에서 온전히 벗어나지 못하는 내용이었던데 반해, '적극적 은거시기'의 둔세시는 완전히 속세를 벗어나 달관의 경지에 이른 후에 지은 시들로 최치원의 만년의 정신세계를 엿볼 수 있게 하는 작품이다. 또한 이 시기의 시에도 시각적 이미지의 표현이 많이 등장하고 있지만, 이전 시기의 시에서 보여 왔던 것처럼 과도하게 감상적이지

---

38 이 시를 처음 소개한 李晬光은 시의 풍격과 내용, 그리고 필적을 통해 이 遁世詩가 최치원이 지은 것이라고 확신하였다. 현재 이 시들은 자연스레 최치원의 詩作으로 인정받고 있으며 아직까지 진위 여부가 문제시 된 적은 없다. 崔英成은 『眞鑒禪師碑銘』을 역주하며 이 시들이 崔致遠의 시라는 것을 고증(최영성 역주, 『최치원전집 1 －四山碑銘』, 아세아문화사, 1998, 184면, 각주83.)하였다. 李晬光의 『芝峯類說』 권13 소재 8수를 김중렬(앞의 논문, 110~114면.)이 '遁世詩'라 명명하여 고찰하였으며, 최영성 역시 이 시들을 '智異山遁世詩'(최영성 역주, 『최치원전집 2 －고운문집』, 78~81면.)라는 이름으로 소개하고 있다. 필자는 단지 『지봉유설』 소재 8수만을 둔세시로 파악하기보다는 '적극적 은거시기'에 지은 시는 다 그리 칭할 수 있다고 생각한다.

는 않다. 이는 마침내 자신을 얽매어왔던 세상에서 벗어났기 때문일 것이다. 이처럼 둔세시는 최치원 시의 특징을 살리면서도 이전 시와는 또 다른 풍격을 보여주는 가작佳作이라 평할 수 있다. 따라서 "최치원은 시는 이렇게 세상을 등지고 자연 속에 홀연 묻혀 있을 때 이루어진다고 하는 강호가도적 입장을 보여준 최초의 사람이었으며, 한국 전원시의 원류를 마땅히 최치원에까지 거슬러 올라가야 한다."[39]는 성낙희의 견해도 상당히 일리 있어 보인다.

6) 결론

지금까지 최치원이 신라로 돌아온 이후에 지은 시를 그의 귀국 후 생애와 관련지어 살펴보았다. 이를 간단히 표로 나타내며 글을 맺는다.

표 1 최치원의 '귀국 후 한시' 목록

시기	작품	형식
1) 헌강왕 · 정강왕 시기 (885년 3월~887년 7월) : 귀국기의 포부가 좌절로(2首)	〈春日邀知友不至〉	七絶
	〈公山城〉	七絶
2) 진성여왕 · 효공왕 시기 (887년 7월~898년 11월) : 애국 · 애민정신과 체념 (20首)	〈留別西京金少尹峻〉	七絶
	〈贈金川寺主〉	七絶
	〈旅遊唐城贈先王樂官〉	五律
	〈贈希朗和尙〉 6首	七絶6首
	〈秋夜雨中〉	五絶
	〈題雲峰寺〉	五律
	〈寄顥源上人〉	七律
	〈蜀葵花〉	五古
	〈寓興〉	五古

39 성낙희, 『최치원의 시정신 연구』, 중앙대학교 대학원 박사학위논문, 1986, 212~223면.

	〈古意〉	五古
	〈鄕樂雜詠〉 5首	七絶5首
3) 소극적 은거시기 (898년 11월~908년) : 청각적 이미지로 표출된 은거에 대한 열망과 결단 (6首)	〈贈梓穀蘭若獨居僧〉	七絶
	〈贈雲門蘭若智光上人〉	五律
	〈贈山僧〉	七絶
	〈題伽倻山讀書堂〉	七絶
	〈泛海〉	五律
	〈黃山江臨鏡臺〉	七絶
4) 적극적 은거시기 (909년~ ?) : 달관과 둔세시 (9首)	〈碧松亭(殘句)〉	七殘
	〈遁世詩〉 8首(『芝峯類說』 소재)	五絶 8首

2. 〈추야우중〉의 창작시기 재고

1) 서론

최치원은 한국 문학사에 있어 본격적인 한문학의 시작을 알린 인물로, 한국과 중국에서 '동국문종東國文宗', '동국문학비조東國文學鼻祖'로 추앙받고 있다. 그리고 〈추야우중秋夜雨中〉은 역대로 최치원의 시 중 가장 우수한 작품으로 평가받아 온 대표작일 뿐만 아니라 한국인들에게 매우 친근한 한시이기도 하다. 하지만 이 시의 창작시기에 대해서는 여전히 의견이 분분한데, 혹자는 최치원이 당에 머물던 시기에 지은 것이라 하고, 혹자는 귀국 후 신라에서 지은 것이라 한다. 즉, 최치원이 이 시를 창작할 당시 번뇌했던 이유와 그리워했던 대상을 논자에 따라 다르게 파악하고 해석하고 있는 것이다. 한국에서는 1980년대 이래 귀국 후 신라 창작설이 대두하며 점차 더 많은 지지를 받아왔다고는 하지만,[40] 여전히 적잖은 이들이 이 시를 재당시절 지은 것으로 인식하고 있으며, 중국에서도 아직은 이 시가 재당시절 창작된 시임을 의심하지 않고 있다. 지금까지 〈추야우중〉의 창작시기에 대해 언급한 논자들은 대부분 논문 내에서 부수적으로 〈추야우중〉을 다루면서 재당시절 혹은 귀국 후 신라에서 지어진 것으로 보인다는 정도의 간략한 견해를 제시하는 것에 그쳤을 뿐 이를 주된 주제로 하여 구체적으로 분석한 논문은 찾아보기 어렵다. 이에 필자는 본고에서 선행 연구자들의 연구 성과를 바탕으로 하여 그것을 좀 더 구체적으로 확장시키거나 필자의 견해를 더하여 〈추야우중〉의 창작시기를 재고찰해 보고자 한다. 먼저 〈추야우중〉이 최치원의 생애 중 어느 시기에 창작된 것으로 보는 것이 가장 타

40 성낙희, 「최치원 시의 고향의식」, 『한중인문학연구』 15, 한중인문학회, 2005, 19면.

당해 보일지를 살펴보고, 그 후 최치원의 향수시와 〈추야우중〉의 정서와 표현을 비교하며 그 차이점을 찾아보도록 할 것이다. 마지막으로 〈추야우중〉을 향수시로 보이게 하는 근거 중의 하나로 여겨지는 '만리'라는 시어에 대한 분석을 통해 이 '만리'가 의미하는 곳이 과연 어느 곳인지를 생각해보도록 하겠다.

2) 한·중 연구사

이 부분에서는 한국과 중국에서 그간 이루어졌던 〈추야우중〉에 대한 해석과 창작시기 논의 등과 관련된 선행 연구자들의 견해를 간략히 정리하도록 하겠다.[41]

(1) 〈추야우중〉에 대한 해석

먼저, 〈추야우중〉에 대한 선행연구자들의 다양한 해석을 정리해 보면 다음과 같다.

(1) 당에서 고향(신라)에 대한 그리움을 표출해 낸 시 : 박종화(1959, 244면.), 김중렬(1983, 102~103면.), 성낙희(1986, 197면.), 호승희(1993, 121~122면.), 유영봉(2002, 29면.), 오윤희(2003, 162~162면.), 이정화(2005, 71~72면.), 何振華(1982, 37~38면.), 金東勳(1985, 77면.), 金喜成(1992, 92면.), 樊毓(2004, 13면.), 倪文波(2006, 49면.), 方曉偉(2007, 10면.) 등

(2) 이역 땅에서 과거 급제를 위해 학문에 전념하는 가난한 선비의 고통을 토로한 시 : 何鳴雁(1984, 308면.), 박병선(2007, 451면.)

41 논문 제목은 특별한 경우가 아니면 지면 관계상 논저목록으로 대신하고 본문에서는 논자와 논문발표 연도와 해당 논문의 페이지 수만 명시하기로 한다. 그리고 한국 학자들의 이름은 한글로, 중국 학자들의 이름은 한문으로 표기하여 별도로 국적을 표시하지 않기로 한다

(3) 당에서 절친한 친구가 없던 시절, 쓸쓸함과 외로움을 읊은 시 : 高國藩(1998, 59면.)

(4) 귀국 후 신라에서 느끼게 된 이상과 현실 사이의 괴리감, 좌절, 소외감, 지식인의 고뇌 등을 표현한 시 : 김혜숙(1981, 70면.), 민병수(1993, 55면.), 박두순(2000, 135면.), 성낙희(2005, 19면.) 등. 그리고 거기서 더 나아가 당에 있는 친구들 그리고 그들과 함께 했던 그 시절을 그리워하는 시 : 이구의(1986, 547~548면.), 이숙희(2004, 16~18면.) 등

(5) 근심하고 원망하는 사람의 恨을 표출한 시 : 박병완(1995, 83~84면.)

이처럼 〈추야우중〉에 대한 해석은 매우 다양하다. 이들 중 (1)과 (4)의 해석이 주를 이루고 있음을 알 수 있다. 특이한 점은, 〈추야우중〉을 고향을 그리워하며 지은 시라고 보는 경우, 중국에서는 그것을 애국주의와 관련지어 말하는 경우가 대부분이지만, 한국에서는 그것을 애국심과 관련지어 말하는 경우는 거의 없다는 점이다. 이는 아마도 중국 논자들에게 있어 최치원은 외국인이라는 인식을 배제할 수 없었기에 그의 작품을 감상하고 이해하는 데 있어서도 그 요소가 강하게 작용했기 때문일 것이다. 그러하기에 중국 논자들에게는 외국에서 고국을 그리워한다는 것 자체만으로도 그것이 애국심으로 보인 모양이다. 반면, 한국 논자들에게는 외국에 있을 때 고국을 그리워한다는 것은 매우 자연스럽고 당연한 일이며, 〈추야우중〉 그 어디에서도 애국심과 관련지을 만한 부분이 없으므로 그것을 굳이 애국심과 연관 지을 까닭이 없다고 생각했기 때문일 것이다. 또 하나 눈여겨봐야 할 점은 중국에서는 그 어떤 식의 해석이든 〈추야우중〉을 재당시절 지어진 것으로 보는 반면, 한국에서는 1980년대 이래로 귀국 후 신라에서 지어진 것으로 보는 견해가 계속 제기되었고, 현재는 그 견해가 더 우세하다는 점이다.

(2) 〈추야우중〉의 창작 시기 논의

〈추야우중〉의 창작시기 논의는 당연히 앞의 〈추야우중〉에 대한 해석과 맥을 같이한다.

(1) 재당시기

① 과거급제 이전 시기: 何振華, 何鳴雁, 박병선

② 율수현위 시기: 高國藩

③ 고병막부 시기: 金東勳

④ 재당시기: 金喜成, 樊毓, 倪文波, 方曉偉, 박종희, 김중렬, 성낙희(1986), 호승희, 유영봉, 오윤희, 이정화 등

(2) 귀국 후 신라

① 외직에 나간 후 은거 전: 김혜숙,[42] 이구의,[43] 민병수,[44] 박두순,[45] 이숙

---

42 김혜숙, 『최치원의 한시연구』, 서울대학교 대학원 석사학위 논문(『국문학연구』 51), 국문학연구회, 1981, 70면 : "이 시를 귀국 후의 작품으로 보고자 하는 이유는 그가 高駢의 종사관을 지내기 이전까지의 시기에 쓰여졌다고 추측되는 작품들에서는 自肯의 기미를 찾을 수 없고 오히려 자신에 대한 회의와 자조만이 발견되나 귀로에 올라 읊은 몇 편의 景物詩에는 自肯, 高抗한 그 내면이 자연물을 의탁하여 표현되고 있기 때문이다. 하고 많은 景物 중에서 유독 高孤한 것만이 眼中에 있었다면 이는 곧 그가 긍지와 자부로 가득찬, 고립된 우월의식을 가졌음을 의미하는 것이고 조국에서 자기의 포부를 펼 수 없고 友人조차 신의를 저버리는 상황에 직면했을 때 깊은 고독에 빠질 수밖에 없게 되었을 것이다."

43 이구의, 「최고운시에 나타난 정신세계」, 『영남어문학』 13, 한민족어문학회, 1986, 547~548면 : "이 시는 그가 바로 외직에 나아갔을 때 지은 것으로 추측된다. 현실에 불만을 갖고 있다. 현실 세계는 그가 과거에 경험했던 세계에 비해서 만족스럽지 못하다. 현실에 대해 지향하고자 하는 의지가 좌절됨으로 해서 생기게 된 시인 것이다"

44 민병수編, 『한국한문학신강』, 새문사, 1993, 55면 : "'만리심'에 이끌려 재당시절 고국을 그리며 지은 것이라고 하기도 하지만 『계원필경』에 이 작품이 실려 있지 않을 뿐 아니라 '萬古心'의 意境이 가녀린 향수보다 더 깊고 먼 역사의식과 관계있음을 알게 해준다. 신라로 돌아온 이후 지어진 것으로 보아야 한다."

45 박두순, 『고등학교 한문 교과서 내 한시에 대한 분석 연구』, 공주대학교 교육대학원 석사논문, 2000, 135면 : "그는 당에서 배운 자신의 학덕과 경륜을 신라를 위하여 펼치려 하였으나 당시의 정치적 현실이 이를 허락하지 않았다. 이러한 당시 현실에 대하여 작자가

희,[46] 성낙희(2005)[47] 등

이처럼 〈추야우중〉의 창작시기에 대한 추정 역시 다양하다. 하지만 논자들은 대부분 부분적으로 〈추야우중〉을 언급하면서 재당시절 혹은 귀국 후 신라에서 지어진 것으로 보인다는 간략한 견해만 제시할 뿐, 그에 대한 근거나 구체적인 이유를 든 경우는 별로 없다. 그러나 〈추야우중〉이 귀국 후 신라에서 지어진 것이라고 보는 논자들의 견해는 한때 정설로 여겨졌던 '당에서 고향을 그리워하며 지은 시'라는 견해를 뒤집은 것으로, 그 논리를 좀 더 자세히 살펴볼 필요가 있다고 여겨지기에

느끼는 소외감이나 한 지식인으로서 고뇌와 한탄을 술회하고 있다고 볼 수 있다"

46 〈추야우중〉이 귀국 후 신라에서 지어진 것이라는 것에 대해 가장 구체적으로 자세한 설명과 해설을 덧붙인 것은 이숙희의 견해라 할 수 있다. 다만, 이숙희의 글은 최치원의 시를 전문적으로 연구 분석한 논문이 아니라는 한계를 가지긴 하지만 충분히 참고할 만한 가치가 있는 견해라 생각된다. 이숙희, 『한시 바로보기 거꾸로 보기 I』, 역락, 2004년, 16~18면 : "제1句 '秋風唯苦吟'에서 우선 '秋風'을 살펴보자. 통념상 겨울바람은 북풍이요, 가을바람은 서풍이다. 서쪽은 어디인가? 신라에서 봤을 때 바로 중국이다. 중국에서 신라에 대한 생각은 동풍에 실려 오는 봄의 훈풍 속에서 더욱 짙어질 것이다. '苦吟'역시 최치원의 생애를 돌이켜 보건대 중국에서보다는 고국에 돌아온 이후의 괴로움이 더욱 심했다. 제2句의 '世路少知音'은 시인이 어디를 더욱 그리워했는지 분명하게 해준다. '지음'이란 자신을 알아주고 인정해 주는 것뿐만 아니라 이해해주는 것까지를 말한다. 최치원이 귀국한 뒤 신라에서는 당에서까지 과거 급제한 인물이라 하여 알아주고 인정은 했으나 이해해주지는 못했다. 따라서 세상에 나를 이해해 주는 사람이 없었던 곳은 중국이 아니라 오히려 고향인 신라였던 것이다. …… 최치원의 시 작품 중 몇 수 특히 윗 시 〈추야우중〉은 여러 시선집에도 뽑혔고 허균도 가장 마음에 들어 했던 시이다. 그럼에도 불구하고 그의 작품집 『계원필경』에는 수록되어 있지 않다. 이는 무엇으로 설명할 수 있는가? 단 하나 『계원필경』이 정리되고 난 뒤의 작품인 것이다. 그의 가장 대표할 만한 시가 이에 수록되어 있지 않다면 이는 문집정리 뒤의 작품일 가능성이 더욱 크다. 더구나 작품은 세월이 흐를수록, 나이가 들수록, 삶이 힘들수록 더욱 농숙되는 게 정한 이치가 아니겠는가?"

47 성낙희, 「최치원의 고향의식」, 『한중인문학연구』 15, 한중인문학회, 2005, 19면 : "고향이라지만 지음이 적은 세상, 고향에 돌아왔다지만 안착하지 못하고, 이상과 현실 사이에서 방황하고 좌절하는 지식인의 갈등을 나그네 심정으로 그려낸 작품이다."

해당 논자들의 견해를 각주에 실어 참고하도록 하였다. 본고는 이들의 논의를 확대하거나 보충하여 좀 더 구체적으로 〈추야우중〉의 창작시기에 대해 재고찰할 것이다. 다만, 이들의 견해 중 혹자는 〈추야우중〉이 『계원필경집』에 수록되지 않았다는 사실을 이 시가 귀국 후 신라에서 지어졌을 것이라고 간주하는 근거로 들기도 하는데 이것은 명백한 오류이다. 왜냐하면 『계원필경집』에 수록된 60수의 시(권17의 기덕시 30수와 권20의 30수) 모두가 칠언시(칠언절구 45수, 칠언율시 15수)뿐이므로 오언절구인 〈추야우중〉은 그것이 설령 재당시절 지어진 것이라 할지라도 『계원필경집』에 수록되었을 가능성은 거의 없기 때문이다. 게다가 『계원필경집』은 최치원의 재당생애 전시기에 걸쳐 지은 작품들을 수록한 것이 아니라, 고병막부 하에 있었던 4년여의 시문만을 모은 작품집이라는 사실을 간과해서는 안 될 것이다.

3) 최치원의 생애와 〈추야우중〉

이 부분에서는 최치원의 생애를 간략히 살펴보며, 〈추야우중〉이 과연 어느 시기에 창작되었을까를 추론해 보려 한다. 물론 하나의 시기 동안에도 다양한 상황의 변화로 인해 작자의 심리상태 즉 정조情調에도 많은 변화가 있었을 것이기에, 그 시기에 작자의 마음 상태는 이러이러하였다고 정확히 단정할 수는 없을 것이다. 그렇기에 이 부분은 어찌 보면 필자의 주관이 적잖게 개입된 창작시기 추론이라 할 수 있다. 하지만 최치원의 생애를 살펴보며 〈추야우중〉이 과연 어느 시기에 창작된 것으로 보는 것이 가장 설득력 있고 타당성이 있는지를 유추해보는 것도 나름 의미 있는 작업이라 생각된다.

(1) 재당생애 시기별 분석

「계원필경집서」[48]

회남에서 본국으로 돌아올 때에 조서 등을 맡아 온 사신이며, 전 도통순관 승무랑 시어사 내공봉으로서 자금어대를 하사받은 신 최치원이 그동안 지은 잡시부와 표주집 28권을 올립니다. 그 목록을 아래와 같이 기록합니다.

사시금체 5수 1권, 5언7언 금체시 100수 1권, 잡시부 30수 1권

중산복궤집 1부 5권

계원필경집 1부 20권

1) 신이 열두 살에 집을 떠나 서쪽으로 가려고 배를 탈 때에 돌아가신 아버지께서 훈계하시기를, "10년 동안 공부하여 진사에 급제하지 못하면

---

48 본고에서 인용하는 최치원의 시와 문 그리고 「계원필경집서」의 원문은 '성균관대학교 대동문화연구원편, 『崔文昌侯全集』, 성균관대학교 출판사, 1991년판'에 따랐다.

「桂苑筆耕集序」

淮南入本國兼送詔書等使前都統巡官承務郎侍禦史內供奉賜紫金魚袋臣崔致遠進所著雜詩賦及表奏集二十八卷具錄如後.

私試今體五首一卷, 五言七言今體詩共一百首一卷, 雜詩賦共三十首一卷

中山覆簣集一部五卷

桂苑筆耕集一部二十卷

1) 右臣自年十二, 離家西泛,當乘桴之際,亡父誡之曰: "十年不第進士則勿謂吾兒. 吾亦不謂有兒, 往矣勤哉,無隳乃力." 身佩服嚴訓, 不敢弭忘. 懸刺無遑, 冀諧養志, 實得人百之己千之. 觀光六年, 金名牓尾. 此時諷詠情性, 萬物名篇, 曰賦曰詩, 幾溢箱篋. 但以童子篆刻, 壯夫所慚, 及忝得魚, 皆爲棄物.

2) 尋以浪跡東都, 筆作飯囊, 遂有賦五首詩一百首雜詩賦三十首, 共成三篇.

3) 爾後調授宣州溧水縣尉, 祿厚官閑,飽食終日, 仕優則學, 免擲寸陰. 公私所爲, 有集五卷. 益勵爲山之志, 爰標覆簣之名, 地號中山, 遂冠其首.

4) 及罷微秩, 從職淮南, 蒙高侍中專委筆硯, 軍書輻至, 竭力抵當, 思十用心, 萬有餘首, 然淘之汰之, 十無一二. 敢比披沙見寶, 粗勝毀瓦畵墁, 遂勒成桂苑集二十卷. 臣適當亂離, 寓食戎幕, 所謂饘於是粥於是, 輒以筆耕爲目, 仍以王韶之語, 前事可憑. 雖則傴僂言歸, 有慚鳧雀, 旣墾旣耨, 用破情田. 自惜微勞, 冀達聖鑒其詩賦表狀等集二十八卷, 隨狀奉進. 謹進.

中和六年正月日, 前都統巡官承務郎侍禦史內供奉賜紫金魚袋臣崔致遠狀奏.

桂苑筆耕集一部二十卷

都統巡官侍禦史內供奉崔致遠撰.

내 아들이라고 하지 말라. 나 또한 아들을 두었다고 하지 않겠다. 가거든 부지런히 공부하며 힘을 다 하거라" 하였습니다. 신은 그 엄하신 훈계를 마음에 새겨 조금도 잊지 않았습니다. 상투를 대들보에 매고 송곳으로 허벅지를 찔러가며 조금도 게을리 하지 않았습니다. 아버지의 뜻에 부응하기 위하여 참으로 남들이 백의 노력을 할 때 신은 천의 노력을 하였습니다. 그래서 관광 6년 만에 신의 이름이 방에 걸리게 되었습니다. 이때 느꼈던 심정을 읊고 사물에 의탁하여 편을 이룬 것들이 부이고 시이니 거의 상자에 넘칠 만큼 되었습니다. 그러나 어린아이가 장난친 것 같아서 장부가 보기에는 부끄러울 뿐입니다. 게다가 어대를 하사받은 뒤부터는 모두 내버렸습니다.

2) 과거 급제 후 동도(낙양)를 떠돌며 붓으로 먹을거리를 삼게 되자 드디어 부 5수, 시 100수, 잡시부 30수를 지어 모두 3편을 이루었습니다.

3) 그 뒤로 선주 율수현위에 제수되어 녹봉도 많아지고 벼슬도 많아져서 배부르고 편안한 나날을 보내게 되었으며 짧은 시간도 헛되이 보내지 않았습니다. 공적으로 또는 사적으로 지은 글을 책으로 엮으니 모두 5권이나 되었습니다. 그래서 '산을 만든다'는 뜻을 더욱 격려하여 그 책 이름을 '복궤'라 하고 그 지방 이름을 '중산'이라 하였기에 '복궤집'앞에다 '중산' 두 글자를 붙였습니다.

4) 그 직책을 내어놓고 회남절도사의 종사관이 되어 고시중의 붓과 벼루를 도맡게 되자 군서들이 몰려들었습니다. 그 서류들을 힘껏 담당하며 4년간 마음 써서 1만여 수를 지었습니다. 그러나 하찮은 글들을 가려내다 보니 열 가운데 한 둘도 남지를 않았습니다. 그렇지만 모래를 파헤쳐 금을 발견하는 것에 비교하고, 헐어진 기와조각으로 벽에다 긋는 것보다는 낫다고 여겨 드디어 '계원집'20권을 이루었습니다. 신이 마침 난리를 만나 군막에 머물려 먹고 살았는지라, 이에 '필경'으로 제목을 삼고 왕소의 말로써 지난 일을 증거 하였습니다. 비록 못난 글들이라서 오리나 새들에게도 부끄럽지만, 이미 밭 갈고 김매듯 마음을 파헤친 것들입니다. 조그마한 수고나마 버리기 아까워서 임금님께 보여 드리고자 시, 부, 표, 장 등 28권을

이 서장과 함께 올립니다.

중화 6년(886) 정월 일에 전 도통순관 승무랑 시어사 내공봉으로서 자금 어대를 하사받은 신 최치원은 아뢰옵니다.

위의 글에 근거하면 최치원의 재당생애를 (1) 과거급제 이전시기 (2) 동도유랑시기 (3) 율수현위시기 (4) 고병막부시기로 나눌 수 있다.

[1] 과거급제 이전시기(868년~874년 봄)

이 시기는 최치원이 12살의 어린 나이에 당으로 건너와 과거 급제를 위해 고학하던 시기로, 고향에 대한 그리움보다는 하루 속히 과거에 급제해야 한다는 생각이 더 강한 시기였다. 이 시기에 최치원은 10년 안에 과거에 급제해야 한다는 아버지와의 약속을 지키기 위해 남들이 백의 노력을 할 때 자신은 천의 노력을 하며 과거 준비를 조금도 게을리하지 않았다고 했다. 그리고 최치원 자신이 과거 급제 이전의 시문들은 "어린 아이가 장난친 것 같아서 장부가 보기에는 부끄러울 뿐"이었다고 한 것으로 보아 당시의 작품들은 십대 소년 최치원의 습작이었다 할 수 있다. 또한 이 시기의 시문을 문집으로 편찬하지 않고 "모두 내버렸다"고 했는데 그것이 현재까지 전해지고 있다고 보기에도 다소 무리가 따른다. 따라서 〈추야우중〉을 이 시기에 지어진 것이라고 보기는 힘들 것이다.

[2] 동도유랑시기(874년 봄~876년)

과거 급제 후 최치원은 곧바로 벼슬길에 오른 것이 아니라, 당대唐代의 과거제도 규정에 따라 3년의 수선守選[49]을 거친 후에야 비로소 관직

49 守選은 과거급제 후 집으로 돌아가 吏部의 銓選(관직선발제도) 기한을 기다리는 것을 일컫는다.

을 받을 수 있었다.[50] 이 기간 동안 최치원은 동도 낙양을 비롯하여 여러 곳을 돌아다니며 견문을 넓혔다. 뿐만 아니라, 시문을 짓는 것에도 게을리 하지 않아 부 5수, 시 100수, 잡시부 30수를 지었으며, 귀국 후 이 작품들을 헌강왕에게 바치기도 하였다. 이것으로 보아 이 당시 그는 관직생활에 대비하여 문장을 연마하였으며, 이 시기에 창작된 최치원의 시문은 습작 수준을 뛰어 넘어 왕에게까지도 자신 있게 보여줄 수 있을 만큼 큰 발전이 있었던 것으로 보인다. 그리고 10년 안에 과거에 급제해야한다는 아버지와의 약속을 몇 년이나 앞당겨 지켜냈다는 안도감과 함께 당시 가장 어린 나이로 급제를 했다는 자긍심도 컸을 것이기에 이 시기는 새로운 포부와 미래에 대한 기대가 주된 정조情調였을 것이다. 그런 이 시기에 고향을 그리워하며 지은 시가 〈추야우중〉에서 보이는 것과 같은 고독과 적막함, 침울함으로 가득찬 시는 아닐 것이다.

[3] 율수현위시기(877년~880년 여름)

이 시기는 두 단계로 나누어 살펴야 한다. 첫 번째 단계는 율수현위 역임 시절이며, 두 번째 단계는 율수현위 직에서 물러난 후 고병의 쓰임을 받기 전까지의 시기이다.[51] 먼저 첫 번째 단계(877년~879년 겨울) 시기에 최치원은 율수현위직에 있었는데, 생활 방면에서는 비교적 만족했던 것으로 보인다. 최치원은 「계원필경집서」에서 이 시기에 대해 "녹봉도 많아지고 벼슬도 많아져서 배부르고 편안한 나날을 보내게 되었으며 짧은 시간도 헛되이 보내지 않았습니다. 공적으로 또는 사적으로 지은

50 趙姸, 「從中晚唐銓選制度考察崔致遠在唐及第後的仕宦經歷」, 『延邊教育學院學報』 第22卷 2008年 第1期, 23면 ; 王勳成, 『唐代銓選與文學』, 中華書局, 2001.

51 최치원은 「계원필경집서」에서 그 두 번째 단계에 대해 전혀 언급 하지 않고 있지만, 『계원필경집』 권17의 「初投獻太尉啓」, 「再獻啓」, 권18의 「長啓」 등의 내용을 통해 이 시기에 대해 알 수 있다.

글을 책으로 엮어 『중산복궤집』 5권을 지었습니다."라고 말하고 있다. 이로 보아 이 시기는 아마도 최치원에게 있어 당으로 유학 온 이래 가장 편안하고 속 편했던 시기였을 듯하다. 이런 환경에서 그가 〈추야우중〉과 같은 고독과 적막함이 물씬 배어나는 그런 시를 지었을 가능성은 그리 크지 않을 것이다. 그 두 번째 단계(879년 겨울~880년 여름) 시기, 최치원은 879년 겨울 율수현위직에서 물러난 후 귀국을 택하지 않고 당에서 자신의 꿈과 이상을 펼치기 위해 보다 나은 장래와 좀 더 큰 관직을 얻을 수 있는 지름길인 박학굉사과博學宏詞科에 응시하고자 하였다. 그러나 이러저러한 이유로 박학굉사과 준비를 포기하게 되었고 그러한 그가 출세할 수 있는 방법은 고위 관리의 쓰임을 받는 방법뿐이었을 것이다. 그래서 그는 고병에게 자천서를 올리며 막부로의 입막을 시도한다. 따라서 이 시기에는 이 세상에 맘을 터놓을 수 있는 지음이 적다(擧世少知音)는 비애와 한탄보다는 자신의 재능을 알아봐주고 펼치게 해 줄 수 있는 백락伯樂이 없음(擧世少伯樂)을 더 많이 한탄하였을 것이다.

[4] 고병막부시기(880년 여름~884년 가을)

이 시기는 최치원이 회남절도사 고병의 막부 아래에 있었던 시기로, 그의 재능을 인정받으며 자신의 재주를 맘껏 펼쳤던 시기라 할 수 있다. 특히 881년에는 「격황소서」를 통해 문명文名을 천하에 떨치게 되었을 뿐만 아니라, 후에 당나라 황제로부터 자금어대를 하사받기도 하는 등 당에서의 자신의 꿈과 이상을 대부분 실현시킨 시기이기도 하다. 물론 이 시기에도 주위로부터 적잖은 시기를 받고 배척의 대상이 되기도 하였을 것이지만, 그래도 이 시기에는 자신의 성공과 함께 절친한 벗들을 여럿 사귀었다. 이 기간 동안에 고운顧雲, 양섬楊贍, 오만吳巒 등 절친한 벗들과 주고받은 시가 여러 편 전하는데, 그런 그가 〈추야우중〉처럼 '거세소지음擧世少知音'을 한탄하지는 않았을 것이다.

(2) 귀국 후 현실과 〈추야우중〉

귀국 후의 최치원의 생애는 크게 3단계로 나누어 볼 수 있다. 첫 번째 단계는 귀국 후 헌강왕의 인정과 지지를 받아 벼슬길에 들어선 때(885~887년)이며, 두 번째 단계는 진성여왕 즉위 후 시무책 십여조를 바치는 등 조국을 위해 온갖 노력을 다하지만, 육두품으로써 지니는 신분적 한계와 주변의 시기와 경계로 인해 자신의 재능을 제대로 펼치지 못해 고뇌하고 좌절하는 시기(888~898년)라 할 수 있다. 그리고 세 번째 단계는 은둔을 결심하고 가야산에 은둔한 이후의 시기(899년~?)이다.

이 세 단계 중, 〈추야우중〉은 두 번째 단계의 말기 즈음에 지어졌을 것으로 보인다. 두 번째 시기에 더욱 노골화된 신라 통치 계급의 부패와 정권 다툼 그리고 주변의 경계와 질투로 인해 최치원은 자신의 정치적 포부를 더이상 실현할 수 없음을 인식하며 점차 좌절하게 된다. 진성여왕8년(894년)에는 '시무책 십여조'를 올리며 위기에 처한 국가를 구제하기 위해 최선을 다하지만 결국 이마저도 실현되지 못한다. 그리하여 자기의 이상과 포부를 더이상 펼칠 수 없다는 좌절과 조국의 운명에 대한 근심 그리고 통치계급에 대한 증오 등의 감정들이 교차하게 된다. 또한 이 시기에 최치원은 보수파 귀족들의 견제와 저항을 받으며, 자의반타의반으로 외직으로 돌며 당에서 외국인으로 겪어왔던 것보다도 더 큰 소외감과 고독을 조국에서 맛보게 된다. 그 때문인지 이런 상황에서 창작된 〈고의古意〉, 〈촉규화蜀葵花〉, 〈우흥寓興〉 등의 시들 역시 어둡고 침울한 분위기를 띠며,[52] 재당시기에 창작된 작품들보다 훨씬 더 발전

52 席永傑,「唐代著名朝鮮詩人崔致遠」,『內蒙古民族師院學報』(哲社版), 1996年 第3期, 內蒙古民族師院, 36면.

되고 성숙된 모습을 보이는데,[53] 〈추야우중〉 역시 그러하다고 볼 수 있다. 따라서 〈추야우중〉은 당시의 현실 속에 번뇌하던 최치원이 주체하기 힘든 고독과 적막함을 느낀 어느 가을 밤, 때마침 비 내리고 바람(그것도 당이 있는 쪽에서 불어오는 서풍)마저 불자, 당의 친구들 그리고 그들과 함께했던 그 시절을 그리워하며 읊은 시라고 보아야 할 것이다.

4) 최치원의 향수시와 〈추야우중〉

이 부분에서는 최치원의 향수시를 살펴보며 이들이 〈추야우중〉의 시적 분위기나 정조情調 그리고 시어 면에서 어떤 차이를 보이는가를 고찰하도록 하겠다. 이는 〈추야우중〉이 향수시의 범주에 속하지 않으며, 당이 아닌 신라에서 창작되었음을 밝히는 하나의 단서가 될 수도 있을 것이다. 본고에서는 향수시의 범위를 넓혀 그 시의 궁극적인 주제가 향수가 아니라 할지라도 고향을 그리워하는 내용이 들어 있거나 고향(신라)을 언급한 시들도 향수시에 포함시켜 함께 다루기로 한다. 또한 창작 시기 순으로 살펴봄으로써 최치원의 향수시가 어떤 변화를 보이고 있는지도 함께 살피도록 하겠다.

현전하는 최치원의 시 중 가장 이른 시기의 향수시는 〈장안여사여어신미장관접린長安旅舍與於愼微長官接鄰〉이다.

上國羈棲久	상국에 와 타향살이 오래이러니,
多慚萬里人	부끄러움 많아라 만리 떠난 몸.
那堪顔氏巷	안자처럼 누추한 살림으로,
得接孟家隣	맹자 같은 좋은 이웃 얻을 줄이야.

53 何振華, 「朝鮮新羅時期詩人崔致遠及其作品」, 『延邊大學學報』(社會科學版), 1982年 第一期, 延邊大學, 42면.

守道惟稽古　　도 지키며 옛글 배울 뿐이니,
交情豈禪貧　　사귀는 깊은 정은 어찌 가난타고 싫어하리
他鄕少知己　　타향이라 알아 줄 이 적으니,
莫厭訪君頻　　그대 자주 찾는 것 싫다 마시라.

〈長安旅舍與於愼微長官接鄰〉

이 시는 최치원이 과거에 급제 한 후 동도유랑을 떠나기 전 장안에 머물 때 지은 시이다. 얼핏 보기에 이 시와 〈추야우중〉은 상당한 유사점이 있어 보이는데, 특히 '만리萬里', '타향소지기他鄕少知己' 등의 시어가 더욱 그렇게 느끼게 한다. 하지만, 〈추야우중〉에서 느낄 수 있는 그런 적막하고 침울한 분위기와는 사뭇 다르다. 경련 "도 지키며 옛글 배울 뿐이니, 사귀는 깊은 정은 어찌 가난타고 싫어하리."와 미련 "타향이라 알아 줄 이 적으니, 그대 자주 찾는 것 싫다 마시라."에서는 우신미 장관에게 현재 자신의 모습은 비록 초라하지만 도道로 교유하기에 충분한 인물이니 거절하지 말라며 당당한 모습을 보이고 있다. 즉, 이 시를 통해 당시 자신의 처량함과 외로움을 극복하고자 하는 의지와 기백을 엿볼 수 있다. 이러한 부분이 바로 〈추야우중〉과의 차이라 할 수 있다.

孤蓬再此接恩輝　　외로운 나그네 또 다시 예서 신세지니,
吟對秋風恨有違　　가을바람 읊조리며 어길 일 다시 서러워지네
門柳已調新歲葉　　문 앞 버들잎은 새 잎도 벌써 시들었건만,
旅人猶著去年衣　　나그네 옷은 아직 작년 입던 그대로네.
路迷霄漢愁中老　　하늘같이 아득한 길 시름 속에 나이만 먹어가니,
家隔煙波夢裏歸　　바다건너 고향집은 꿈에나 돌아갈까?
自笑身如春社燕　　우습다 이 몸은 봄 사일의 제비인가
畫樑高處又來飛　　그림 들보 높은 곳에 또 와 노니네.

〈秋日再經盱眙縣寄李長官〉

이 시에는 타국에서 자신의 포부를 이루지 못하는 가운데 세월만 허비하는 것을 한탄하면서도 고향을 그리워하는 마음이 자조 속에 잘 녹아 있다. 또한 고향에 돌아가고 싶어도 아직은 그때가 아님을, 다시 말해 자신이 만족하고 남에게 내세울 수 있을 만큼 성공하고 출세하지 못하였기 때문임을 고백하는 듯하다. 가을이라는 시간적 배경 속에 외로움과 처량함을 표출해 내고 있다는 면에서 〈추야우중〉과 흡사한 분위기를 보여주고 있기는 하다. 하지만, 〈추야우중〉이 자신의 고독과 번뇌를 고스란히 내면화 하며 '이 세상에 맘을 터놓을 수 있는 지음이 적다[擧世少知音]'고 한탄한 것에 반해, 이 시는 자신의 정신적 · 경제적으로 초라한 신세를 이장관에게 진솔하게 토로하며 밖으로 표출해내고 있다는 점에서 큰 차이가 있다.

相逢暫樂楚山春	서로 만나 잠시 초산의 봄을 즐기다가,
又欲分離淚滿巾	또 다시 헤어지려니 눈물이 수건에 가득하네.
莫怪臨風偏悵望	바람 앞에 슬피 바라봄을 괴이히 여기지 말라.
異鄕難遇故鄕人	타향에서 고향사람 만나기는 참 어려운 것을.

〈山陽與鄕友話別〉

이 시는 『계원필경집』에는 수록되어 있지 않으나 고병막부시기에 지어진 것으로 보인다. 이 시에는 고향에 대한 그리움과 돌아갈 수 없는 현실에 대한 안타까움이 잘 표현되어 있다. 〈추야우중〉에서는 고독함과 그리움을 혼자 속으로 삭이며 내면화 한 반면, 이 시는 3, 4구에서 볼 수 있듯이 그것을 남들에게까지도 서슴없이 표출해 내고 있다는 점에서 차이를 보인다.

海內誰憐海外人	해내의 누가 해외 사람 어여삐 여기겠습니까,

問津何處是通津　나루를 묻노니 어느 길이 나루로 통하는지요.
本求食祿非求利　본디 녹을 구했을 뿐 이를 구함은 아니요,
只爲榮親不爲身　단지 어버이 빛내려 할 뿐 제 몸 위한 건 아니랍니다.
客路離愁江上雨　강가 내리는 비에 객지에서 이별하는 시름 깊어가고,
故園歸夢日暮春　봄날 저물어가는데 고향 돌아가는 꿈을 꾸네.
濟川幸遇恩波廣　내 건너다 다행히 넓은 은혜의 물결 만나,
願濯凡纓十載塵　속된 갓끈의 십 년 먼지 씻어버리고 싶습니다.

〈陳情上太尉詩〉

이 시는 최치원이 고병막부로 입막하고 난 후 고병에게 바친 시로, 자신이 외국인으로서 느껴왔던 소외감을 여실히 토로하고 있다. 함련 "본디 녹을 구했을 뿐 이를 구함은 아니요, 단지 어버이 빛내려 할 뿐 제 몸 위한 건 아니랍니다"를 통해 그가 당으로 온 이후 아버지와의 약속을 지키고 입신하기 위해 얼마나 노력해 왔는지를 확인할 수 있다. 또한 경련 "강가 내리는 비에 객지에서 이별하는 시름 깊어가고, 봄날 저물어가는데 고향 돌아가는 꿈을 꾸네."를 통해서는 〈추일재경우이현기이장관〉과 마찬가지로 비록 고향으로 돌아가고 싶기는 하나, 자신 스스로가 아직은 그때가 아님을 잘 알고 있음을 보여주고 있다. 다만, 그 시에서는 출세해 고향으로 돌아가고 싶지만 그럴 수 있는 희망이 보이지 않는 막막함에 "바다건너 고향집은 꿈에나 돌아갈까?"라고 읊었다면, 이 시는 자신의 재능을 인정해주는 백락伯樂 고병을 만나 자신의 재능을 발휘할 기회를 잡았고 언젠가는 당당하게 금의환향할 수 있는 날이 올 것이라는 희망을 보았기에 "봄날 저물어가는 데 고향 돌아가는 꿈을 꾸네"라며 좀 더 긍정적으로 읊고 있다. 이처럼 이 시의 정서는 미래지향적인 의지와 희망이 그 기조基調를 이루고 있어 〈추야우중〉에서 보이는 그런 고독함이나 침울함과는 상당한 거리를 가진다.

이제부터 살펴볼 향수시는 귀국을 결정하고 귀국길에 오른 이후에 지은 시이기에 앞의 향수시들은 물론 〈추야우중〉과도 상당히 다른 분위기의 시이다.

自古雖誇晝錦行　예부터 금의환향 자랑하지만,
長卿翁子古虛名　장경옹자라는 허명만 차지했네.
旣傳國信兼家信　국신에다 또 가신 얻으니,
不獨家榮亦國榮　가문의 영광이요 나라의 영화.
萬里始成歸去計　만리 땅 비로소 돌아갈 길 얻었건만,
一心先筭卻來程　마음 한편엔 다시 오길 생각하네.
望中遙想深恩處　멀리 깊은 은혜를 받은 곳을 그려보니,
三朶仙山目畔橫　삼신산이 눈가에 어리네.

〈行次山陽續蒙太尉寄賜衣段〉

최치원이 귀국을 결정할 수 있었던 것은 여러 이유가 있었겠지만, 함련 "국신에다 또 가신 얻으니, 가문의 영광이요 나라의 영화"에서 볼 수 있듯이 귀국을 결정하기에 이제는 부끄럽지 않을 만큼 충분히 성공했다는 판단도 한 몫 했을 것이다. 그 전까지만 해도 그는 줄곧 신라로 돌아가기엔 아직 부족하다고 생각했었지만, 이젠 드디어 금의환향할 수 있게 되었다. 그러나 경련 "만리 땅 비로소 돌아갈 길 얻었건만, 마음 한편엔 다시 오길 생각하네."에서는 드디어 고국으로 돌아갈 수 있게 되어 기쁘기는 하지만, 귀국을 결정하고 떠나려 하는 지금은 오히려 언제 다시 당으로 돌아올 수 있을까 하며 당을 떠나는 아쉬움을 토로하고 있다.

與君相見且歌吟　그대여 우리 노래 부르고 시나 읊조리며,
莫恨流年挫壯心　한해의 포부 이루지 못한 것 한탄 마세나.
幸得東風已迎路　다행히 봄바람이 돌아갈 길 맞아주면,

好花時節到鷄林　꽃피는 좋은 시절엔 계림에 도착할걸세.

〈和友人除夜見寄〉

이 시의 정서는 이전의 시들과 상당히 다르다. 예전의 최치원은 자신이 만족할 만큼 성공하지 못했기에 쉽게 귀국을 결정할 수 없는 것에 대해 애석한 마음과 초조한 마음을 드러냈었다. 하지만, 이 시에서는 그런 초조함은 사라지고 오히려 친구를 위로해주는 여유까지 보인다. 이는 귀국을 결정하고 난 후 여유와 너그러움이 생겨났기 때문일 것이다.

知爾新從海外來　봄바람아 너는 또 바다 건너서 불어와,
曉窗吟坐思難裁　새벽 창가 시 읊는 자리를 뒤숭숭하게 하누나.
堪憐時復撼書幌　때때로 찾아와서 서재 휘장을 스치니,
似報故園花欲開　고향의 꽃 피려는 소식을 알리려나 보다.

〈東風〉

이 시와 〈추야우중〉의 시간적 배경은 정반대이다. 〈추야우중〉이 가을 늦은 밤 자신의 고독과 어딘가에 대한 그리움을 표출하고 있는 반면, 이 시는 봄날 새벽 고향에 대한 그리움을 읊고 있다. 하지만 그 그리움은 애수와 처량함이 아닌 귀국을 앞 둔 시점에서의 흥분과 설렘이다.

潮波靜退步登沙　밀물 빠진 모래사장 걷노라니,
落日山頭簇暮霞　해지는 산마루에 저녁노을 깔렸네.
春色不應長惱我　봄빛도 내 마음 오래 괴롭히진 못하겠지,
看看卽醉故園花　머지않아 고향의 꽃향기에 취할 테니.

〈海邊閒步〉

앞의 〈동풍〉과 이 시는 귀국 길에 오른 후 안전을 위해 산동의 항구

곡포曲浦에서 겨울을 보낸 후 맞게 된 당에서의 마지막 봄에 지은 시이다. 고향에 대한 그리움과 이제 곧 거기에 도착하게 될 것이라는 기대와 흥분을 숨김없이 표현하고 있다. 특히 이 시의 3구 '봄빛도 내 마음 오래 괴롭히진 못하겠지'란 표현은 최치원에게 있어 고향을 더욱 그립게 만들었던 계절은 가을이 아니라, 봄이었을 것이라는 추측을 가능하게 한다. 이 외에도 〈장귀해동참산춘망將歸海東巉山春望〉에서는 참산의 봄 경치를 완상하며 마치 고향을 눈앞에 둔 듯 설레어 하고 흥분해 하는 최치원의 모습이 잘 그려져 있다.

위에서 살펴보았듯이, 몇 수의 향수시에서는 〈추야우중〉에서 볼 수 있는 그런 고독함, 적막함, 처량함 등의 정서를 엿볼 수는 하지만, 동시에 그 안에는 그것을 극복하고자 하는 강렬한 의지가 내재해 있음을 알 수 있었다. 그리고 그런 내면의 고독과 고뇌를 누군가에게 토로하며 표출해 내고 있음도 알 수 있었다. 반면 고병막부로 입막한 후의 향수시들은 점차 긍정적이고 밝게 변해가는 양상을 띤다. 즉, 전에는 다소 아득하게만 보였던 귀국이 금의환향을 할 수 있는 여건을 점차 갖추게 되면서 이제는 머잖아 고향에 돌아갈 수 있을 것이라는 희망이 입막 후의 시에 어려 있으며, 귀국을 결정하고 난 후의 시에는 삶의 여유가 묻어나기도 한다. 그리고 귀국길에 오른 후에 지어진 시는 흥분과 기대 그리고 설렘이 주된 정서를 이루는 양상으로 변해가고 있음을 엿볼 수 있었다. 따라서 〈추야우중〉은 최치원의 향수시와 비교하여 보았을 때 그 정서와 표현 방식에 있어 상당한 차이를 보이고 있다 할 수 있다.

그리고 시어 측면에서 보자면, 최치원의 향수시에는 대부분 고원故園, 고향故鄕, 해동海東, 계림鷄林, 바다건너 고향집[家隔煙波] 등 고향을 직접적으로 지칭하는 단어들이 함께 쓰였거나, 타향他鄕, 금의환향錦衣還鄕, 해외인海外人, 만리인萬里人 등 타국에 있음을 밝히거나 고향을 그리워하고 있음을 알게 하는 좀 더 직접적인 단어들이 함께 쓰였다는 사실을 눈치챌 수 있다. 이는 〈추야우중〉에서는 고향을 나타내거나 타향임을 나타내는 단어의 출현 없이 '등전만리심燈前萬里心'만으로 추상적이고 애매하게 표현한 것과는 차이가 있다. 그러므로 〈추야우중〉은 여러모로 최치원의 향수시와는 다른 풍격을 지니고 있다 할 수 있고, 이는 곧 이 시를 향수시로 간주하지 않을 수 있음을 시사해주고 있다 하겠다.

5) 최치원 시에서의 '만리'

〈추야우중〉이 고향을 그리워하는 시라고 보는 이들은 이 시의 결구 '만리심萬里心'이 멀리 떨어져있는 고향을 그리워하는 마음이라고 한다. 즉 여기서의 '만리'는 고향(신라)을 의미한다고 보는 것이다. 그렇다면 최치원의 시에서 '만리'는 고향을 의미하는 단어로만 쓰였을까? 현전하는 최치원의 시 중 '만리'라는 시어가 쓰인 시는 〈추야우중〉 말고도 8편이 더 있는데, 그 시들에서 '만리萬里'는 과연 어떤 의미를 지니는가를 살펴보기로 한다.

① 〈射鵰〉
能將一箭落雙鵰　한 화살로 두 마리 독수리를 떨어뜨려,
萬里胡塵當日銷　오랑캐의 만리 티끌 그날로 사라지네.

② 〈安南〉
萬里封疆萬戶口　만리 변방 국경 만호구에,
一麾風雨盡收歸　한번 휘둘러 바람과 비를 모두 거두었네.

③ 〈狻猊〉
遠涉流沙萬里來　멀리 사막을 건너 만리를 왔기에,

毛衣破盡著塵埃　털은 다 빠지고 먼지를 뒤집어 썼네.

①과 ②는 『계원필경집』 권17에 수록되어 있는 고병의 공덕을 기린 기덕시 30수에 포함되어 있는 시이며 ③은 『삼국사기』 권32에 수록되어 있는 〈향약잡영〉 5수 중 하나이다. 각 시에서 '만리'는 모두 '아주 먼 곳'이라는 의미 속에 ①은 서융西戎 오랑캐가 있는 변방을, ②는 남만南蠻 오랑캐가 있는 변방을, ③은 아주 먼 길을 뜻한다. 하지만 이 3편의 시는 최치원 자신의 심정을 읊은 시가 아니므로 고찰 대상에서 제외시켜도 무방할 것이다.

④ 〈行次山陽續蒙太尉寄賜衣段〉의 경련
萬里始成歸去計　만리 땅 비로소 돌아갈 길 얻었건만,
一心先筭卻來程　마음 한편엔 다시 오길 생각하네.

⑤ 〈楚州張尚書水郭相迎因以詩謝〉의 3, 4구
萬里乘槎從此去　만리 길 뗏목타고 여길 떠나면,
預愁魂斷謝公樓　사공루 그리워 어찌 하리까.

④와 ⑤에서의 '만리'는 고향으로 돌아가는 머나 먼 길이라는 의미 속에 고향(신라)을 지칭한다고 보아도 무방하다. 하지만, 이는 이들 시가 지어진 장소와 내용 때문에 그곳이 고향(신라)임을 알 수 있는 것이다. 그렇다면, 역으로 최치원이 신라에 돌아온 후 당을 그리워하며 '만리'라는 시어로 그 그리움을 표현하였다고 해도 그것은 매우 자연스러운 표현이 될 것이다.

⑥ 〈酬進士楊贍送別〉의 1, 2구
海山遙望曉煙濃　멀리 바다의 산은 새벽 연기에 싸이고,

百幅帆張萬里風　백 폭 돛은 만리 바람에 펼치었네

⑦ 〈泛海〉의 수련
掛席浮滄海　배를 푸른 바다에 띄우니,
長風萬里通　긴 바람 만리를 통하였네.

⑥은 최치원이 귀국길에 오른 초기(884년 가을)에 지은 것이다. 반면, ⑦은 『계원필경집』에 수록되어 있지 않은 시로, 산동에서 겨울을 보낸 후 이른 봄(885년) 다시 신라로 출발하면서 지은 시로 보는 이도 있고,[54] 하정사賀正使 신분으로 재입당 했다가 귀국할 때 지은 시[55]로 보는 이도 있다. 그렇다면, ⑥에서의 '만리 바람'은, 최치원이 귀국 길에 오른 가을에 당에서 신라 쪽으로 부는 가을바람이다. 반면, ⑦의 '만리를 통한 긴 바람'은 당에서 신라로 출발할 때 신라에서 당 쪽으로 불어온 봄바람이다. ⑥에서 '만리'의 시발점은 당이며 도착점은 신라인 반면, ⑦에서 만리의 출발점은 신라이며 도착점은 당인 것이다. 따라서 이들 시에서 만리는 그저 당과 신라 사이의 공간적·물리적인 아주 먼 거리라는 의미로 쓰였다고 보아야 할 것이다. 특이한 점은 ⑦의 '만리'는 시 전체적 내용으로 보았을 때 단지 공간적·물리적 거리만을 의미하는 것이 아니라 고금을 관통하는 시간적 거리라는 의미를 가지기도 한다는 사실이다.

⑧ 〈長安旅舍與於愼微長官接鄰〉의 수련
上國羈棲久　상국에 와 타향살이 오래이러니,
多慚萬里人　부끄러움 많아라 만리 떠난 몸.

54 김혜숙, 앞의 논문, 96면.
55 方曉偉, 『崔致遠思想和作品研究』, 廣陵書社, 2007, 276~278면.

⑧에서의 '만리'는 신라로 해석해도 큰 무리가 없기는 하다. 최치원의 시에서 '만리'가 '해외'와 같은 의미로 쓰이는 경우도 있다. 이 시에서의 '만리인'은 앞에서 살펴보았던 〈진정상태위시〉의 "해내의 누가 해외 사람 어여삐 여기겠습니까[海內誰憐海外人]"에 쓰인 '해외인'과 같은 의미인데, 이들은 모두 타국인이란 의미가 더 강하므로, 이를 굳이 신라로 해석할 필요는 없다. 그러나 '해외'도 상황에 따라서는 명백히 신라를 의미하는 경우도 있다. 〈동풍〉 1구 "봄바람아 너는 또 바다 건너서 불어와[知爾新從海外來]"의 '해외'는 결구의 '고원'과 함께 어우러짐으로써, 같은 의미를 갖게 되어 결국 신라를 의미하게 된다.

이렇듯 '만리'라는 단어는 일차적으로는 공간적인 거리를 나타내며, 시적 분위기나 다른 시어의 영향으로 인해 조금씩 다른 의미를 가지게 되기도 하는 것이다. 물론 '만리심'이란 시어가 한시에서 자주 혹은 관습적으로 고향을 그리워하는 뜻으로 쓰인다는 것은 부정할 수 없는 사실이기는 하다. 이는 서거정의 〈추우秋雨〉,[56] 이행의〈추회秋懷〉,[57] 정희득의 〈야우독좌雨夜獨坐〉[58] 등의 시를 보아도 그러하다. 그러나 좀 더 냉철히 생각해 보면, 이러한 시들에서 '만리심'이 '고향을 그리워하는 마음'

56 徐居正, 〈秋雨〉, 『四佳集』 卷50, "秋雨蕭蕭篁竹林, 客懷寥寂伴蛩唫. 未成王燦登樓賦, 一片斜陽萬里心."(대나무 숲에 가을비는 쓸쓸히 내리는데, 적막한 나그네 회포는 귀뚜리 소리 짝했네. 왕찬의 등루부는 미처 이루지 못한 채, 한 조각 석양 아래 고향 생각이 아득하구나.)

57 李荇, 〈秋懷〉, 『容齋集』 卷6, "憔悴三遷客, 淹留萬里心. 南溟時弔影, 北鬥屢沾襟. 名位平生誤, 文章夙昔欽. 忽辭丹禁直, 誰試白頭吟." (세 차례나 귀양살이 하는 몸, 만리타향에 묶인 이내 마음이여. 남해 가에서 때로 그림자 조상하고, 북두성을 보며 자주 옷깃 적시노라. 벼슬 때문에 평생을 그르쳤지만, 문장은 일찍부터 남의 흠모 받았지. 홀연히 대궐을 하직하고 떠나니, 뉘라서 백두음을 한 번 불러보리오.)

58 鄭希得, 〈雨夜獨坐〉, 『海上錄』 卷2, "無端一夜空階雨, 滴碎思鄉萬里心. 此句千秋誰解道, 半窓羈客淚難禁."(무단히 하룻밤 빈 뜰에 내린 비, 고향 그리는 만리의 마음에 떨어져 부서진다. 이 글귀 천추에 누가 읽어 이해할고, 반쯤 열린 창 앞에 나그네 눈물 걷잡기 어렵네.)

을 의미하게 된 데에는 '만리심'이란 시어 자체보다는 그 시들 안에 함께 쓰인 시어, 즉 '객客', '사향思鄕', '기객羈客' 등의 영향도 매우 크다고 보아야 할 것이다. 왜냐하면 만일 이러한 시어들 대신 '친구', '님', '임금' 등의 시어들이 쓰였다면, 작자가 그 어느 곳에 있든 그리워하는 대상은 고향과는 상관없이 '그리워하는 대상이 있는 바로 그곳'이 될 것이기 때문이다. 따라서 〈추야우중〉의 '만리' 역시 고향(신라)을 의미한다기보다는 당과 신라의 거리를 나타내어, 당에 있을 때는 신라를 의미하겠지만, 반대로 신라에 있을 때는 당을 의미하게 되는 것이다. 게다가 '만리'가 '심心'과 어우러지면서 심리상의 거리 혹은 상태를 표현하게 되며, 〈추야우중〉에 대한 해석과 의미를 좀 더 다양하게 한다. 그리고 〈추야우중〉의 결구 '등전만리심燈前萬里心'이 『최문창후전집』에는 '등전만고심燈前萬古心'으로 되어 있다는 사실도 눈여겨 볼 필요가 있다. '만고萬古'에 대한 다양한 해석도 가능하겠지만, 가장 기본적인 뜻인 '아주 먼 옛날'이란 의미로 해석하면 〈추야우중〉의 결구가 '지나간 날의 어느 때를 향한 그리움'으로 해석될 수도 있음을 시사해준다고 볼 수 있다. 그렇다면, 〈추야우중〉에서의 '만리'는 물리적인 거리로서는 당을, 심리적인 거리로서는 귀국 후 신라에서 느끼게 된 이상과 현실 사이의 괴리감, 좌절, 지식인의 고뇌 등을, '만고'는 이미 옛일이 되어버린 당에 있는 친구들과 함께 했던 그 시절에 대한 그리움을 의미한다고 볼 수 있다.

6) 결론

본고는 최치원의 대표작인 〈추야우중〉의 창작시기에 대한 논의를 좀 더 정면으로, 구체적으로 다루어보았다. 그간 선행연구자들의 논의는 대부분이 최치원이 당에서 유학한 사실과 시적 분위기만으로 〈추야우중〉을 '재당시절 고향(신라)을 그리워하며 지은 시'라고 보거나, 신라로 돌아온 후의 정치적 현실과 시적 분위기만으로 '신라로 돌아온 후 이상과 현실의 괴리감 및 지식인의 고뇌를 표현해 낸 시'라고 보는 정도가 대부분이었다. 그러나 한국의 한시를 대표한다고 할 수 있는 〈추야우중〉이 재당시절 창작된 것인지, 귀국 후 신라에서 창작된 것인가의 창작시기 문제는 이 시에 대한 해석과 이해를 바꾸어 놓을 수 있는 중요한 요소이다. 현재 한국에서는 '귀국 후 신라 창작설' 쪽으로 무게가 많이 기울었다고는 하나, 이 견해는 기존에 정설로 여겨졌던 '재당시절 고향을 그리워하며 지은 시'라는 설을 뒤집는 것이므로 좀 더 분명한 설명과 논리가 필요하다. 그러함에도 불구하고, 여태까지는 그러할 가능성이 충분하며 그렇게 보아도 별 무리가 없다는 정도의 간략하고 포괄적인 논의가 대부분이었다. 이에, 필자는 선행 연구자들의 논의를 토대로 그 근거와 논리를 보충하여 이를 좀 더 명확히 하고자 하였다. 먼저 최치원의 생애를 살펴보며 이 시가 어느 시기에 창작된 것으로 보는 것이 가장 자연스럽고 타당한지를 분석하였는데, 최치원이 신라로 돌아온 후 은거를 결정하기 전 즈음의 상황과 정조情調로 보는 것이 가장 무난하다고 생각된다. 그 다음으로 최치원의 향수시를 분석하며 이들이 〈추야우중〉의 시적 분위기와 정조 그리고 시어 측면에서 적잖은 차이를 보이고 있음을 알 수 있었다. 이는 곧 〈추야우중〉이 향수시의 범주에 들어가지 않는다는 반증이 될 수 있을 것이다. 그리고 마지막으로 〈추야우중〉을 보통 재당시절 고향을 그리워하며 지은 시라고 보는 근거가 되어왔던 '만리'의 분석을 통해 '만리'가 신라가 아닌 당을 의미할 수 있음을 알 수 있었다. 따라서 〈추야우중〉은 최치원이 신라로 귀국한 이후에 창작한 것으로, 자신의 정치적 이상과 포부를 더이상 실현할 수 없다는 현실 속의 좌절과 조국의 운명에 대한 근심 그리고 통치계급에 대한 증오 등의 감정들이 교차하던 시기, 즉 은거를 결심하기 전 즈음에 창작된 것으로 자신이 당에 머물던 시절 사귀었던 친구들과 그 시절을 그리워하며 읊은 시라 할 수 있다.

마지막으로, 필자의 견해를 종합하여 〈추야우중〉을 산문적으로 표현해 보면 다음과 같다.

> 나의 소년기와 청년기를 보낸 서쪽(당)으로부터 불어오는 가을바람 소리를 들으며 신라에서 겪고 있는 이 현실이 고통스러워 시를 읊는다. 신라로 돌아와 벼슬을 하다 보니 속마음을 터놓을 수 있는 지음을 만나기가 실로 어렵구나. 현실이 고달파 잠 못 이루는 이 늦은 밤, 창 밖에 비마저 내려 내 마음을 적신다. 홀로 등불만 마주하고 있는 외로운 내 마음, 어느새 만리 밖 당에 있는 나의 절친한 벗들, 그리고 이제는 다시는 돌아갈 수 없는 아득한 옛날이 되어 버린 그들과 함께 했던 그 시절이 사무치게 그리워진다.

제4부

정리를 대신하여

1. 최치원의 현존시 재고

1) 서론

최치원이 일생동안 창작한 시문은 상당히 많았을 것이다. 최치원이 신라로 돌아오고 난 그 이듬해(886년) 정월 헌강왕에게 28권[1]의 문집을 바치며 올린 주(「계원필경집서」)에서 그는 "당나라에 유학간지 6년 만에 신의 이름이 방에 걸리게 되었습니다. 이때 느꼈던 심정을 읊고 사물에 의탁하여 편을 이룬 것들이 부이고 시이니 거의 상자에 넘칠 만큼 되었습니다. …… 고병막부에 있던 4년간 마음 써서 1만여 수를 지었습니다. 그러나 하찮은 글들을 가려내다 보니 열 가운데 한 둘도 남지를 않았습니다."[2]라고 말하고 있다. 이것만으로도 그가 재당기간에 얼마나 많은 시문을 지었는지를 충분히 짐작할 수 있다.

최치원은 귀국 후에도 수많은 시문을 창작하였을 것이다. 하지만 서

1 28권의 문집은 다음과 같다. 私試今體賦五首一卷, 五言七言今體詩共一百首一卷, 雜詩賦共三十首一卷, 中山覆簣集一部五卷, 桂苑筆耕集一部二十卷.

2 崔致遠, 「桂苑筆耕集序」, 『桂苑筆耕集』, "觀光六年, 金名榜尾. 此時諷詠情性, 寓物名篇, 曰賦曰詩, 幾溢箱篋 . …… 四年用心, 萬有餘首, 然淘之汰之, 十無一二."

유구가 "우리나라로 돌아온 뒤의 저작은 흩어져 전하지 않고, 오직 절과 사당 사이에서 수풀을 헤치고 이끼를 베껴내야 십여 편을 얻을 수 있다."[3]라고 말한 것처럼 그 실상을 제대로 파악하기가 어렵다. 현재 확인할 수 있는 귀국 후에 지어진 시는 수십 편에 불과하다. 『해동역사』를 보면 "만력 정유년(1597, 선조30)에 사마공이 동쪽으로 가서 조선을 구원할 때 나 오명제는 빈객으로 종사하였는데, 무술년(1598) 봄에 압록강을 건너 의주에 주둔하였다. 초여름에 찬획 사마공을 따라 성 남쪽에서 사냥하다가 험난한 곳에 이르러서 말은 지치고 비를 만나 농가에서 쉬고 있었는데, 이문학의 일행을 만나게 되었다. 그들을 안으로 불러들여 만나보고는 인하여 해동의 명사 최치원의 여러 문집에 대해 물어보니, 말하기를 '소국이 난리를 당해 임금과 신하들이 시골로 떠돈 지가 이미 7년이나 되었는바, 목숨조차 부지하기도 어려운데 하물며 그 책을 가지고 다니겠는가?' 하였다. 그러나 최치원의 시를 기억하는 자가 있어서 글로 써 주었는데, 모두 200편이었다."[4]라는 내용이 있다. 이는 다소 과장된 부분이 있다고 할지라도, 조선 중기까지만 해도 전해져오는 최치원의 시는 분명 현재의 그것보다는 훨씬 더 많았을 것이다.

이미 수십 년 동안 최치원의 시문과 관련한 수많은 연구가 이루어져 왔음에도 불구하고 필자가 본고에서 최치원의 현존시에 대한 재고를 시

3 徐有榘, 「校印桂苑筆耕集序」, "東還後著作, 散逸無傳唯有梵宮祠墓之間, 披林藪剔苔蘚, 尙可得十數篇."

4 韓致奫, 「經籍」4, 『海東繹史』 卷45, 藝文志 4, "[吳明濟 『朝鮮詩選』自序] 萬曆丁酉之歲, 司馬公贊畫, 東援朝鮮, 明濟以客從, 戊戌春, 涉鴨綠軍於義州. 孟夏從司馬公, 獵於城南, 及坎馬敗, 値雨休於村舍, 遇李文學輩. 稍稍引見, 因訪東海名士, 崔致遠諸集辭曰'小國喪亂, 君臣越在草莽旣七載, 首領且不保, 況於此乎.' 然有能憶者, 輒書以進, 凡二百篇."

도하는 이유는 현전하는 최치원의 시 작품수에 대한 견해가 여전히 조금씩 다르며, 더러는 선행연구자의 오류를 여전히 그대로 답습하고 있는 경우가 있기 때문이다. 또한 현존시 작품 중 그 시가 과연 정말 최치원의 작품인지 의심해볼 여지가 있는 시가 몇 수 있는데도 여태껏 그에 대한 의문이 제기된 적이 거의 없기 때문이다.

먼저 현존시에 대한 선행연구자들의 언급을 살펴보며 어떠한 견해 차이가 있는가를 살펴볼 것이다. 그 후 과거 한때 최치원의 시라고 여겨진 적이 있었으나 이미 위작이라고 판명된 시나 아직 최치원의 시라고 인정받지는 못하였지만 최치원의 시일 가능성이 있는 시들을 살펴볼 것이다. 그리고 마지막으로 현재까지 연구자들에 의해 아무런 논란의 여지 없이 최치원의 시로 인정받아 왔으나, 위작일 가능성이 있는 시 몇 수에 대해 진위여부의 의문을 제기하기로 하겠다.

2) 최치원의 현존시에 대한 연구사

본고에서는 1970년대 초 현전하는 당시의 최치원 시문을 모두 집대성한 것으로 평가되는 자료집 『최문창후전집崔文昌侯全集』[5]을 비롯하여 그 이후 최치원의 시 작품수에 대해 언급한 선행연구자들의 글들을 통해 현존시 작품수의 변화를 살펴보도록 하겠다.

『최문창후전집』은 대동문화연구원에서 『계원필경집』과 최국술이 편찬한 『고운선생문집』[6]그리고 이 두 자료집에서 누락된 시문을 수집하고 보충한 『고운선생속집』을 한 권의 자료집으로 엮어 간행한 것이다. 『최문창후전집』에 수록된 시는 『계원필경집』 소재 시 60수, 『고운선생

5 성균관대학교 대동문화연구원, 『최문창후전집』, 아세아문화사, 1972.

6 최치원의 후손인 崔國述이 『악부』, 『동문선』, 야사, 승전 등에서 최치원과 관련된 기록들을 모아 1926年 6月 간행한 것으로 현재 연세대학교 중앙도서관에 소장되어 있다.

문집』 소재 시 37수 그리고 『고운선생속집』 소재 시 12수이다. 그러나 『고운선생속집』 소재 12수 중 〈화고운우사모춘즉사和顧雲友使暮春卽事〉는 『고운선생문집』에 수록된 〈모춘즉사화고운우사暮春卽事和顧雲友使〉와 동일한 시이며, 〈마상작馬上作〉은 『고운선생문집』에 수록된 〈송오진사만귀강남送吳進士巒歸江南〉의 경련이다. 따라서 『최문창후전집』에 수록된 최치원의 시는 모두 107수이다.

박노춘은 「최치원 시작품수 소고」(1975)[7]에서 최치원의 현존시를 소재해 있는 문헌별로 살펴본 후, 119수로 파악하였다. 그러나 그는 보통 칠언절구 한 수로 인정받고 있는 『천재가구』[8] 소재의 〈교주유헌이원외交州留獻李員外〉와 〈곤주유헌이원외袞州留獻李員外〉를 두 수의 시로 간주하였으며,[9] 〈비파琵琶〉와 〈과해연구過海聯句〉를 최치원의 시라고 확단할 수 없다고 하면서도 정작 그 작품 수에는 포함시켰다. 그러므로 그가 실질적으로 제시한 현존시의 작품수는 116수인 것이다. 이 글에서 그는 『최문창후전집』에 수록되어 있지 않은 시 17수, 즉 『지봉유설』 권13 소재 시 8수, 『천재가구』 소재 7수, 『신증동국여지승람』 권17 소재 시 〈공산성公山城〉 1수, 구전시 〈증산승贈山僧〉 1수 등을 언급하였다. 그러나 그는 『최문창후전집』에 수록된 시 8편[10]을 누락시키고 있다. 따

7 박노춘, 「최치원 시작품수 소고」, 『동양학』 5, 단국대학교동양학연구소, 1975, 235~247면.

8 일본 平安朝 때의 문인 大江維時(888~963)가 편집한 『천재가구』에 수록되어 있는 최치원의 시는 본래 9수인데, 그중 〈登慈和山〉은 〈登潤州慈和寺上房〉의 함련이며, 〈交州留獻李員外〉와 〈袞州留獻李員外〉 둘로 나뉘어 있는 것을 何世寧(1749~1820)이 『全唐詩逸』에서 이 둘을 합하여 한 수의 칠언절구로 만들었다. 이에 대한 내용은 『全唐詩』(共25冊) (中華書局, 1980, 193면.)에서 확인할 수 있다. 따라서 『천재가구』에는 칠언절구 1수와 聯句 6수, 즉 7수의 시가 수록되어 있는 것이다.

9 박노춘은 글(앞의 논문, 238면.)에서 이 시를 압운과 대우법으로 보아 동편의 7언율시의 각 일련일 듯하다고 밝히고 있다.

10 그 8수는 다음과 같다. 〈泛海〉, 〈姑蘇臺〉, 〈碧松亭〉, 〈和李展長官冬日遊山寺〉, 〈汴河懷古〉, 〈友人以毬杖見惠以寶刀爲答〉, 〈辛丑年寄進士吳瞻〉, 〈和友人春日遊野亭〉

라서 『최문창후전집』의 107수와 박노춘이 새로 제시한 17수를 합하면 최치원의 현존시는 124수가 된다.

김혜숙(1981)은 이 124수의 시에다 최면식崔勉植이 1926년에 편찬한 『고운선생문집』(고려대학교 중앙도서관 소장)에 수록되어 있는 〈석류石榴〉 한 편이 추가된 125수로,[11] 김중렬(1983)[12]은 그 125수에다 최해수가 1933년 편찬한 『해운선생약선』(전남대학교 도서관 소장)에 수록되어 있는 〈각미암엄석刻眉菴嚴石〉 한 수를 더 추가하여 현전하는 최치원의 시는 126수라고 파악하였다. 중국학자 당인핑党銀平은[13] 김중렬이 제시한 126수의 시외에 〈마상작〉을 추가하여 127수라고 하였으나, 〈마상작〉은 〈송오진사만귀강남〉의 경련이므로 그가 파악한 현존시 목록은 김중렬의 그것과 같은 것이라 할 수 있다. 이구의(2005)[14] 역시 김중렬과 마찬가지로 126수라 명시하고 있으며 그 현존시 목록도 동일하다.

그 외에 1990년대에 『명현십초시名賢十抄詩』에 수록되어 있는 〈화고운시어중양영국和顧雲侍禦重陽詠菊〉 한 수가 더 추가되었다. 이 시는 최영성역주 『최치원전집2 –고운문집』(1999)에도 수록되어 있다. 따라서 현재까지 최치원의 현존시로 평가받는 시는 모두 127수이다.[15] 이를 표

11 김혜숙, 『최치원의 시문연구』, 『국문학연구』 51, 국문학연구회, 1981, 55~58면. 이 글을 보면 『지봉유설』 소재 시 8수, 구전시 〈贈山僧〉, 〈石榴〉는 이미 1973년에 간행된 최준옥 편, 『國譯 孤雲先生文集』에 수록되어 있었음을 알 수 있다. 김혜숙이 언급한 125수의 시는 김진영·안영훈 역주, 『고운최치원시집』(민속원, 1997)에 모두 수록되어 있다.

12 김중렬, 『최치원 문학연구』, 고려대학교 대학원 박사학위논문, 1983, 71~78면.

13 당인핑 저, 마중가 역, 『최치원신연구』, 한림대학교 아시아문화연구소, 95~101면.

14 이구의, 『최고운 문학연구』, 아세아문화사, 2005, 122~130면.

15 하지만, 127수의 시 전부가 온전한 모습으로 전해오는 것은 아니다. 127수 중 『千載佳句』 소재의 6수(〈長安春〉, 〈留贈洛中友人〉, 〈送舍弟嚴府〉, 〈春日〉, 〈成名後酬進士田仁義見贈〉, 〈江山書懷〉)와 〈題輿地圖〉, 〈姑蘇臺〉, 〈碧松亭〉 이렇게 9수는 모두 聯句 형태로만 전해지고 있어 그 온전한 모습은 알 수 없다. 따라서 온전한 형태의 시 전체 모습을 볼 수 있는 시는 118수이다.

로 나타내어 보면 다음과 같다.

표 1 현전하는 최치원 시의 작품수 변화

소개	소재	수	합계
『최문창후전집』(1972) 성균관대학교 대동문화연구원	『고운선생문집』(최국술)	37수	107
	『고운선생문집』	10수	
	『계원필경집』	60수	
박노춘(1975)	『지봉유설』 권13	8수	17
	『천재가구』	6수(연구) 1수(〈衮州留獻李員外〉)	
	『신증동국여지승람』 권17	1수(〈公山城〉)	
	구전시(고운선생동상시문)	1수(〈贈山僧〉)	
김혜숙(1981)	『고운선생문집』(최면식)	1수(〈石榴〉)	1
김중렬(1983)	『해운선생략선』(최해수)	1수(〈刻眉菴嚴石〉	1
최영성(1999)	『최치원전집2 －고운문집』 (『명현십초시』)	1수(〈和顧雲侍禦重陽詠菊〉)	1
현전하는 최치원의 시 작품수			127

3) 최치원의 이름을 빌린 시

앞부분에서 살펴본 현존시 127수 말고도, 한때 최치원의 시라고 여겨졌었지만 이내 최치원의 시가 아니라고 부정된 몇 수의 시가 선인들의 문헌에 기록되어 전한다. 그리고 현재의 127수의 시 목록에는 포함되어 있지는 않지만, 한두 연구자에 의해 최치원의 시라고 언급된 시들도 몇 수 있으며, 아직 최치원의 시라고 인정받고 있지는 않지만 최치원이 그 작자일지도 모른다고 여겨지는 시도 있다. 이 부분에서는 이러한 시들을 한곳에 모아 다시 한번 살펴보는 자리를 마련하도록 하겠다.

(1) 위작이라 밝혀진 시

이 부분에서는 역대 문인이나 현대 연구자에 의해 이미 위작이라고 밝혀진 시들을 한 데 모아, 이 시들이 과연 어떠한 이유에서 위작으로 판명되었는지를 살펴보도록 하겠다.

[1] 〈비파琵琶〉

> 고운 최치원은 파천황의 큰 공이 있다. 그러므로 동방학자들은 모두 그를 으뜸으로 여긴다. 그가 지은 비파행 한 수가 『당음유향』에 실려 있고 작자는 무명씨로 적혀있다. 후세에 그것을 의심해야 할지 믿어야 할지 결정하지 못하는데, 혹자는 '동정에 달이 떨어지니 고운이 돌아간다.'라는 글귀로 그것이 최치원의 저작이라는 증거를 댄다. 그러나 또한 그것으로는 단안을 내릴 수는 없다. [16]

이규보는 세간에서 혹자는 『당음유향唐音遺響』에 수록되어 있는 이 시의 맨 마지막구 '洞庭月落孤雲歸.'(동정에 달이 떨어지니 고운이 돌아간다.)[17]의 '고운'을 고운 최치원이라 생각하여 이를 최치원 작이라고 하기도 하지만 단언할 수는 없다며 다분히 회의적인 모습을 보인다. 박노춘도 "『전당시』에는 최치원의 시작품이다 아니다 하고 확정짓지 못하는 것 2편이 있다."[18]며 다음에서 살펴볼 〈과해연구〉와 함께 이 시 〈비파〉

---

16 李奎報, 『白雲小說』, "崔致遠孤雲, 有破天荒之大功, 故東方學者 皆以爲宗. 其所著琵琶行一首, 載於唐音遺響. 錄以無名氏, 後之疑信未定. 或以'洞庭月落孤雲歸'之句證爲致遠之作. 然亦未可以此爲斷."

17 孫通海 · 王海燕主編, 『全唐詩』(增訂本 全十五冊), 第11冊 卷785, 中華書局, 1999年, 8949면. 그 전문은 다음과 같다.

粉胸繡臆誰家女, 香撥星星共春語. 七盤嶺上走鸞鈴, 十二峰頭弄雲雨.
千悲萬恨四五弦, 弦中甲馬聲駢闐. 山僧撲破琉璃缽, 壯士擊折珊瑚鞭.
珊瑚鞭折聲交戛, 玉盤傾瀉真珠滑. 海神驅趁夜濤回, 江娥蹙踏春冰裂.
滿坐紅妝盡淚垂, 望鄉之客不勝悲. 曲終調絶忽飛去, 洞庭月落孤雲歸.

를 언급하고 있다. 그리고 김진영·안영훈역주, 『고운 최치원시집』은 이 시를 "이규보의 『백운소설』에 의하면, 이 작품은 『당음향유』에 무명씨의 것으로 실려 전하는데 사람들이 최치원의 작품으로 추정한다고 함"이라며 맨 마지막 한 구만을 수록하고 있다.[19] 하지만 이 시 〈비파〉를 최치원의 현존시 목록에 포함시킨 현대 연구자는 없다. 이는 곧 이 시를 최치원작이라고 인정하는 현대 연구자는 없다는 것을 의미한다. 그리고 사실 '동정에 달이 떨어지니 고운이 돌아간다.'에서의 고운을 '외로운 구름'이 아닌 고운 최치원으로 해석하는 것은 무리 일 듯하다. 설령 그것을 최치원으로 인정한다 할지라도 최치원이 자신의 시에다 자신의 호를 직접 사용하였다고 보기보다는 다른 누군가가 최치원이 돌아가는 모습을 보고 이 시를 지은 것으로 보는 편이 훨씬 더 자연스러울 것이다.

[2] 〈과해연구過海聯句〉

沙鳥浮還沒, 山雲斷復連.(高麗使臣)
棹穿波底月, 船壓水中天.(賈島)

이 시에 대해 서거정은 다음과 같이 기록하고 있다.

당 때에 고려사신이 바다를 건너며, "물새들은 떠올랐다 다시 꺼지고, 산 구름은 끊어졌다 또 이어지네"라고 읊었다. 가도가 거짓으로 뱃사공이 되어 아래 구절 "상앗대는 물결 아래 달을 꿰뚫고, 배는 물속 하늘을 누르고 있네"를 읊으니 고려사신이 감탄하였다. 세간에는 고려 사신이 최문창(최치원)이라 전해진다. 내가 상고해 보건대, 최치원이 당에 들어가서 고

18 박노춘, 앞의 논문, 242~243면.
19 김진영·안영훈 역주, 『고운최치원시집』, 민속원, 1997, 121면.

> 병의 서기가 되었으니, 가도와는 시대가 안 맞는다. 고운顧雲이 최치원을 보내는 시에 "배를 타고 바다를 건너와(乘船渡海)"라는 말이 있어 이러한 잘못이 생긴 것이다.[20]

서거정(1420~1488)은 이 이야기에 대한 출처를 밝히고 있지 않다. 하지만 서거정이 "가도賈島(793~843)와 최치원(855~?)은 동시대 사람이 아니므로 그 사신이 최치원일 수는 없다"고 명확히 밝힌 것처럼, 이 시는 최치원과 가도가 주고받은 연구일 수가 없다. 이 시에 대한 기록은 이후 이수광(1563~1628)의 『지봉유설』[21]과 한치윤(1765~1814)의 『해동역사』에도 기록되어 있다. 한치윤의 글을 보면 다음과 같다.

> 『堯山堂外紀』에 이르기를, "고려의 사신이 바다를 지나면서 시를 지었는데, 가도가 거짓으로 뱃사공이 되어 아래 구절을 이어 지으니 고려의 사신이 한참이나 탄복하다가 다시는 시에 대해서 말하지 않았다."고 하였다. 이지봉이 말하기를, "고려의 사신은 세속에 최치원이라고 전해진다." 고 하였는데, 이는 아마도 잘못된 것인 듯하다. 다만 고려의 사신이 아니라 바로 신라의 사신이다.[22]

이수광과 한치윤은 모두 이 이야기의 출처를 『요산당외기』라고 밝히

---

20 徐居正, 『東人詩話』, "唐時高麗使過海有詩云:'沙鳥浮還沒, 山雲斷復連.' 賈浪仙詐爲梢人聯下句云:'棹穿波底月, 船壓水中天.' 麗使佳嘆. 世傳麗使爲崔文昌. 餘考文昌入唐, 爲高駢書記, 不與浪仙同時. 或者以顧學士送文昌詩, 有乘船渡海之語, 由此誤耳."

21 李睟光, 「文章部六 · 東詩」, 『芝峰類說』 卷13, "堯山堂外紀曰'麗使過海有詩云沙鳥浮還沒, 山雲斷復連.'時賈島詐爲梢人. 聯下句曰'棹穿波底月, 船壓水中天.' 麗使歎服云所謂麗使未知何人. 而俗傳崔致遠所作者恐誤. 但非麗使, 似是新羅使也."

22 韓致奫, 「本國詩一」, 『海東繹史』 卷47, 藝文志 6, " 新羅使過海聯句 : 『堯山堂外紀』曰, 高麗使過海有詩, 時賈島詐爲梢人聯下句. 麗使嘉嘆久之, 不復言詩. 按李芝峰曰'麗使俗傳爲崔致遠者恐誤.' 但非高麗使是新羅使."

고 있다.[23] 이들은 그 사신이 최치원이라 전해지지만 이는 잘못된 것이며, 그 사신은 고려가 아닌 신라 때의 사신이라고 정정하고 있다. 하지만 여기서 말하는 고려는 왕조를 말한다기보다는 그냥 국적을 말하는 것이므로 굳이 그리 엄격하게 구별할 필요는 없을 것이다. 『신당서新唐書』「예문지藝文志」 4에도 '최치원 고려인'이라 하고 있으며, 현대에도 중국에서는 신라, 고려, 조선의 역사인물을 한국인이라 한다거나, 현대 중국 연구자들이 최치원을 '조선시인 최치원'이라고 칭하는 것과 동일한 정도의 호칭일 것이다.

몇 백 년 동안 계속하여 이 시의 작자를 최치원으로 오인하는 자들이 있었기에 이들은 이 시가 실은 최치원이 지은 시가 아니라는 사실을 재차 확인해주려고 했던 것 같다. 그런데 그들은 왜 『요산당외기』보다 100여 년이나 더 앞선 서거정의 기록과 명확한 분석을 참고하지 않고 『요산당외기』의 글을 인용한 것인지 궁금하다. 그 이유야 어찌되었든, 이 시는 서거정이 말한 것처럼 가도와 최치원의 생존시기가 전혀 일치하지 않는 만큼 이 이야기의 주인공은 최치원일 수 없으며, 당연히 이 시의 작자도 최치원일 수는 없다.

[3] 『송와잡설松窩雜說』 소재 시

我是新羅末葉人　나는 신라의 말엽 사람,
年將八百又三春　나이가 팔백하고 다시 세 살이로세.
行忙雨濕歸程遠　바쁜 걸음에 비는 오고 돌아갈 길 멀어,
不與高門談笑然　당신과 더불어 얘기하지 못하오.

23 이 시는 蔣一葵의 『堯山堂外紀』 卷31 唐 '賈島' 조에 수록되어 있다. 蔣一葵는 明의 萬曆年間(1573~1620)에 활동한 사람이며, 『堯山堂外紀』도 그 즈음에 간행되었을 것이다.

이기(1522~1604)의 『송와잡설』에 다음과 같은 이야기가 수록되어 있다.

> 세상에 전해오는 말에, "어떤 사람이 남의 문간 벽에다 절구 한 수를 적어놓고 갔다"고 한다. 그 시는 이러하다. "나는 신라의 말엽 사람, 나이가 팔백하고 다시 세 살이로세. 바쁜 걸음에 비는 오고 돌아갈 길 멀어, 당신과 더불어 얘기하지 못하오." 그런데 사람들은, "최치원이 地仙이 되어, 가야산에 들어가서 지금까지 생존해 있는데, 이것은 반드시 고운의 시일 것이다"고 하였으나, 나는 고운의 시원스러운 문장으로써 반드시 이렇게 속된 시는 쓰지 않았을 것이라 생각한다. 하물며 고운이 지금까지 생존했다는 것도 믿을 수 없으니, 이것은 미친 아이가 한번 희롱삼아 읊조린 데 불과한 것이리라.[24]

이기가 분석한 것처럼, 이 시는 최치원이 신선이 되었다는 전설에 의거해 누군가가 최치원의 이름을 빌려 쓴 것이 분명하다. 그리고 이 시를 최치원이 지었다고 하기엔 그 격조가 너무 떨어진다. 이 시가 최치원의 시가 아님은 더이상 그 어떤 설명도 필요 없을 것이다.

[4] 가야산 절경 19명소 시

1996년 경상남도 합천문화원이 『합천의 유맥』 창간호에 특별히 지금까지 알려지지 않았던 19수를 새로 발굴하여 소개하였는데, 이는 최치원이 가야산의 절경 19명소를 소재로 읊은 시라고 한다. 이병혁은 「최치원의 한시고」에서 "이 글에서는 논외로 하였지만, 고운의 '가야산 절경

24 李堅, 『松窩雜說』, 『國譯大東野乘』 卷14, 民族文化追進委員會, 1984, 原文 30면, "世傳有人題一絶於人之門壁而過者, 其詩云 : '我是新羅末葉人, 年將八百又三春. 行忙雨濕歸程遠, 不與高門談笑然.' 人言崔致遠, 作地仙入伽倻山, 至今猶存, 此必孤雲之詩也. 以餘觀之, 天葩奎英之灑落, 必不如是之朽俗. 況孤雲之至今猶存, 固未可信也, 是不過狂童之一戲吟矣."

십구명소시'와 서정적 · 전원적인 시도 높은 가치를 지니고 있으며 ……" 라며 이 시를 최치원의 시로 인정하는 모습을 보이기도 하였다.[25] 하지만 최영성이 이미 『전최고운시 19수 진위고』에서 이 시들이 위작임을 고증한 바 있다.[26] 이 19수의 시에 대해서는 최영성의 고증 이래 별달리 논란이 된 적이 없으며, 이를 최치원의 현존시 목록에 포함시킨 연구자도 없는 것으로 보아 이는 결국 최치원의 이름을 빌린 위작이었다고 결론내릴 수 있다. 그렇지만 최영성이 "이 19수의 시 면면을 보면 상당히 수준 높은 격조를 지니고 있어 범속한 시가 아님은 분명하다."[27]라고 평가한 만큼 이 시들이 최치원의 작품이 아니라 할지라도 충분히 감상해 볼 만한 가치는 있을 것이다.

(2) 현존시에 포함되지 않는 시

이 부분에서는 최치원의 시라고 인정하고 언급한 논자들도 있으나, 여러 연구자들이 왜 이 시를 현존시 127수에 포함시키지 않았을지 그 이유를 생각해 보도록 하겠다.

[1] 최치원이 12세 당으로 유학갈 때 지었다는 송별시

東方祖祖莫愁苦	동방에서 祖送하고 조송함을 근심하고 괴로워하지 마오.
翠黛花顔恐衰耗	푸른 눈썹 꽃같은 얼굴 늙어질까 두렵구료.
此去功名當自取	이번 길에 공명은 응당 취할 것이니

25 최영성, 「傳崔孤雲詩 十九首 眞僞攷」, 『최치원전집 2 －고운문집』 '부록4', 아세아문화사, 1999, 433면 각주 15).

26 위의 책, 433～443면.

27 위의 책, 434면.

與君富貴喜居鄙　그대와 부귀하겠기에 비루한 삶을 기뻐합니다.

서수생은 「동국문종 최고운의 문학(상)」이란 글에서 "처음 신라 모국을 떠나 수만 리 원정에 오를 때 그의 아버지는 심각하게 훈계하여 말하되, '네가 당에 가서 십 년 공부를 하여 과거를 못하면 나의 자식이 아니다. 아무쪼록 부지런히 공부하여 이 아비의 기원하는 바를 잊지 말고 꼭 공을 이루게 하라'라고 아들을 독려하였다. 그의 악부岳父는 '백조는 짝지어 나니 바다 안개 자욱하고, 외로운 배는 가고 또 가 푸른 하늘에 닿았네. 그대 보낸 뒤 마냥 부르는 노래 한없는 뜻은, 긴 해 첩첩한 근심 어느 잠을 조송하리[百鳥雙雙飄海煙, 孤帆去去接青天. 別後緩歌無限意, 長年愁疊祖何眠].'라는 다정다한한 전별시를 주었더니, 최고운은 다음과 같은 답시를 지어 악부에게 드렸다고 한다."[28]며 이시를 소개하고 있다. 그러나 그는 이것의 출처를 밝히고 있지 않아 무엇에 근거한 것인지는 알 수 없다. 성낙희가 『최치원의 시정신 연구』[29]에서 이 글과 시를 인용한 것을 제외하고는 이와 관련된 내용은 거의 찾아볼 수 없으며, 이를 최치원의 시로 언급한 글도 없다.

이것은 아마도 최치원의 일생을 허구화한 조선후기의 소설 『최고운전』의 내용을 사실인양 기록한 것에서 비롯된 것 같다. 소설 『최고운전』은 한글본과 한문본 등 수많은 이본[30]이 존재하는데, 고려대도서관소장 『최문장치원전』(고대한문본1·2)에는 최치원이 나승상의 사위가 된 후 12세 때 중국으로 갈 때 부인과 서로 시를 주고받았는데, 그 시는 (부인)

28 서수생, 「동국문종 최고운의 문학(상)」, 『어문학』 1, 한국어문학회, 1956, 84~85면.

29 성낙희, 『최치원의 시정신연구』, 중앙대학교 대학원 박사학위논문, 1986, 119면.

30 권택경은 『〈최고운전〉이본의 변이양상』(『청람어문교육』 32, 청람어문교육학회, 2005.)에서 〈최고운전〉의 27종의 이본을 비교 분석하였다. 『최고운전』은 이본에 따라 『최문장치원전』, 『최치원전』, 『최충전』, 『신라문장최치원진』 등 다양한 제목으로 되어 있다.

"백조는 쌍쌍이 짝을 지어 구름 속에 나부끼고, 돛단배는 가다가다 푸른 하늘에 닿았어라. 이별 술에 노래 곱건만 기쁜 생각 전혀 없고, 오랜 세월 등불 앞에 이내 시름 쌓이리라[白鳥雙雙飄雲煙, 孤帆去去捷青天. 別酒緩歌無好意, 長年愁妾夜燈前]."(최치원), "동방에 밤마다 괴로워 말고 시름하지 마오. 푸른 눈썹 꽃같은 얼굴 늙어질까 두렵구료. 이번 길에 공명은 응당 취할 것이니, 그대에게 부귀 주어 즐겁게 살아 보려오[洞房夜夜莫苦愁, 翠黛華容恐衰耗. 此去功名當自取, 與君富貴喜君遊]."라 한다. 비록 몇 자 다른 곳이 있기는 하지만, 이는 이본에 의한 차이일 것이다. 그리고 이본에 따라 최치원이 시를 주고받은 대상이 장인이 되기도 하고, 부인이 되기도 하였을 것이다. 그러므로 서수생이 언급한 장인과 나누었다는 최치원의 송별시는 조선후기 소설 『최고운전』 속의 허구인물인 최치원이 지은 시인 것이지 실제로 존재하는 최치원이 지은 시는 아닌 것이다.

[2] 〈몽중작夢中作〉

"糞搶師有誡, 經笥我無慙."(최치원의 꿈 속에서 宰予, 邊孝先)
"亂世成何事, 唯添七不堪."(최치원)

천상권陳尙君은 『전당시보편全唐詩補編』에서 최치원의 시 20여수를 증보하였는데, 그 중 이 시 〈몽중작〉도 함께 추가하며 "「법장화상전」을 보면 다음과 시가 있다. 이 시는 최치원이 천복天復 4년(904) 봄 꿈 속에서 재여와 변효선 두 현인을 만났는데 앞의 두 구는 그들이 지은 것이고, 후의 두 구는 최치원이 이어서 지은 것이다. 최치원이 귀국 후에 지은 시는 현재까지 11수만을 볼 수 있는데, 여기에 더하여 첨가하여 기록하니 참고할 만하다"[31]라 하였다. 「법장화상전」의 내용은 다음과 같다.

31 陳尙君輯校, 『全唐詩補編』, 中華書局, 1992, 1244면.

객은 이미 溺客의 웃는 모습을 띠었는데, 나는 곧 宰予의 졸음이 쏟아졌다. 吳中의 시인 陸龜夢의 斷章에, “덧없는 세상 생각하니 꿈결같음을 어이하랴. 시험삼아 南窓에 기대어 한번 졸아볼까 하노라”고 한 글귀가 생각났다. 이제 쥐었던 붓을 던지고 베개를 끌어당겨, 멀리는 재여를 찾고 가까이는 변효선을 찾다가, 별안간 그 양현을 만났더니, 각기 다섯 자씩 읊조리는 것이었다. “썩은 흙담장엔 스승께서 타이르심이 담겨 있으며, 경전을 담은 상자임에 내 부끄러움이 없도다.” 나는 황홀한 가운데 그 끝을 이었다. “난세에 무슨 일을 이룰 것인가, 七不堪만 더할 뿐일세.”[32]

천상쥔陳尚君은 이 시를 최치원작으로 파악하고 현존시에 포함시켰다. 그리고 주린지에牛林傑와 왕칭윈王慶雲 역시 “최근 몇 년 최치원의 한시를 고증한 최신 연구들의 성과를 통해 통계를 내보면, 현존하는 최치원의 시는 모두 127수이다. 그 시들이 수록되어 있는 문헌들은 각기 『계원필경집』 60수, 「법장화상전」 1수, 『십초시』 9수, 『성수시화』 1수……”[33]라 하며 〈몽중작〉을 현존시 127수에 포함 시켰다. 그런데, 과연 이 시를 현존시 목록에 포함시키는 것이 옳은 것일까? 이 시는 앞의 몇 시와는 달리 최치원이 직접 창작한 시이기는 하다. 하지만, 이 시를 현존시에 포함시키는 것은 바람직하지 않다는 것이 필자의 생각이다. 왜냐하면, 이 시를 현존시에 포함시킨다면, 최치원이 지었다고 하는 「쌍녀분기雙女墳記」에 삽입되어 있는 시들도 최치원의 작임을 인정해 현존시

32 최영성 역주, 『최치원전집 2 — 고운문집』, 420~421면, “客旣溺客之笑容, 予乃宰予之睡興, 因憶得吳中詩叟陸龜夢斷章, 云‘思量浮世何如夢, 試就南窓一寐看.’ 於是乎, 擲握筆, 引幽枕, 袁尋宰予我, 近訪邊孝先. 瞥遇二賢, 各吟五字曰‘糞搶師有誡, 經笥我無慙.’ 僕於恍惚中, 續其尾云‘亂世成何事, 唯添七不堪.’”

33 牛林傑, 「韓國文獻中的〈全唐詩〉逸詩考」, 『文史哲』 1998年 5期, 山東大學 ; 王慶雲, 「新羅崔致遠羈泊山東半島詩文創作考」, 『東方學』 13, 한서대학교 동양고전연구소, 2007, 242면. 이들은 〈夢中作〉과 〈馬上作〉을 127수에 포함시키고, 〈刻眉菴嚴石〉과 또 1수를 제외한 것 같으나 시 전체 목록이 없어 그 한 수가 어느 것인지 알 수 없다.

에 포함시켜야 할 것이다. 물론 아직 이 전기소설의 작가가 누구인가에 대한 논란이 있기 때문이기도 하겠지만, 아직까지 이 삽입시를 최치원의 현존시에 포함시킨 연구자는 없었다. 그것은 아마도 그 시들은 그저 소설 속 주인공인 허구의 인물 최치원이 읊은 시이며, 소설의 일부분이기 때문일 것이다. 마찬가지로, 〈몽중작〉도 「법장화상전」의 일부로 볼 것이지, 이를 하나의 시로 독립시켜 최치원의 시로 인정하고 현존시 목록에 포함시켜서는 안 될 것이다.

(3) 최치원의 시로 인정할 수도 있는 시

[1] 〈서회書懷〉

萬事相糾紛	세상만사 어지럽게 얽혀 있고,
憂樂亦多端	근심과 즐거움 또한 다단하여라.
居富若未足	부자도 만족하지 않는 듯하니,
居貧孰能安	가난한 자가 어찌 안분자족 하리.
達人乃遺榮	통달한 이라야 영예를 버리고,
超然獨宜觀	초연히 홀로 올바로 보지.
誰言恥折腰	누가 말했나. 허리 굽히는 일 부끄러워,
林壑宜早還	산수간에 일찍 돌아겠노라고.
力耕亦有穫	힘써 농사지으면 또한 거두는 게 있어,
庶免飢與寒	기한은 거의 면할 수 있지.
平陸起風波	평지에서도 풍파가 일고,
坦途生險難	평탄한 길에서도 험난한 일 생기네.
謝絶世上交	세상과의 사귐 사절했으니,
物累寧我幹	세속 일이 어찌 나를 괴롭히겠나.
田父時時至	농부가 때때로 찾아오나니,
農談其開顔	농사일 이야기하다 웃기도 하네.

去計山日夕	가고나면 산에 지는 해를 요량해,
寂寞掩柴關	고요히 사립문을 닫네.
知音苟不存	지음이야 세상에 하나 없지만,
已矣何足歎	아서라, 한탄해 무엇 하겠나.

김수영은 『새벽에 홀로 깨어』라는 최치원 선집에서, 이 시는 명나라 때 남방위藍芳威가 엮은 『조선시선朝鮮詩選』이라는 시 선집에 수록되어 전한다고 하며, 그 내용으로 보아 최치원이 은거 후에 지은 것으로 보인다고 했다.[34] 그리고 "최치원의 시가 많이 남아 있지 않아 한 수가 아쉬운 실정임을 감안해 일단 여기에 소개해 둔다."라고 한 것으로 보아 그도 이 시가 최치원의 시라고 확신하지는 않았던 것 같다. 다만 그럴 가능성이 충분하다고 생각하는 것 같다. 그러나 그의 말대로 이 시는 최치원의 은거 후 상황이나 정서를 시로 표현해 낸 듯하며 시의 풍격이나 사용된 시어 면에서도 충분히 최치원의 시로 인정할 수 있을 듯싶다. 하지만 그것만으로 이 시를 최치원의 시로 인정하기에는 아직 선부른 감이 있으므로 보다 더 확실한 고증을 통해 진위 여부를 가려야 할 것이다.

[2] 금강산 구룡폭포에 새겨진 시

千丈白練, 萬斛眞珠	천길 흰 비단을 드리웠는가, 만 섬의 진주알을 흩뿌렸는가.

이 시구는 개성의 박연폭포, 설악산의 대승폭포와 함께 우리나라의 삼대폭포로 알려진 금강산 구룡폭포 아래에 있는 구룡연九龍淵 옆쪽에

34 김수영 편역, 『(최치원선집) 새벽에 홀로 깨어』, 돌베개, 2008, 86~87면.

적혀있는 글귀로 최치원이 새긴 것이라고 전해진다. 구룡폭포의 장관을 아주 멋들어지게 표현해낸 최고의 표현이라 할 수 있을 것이다. 이 4언시를 실제로 최치원이 쓴 것인지, 그리고 그렇다면 본래부터 이 2구밖에 없었던 것인지 정확히는 알 수 없다. 하지만, 최준옥의 「고운 최치원선생 유적고」[35]에 의하면 금강산 옥류동 석벽에 '최고운' 3자가 친필로 새겨져 있다고 하며 최치원의 후손 원식의 탁본 사진을 첨부해 놓은 것으로 보아 금강산에도 최치원의 유적지가 있는 것은 사실인 듯하다. 따라서 이 시도 최치원의 시 일 가능성이 크다 하겠다. 최치원의 현존시 중에는 4언시가 단 한 수도 없기는 하지만, 구룡폭포의 장관을 보고 찬하며 읊은 만큼 4언시가 더 자연스러우며, 이 부분이 전부일 수도 있을 것이라고 생각한다. 127수의 현존시 중에는 9수가 연구 형태로만 전해져오고 있는 만큼, 구룡폭포를 묘사한 이 4언시도 비록 두 구뿐이지만 현존시에 포함시켜도 큰 무리는 아닐 듯싶다.

4) 현존시 3수에 대한 진위 의문 제기

이 부분에서는 현재 학계에서 최치원의 현존시로 인정받는 127수 중 필자가 생각하기에 그래도 여전히 의심의 여지가 있는 몇 수의 시에 대해 살펴보고자 한다. 필자는 이 시들이 최치원의 시가 아님을 고증하려는 것이 아니라 다소 의심이 가는 부분들이 있기에 이후의 연구가 그런 의심을 없애주었으면 하는 바람이 더 큼을 먼저 밝혀둔다.

(1) 〈각미암엄석刻眉菴嚴石〉

新羅末裔愛邱山　신라의 마지막 후예가 언덕과 산을 애호하여,

35 최준옥 편, 『고운 최치원선생 유적고』, 고운선생사적편찬회, 1982, 254면.

深鎖雲林不出寰	깊은 구름 속에 가두고 속세에 나가지 않네.
三見仙桃花結子	세 번이나 선도가 피고 열매 맺는 것을 보았으니,
笑他人老百年間	다른 사람이 백 년 사이에 늙는 것을 비웃네.

이 시는 어찌 보면 최치원의 현존시 중에서도 가장 홀대받는 시라고 할 수 있다. 앞에서도 말한 바 있듯이, 이 시는 최치원의 현존 작품수를 고찰할 때면 여러 연구자들에 의해 언급이 되기는 하지만, 현대 출판된 여러 자료집이나 시선집 그 어디에도 수록되어 있지 않으며, 작품 연구에 있어서도 전혀 주목받지 못하고 있다. 앞부분에서 잠시 언급한 바 있듯이 최치원의 현존시 작품 수를 고찰한 김중렬, 당인핑, 이구의, 김태호 등은 그저 '최해수의 『해운선생약선』에 유일하게 실려 있는 고운의 시로는 〈각미암엄석〉이라는 오언절구 한 수가 있다'라고 하며 현존시 목록에 포함시켜 놓았을 뿐이다. 하지만 필자가 직접 확인한 결과 이 시는 오언절구가 아닌 칠언절구이다.[36]

그렇다면 최해수는 이 시를 어느 곳에서 보고 최치원의 시라고 한 것일까? 최해수는 이수광의 『지봉유설』에서 이 시를 보고 최치원의 시라고 명시한 것 같다. 이 시가 『지봉유설』에 수록되어 있음은 니원뽀어倪文波[37]가 언급한 바 있다. 하지만 그는 최해수의 『해운선생약선』에 대한 언급은 없다. 이 시는 『지봉유설』 소재 최치원의 둔세시 8수에 대한 기록 바로 밑 부분에 있다. 그 원문은 다음과 같다.

36 최해수편, 『海雲先生略選』이 전남대학교 도서관에 소장되어 있는 것을 확인하고, 메일을 통해 그 책에 수록된 〈刻眉菴嚴石〉의 확인을 부탁드렸더니 담당자분께서 그 부분을 사진을 찍어 파일로 보내주셨다. 덕분에 이 시를 직접 확인할 수 있었다. 전남대학교 도서관에 감사드린다.

37 倪文波, 『崔致遠文學創作硏究』, 中央民族大學 博士學位論文, 2006, 48면.

> 가야산 석부암 암석 위에 시가 한 편 새겨져 있다. "신라의 마지막 후예가 언덕과 산을 애호하여, 깊은 구름 속에 가두고 속세에 나가지 않네. 세 번이나 선도가 피고 열매 맺는 것을 보았으니, 다른 사람이 백 년 사이에 늙는 것을 비웃네." 전하는 사람은 최치원작이 아닌가 의심하기도 하나, 시의 격조가 근사하지 않다. 말예는 말세와 같은 말이다.[38]

이수광은 이 시가 "전하는 사람은 최치원의 작품이 아닌가 의심했으나, 시의 격조가 근사하지 않다"라며 이를 최치원의 시로 인정하지 않고 있다. 필자 역시 이 시에 '신라말'이란 표현이 직접 사용된 점도 그렇거니와 시 전체의 내용을 보아도 최치원의 시와는 격이 많이 다를 뿐만 아니라, 시에서 느껴지는 어조와 그 내용도 최치원의 시와는 많이 다르다. 만일 이 시를 최치원과 관련을 지을 수 있다면, 그것은 이 시의 작자로서의 최치원이 아니라, 앞에서 살펴본 이기의 『송와잡설』에 수록된 시처럼 그 누군가 최치원이 신선이 되었다는 전설에 의거해 최치원을 가탁한 위작이라고 봐야 할 것이다. 따라서 이 시 〈각미암엄석〉은 이제는 현존시 목록에서 제외시켜야 할 것이다.

(2) 〈석류石榴〉

根愛泥沙性愛海	뿌리는 진흙 사랑 성품은 바다 사랑,
實如珠玉甲如蟹	열매는 진주 같고 껍데기는 게 같아라.
酸中甘味何時來	새콤달콤한 고것 언제나 맛볼까.
葉落風高月建亥	잎 지고 바람 높은 시월이라네.

38 李晬光, 「文章部六 東詩」, 『芝峰類說』 卷13, "伽倻山石負庵巖石上, 有刻詩曰'新羅末裔愛丘山, 深鎖雲林不出寰. 三見仙桃花結子, 笑他人老百年間. 傳者疑爲崔致遠之作, 然詩格不近似矣. 末裔蓋猶言末世也."

이 시는 최면식편, 『고운선생문집』(1926)을 통해 최치원의 시라고 알려진 작품으로, 석류를 읊은 영물시이다. 이 시 역시 현대 연구자들에 의해 현전시 목록에는 포함되고 있지만, 이 시를 분석한 논문은 좀처럼 찾아보기 어렵다. 필자가 이 시를 최치원의 시가 아닐지도 모른다고 의심하는 이유는 이 시가 최치원의 여타 영물시와는 그 성격이 무척 다르기 때문이다. 영물시는 최치원시의 한 부분을 차지할 정도로 큰 비중을 차지할 뿐만 아니라 그 작품성과 예술성도 인정받고 있다.[39] 최치원의 영물시에 대해 샤춘하오夏春豪는 "사물을 읊조리며 같은 무리를 연결 지어 자신의 생각이나 감정을 기탁하여 완곡한 뜻을 깊이 얻는 것이 최치원 시가 예술의 특징"[40]이라고 평가하였다. 그리고 흐어위앤何鳶은 "시인은 특정한 역사의 환경 중, 영물의 형식으로 속에 있는 복잡한 감정과 정의로운 외침 소리를 토로해 만당 시가의 보고에 고귀한 재산을 더해주었다."[41]며 최치원의 영물시가의 우수함을 추켜세우고 있다. 그리고 진수씨金淑喜는 최치원의 영물시는 "독특한 관조와 사유에서 나오는 것으로 독특한 구상과 창의성을 보여줄 뿐만 아니라, 그 안에 세상사에 대한 통찰의 지혜가 포함되어 있어 철학적 사고와 정취가 충만하며 초연한 대범함으로 물외物外에서 노니는 듯한 특징을 띤다."[42]고 하였다.

39 최치원의 영물시로는 『계원필경집』 권20에 수록되어 있는, "중화 갑진 시월에 사신이 되어 동쪽으로 가 대주산 아래에 배를 대었다. 그때 보이는 대로 제목을 붙여서 읊었던 시 열 수를 고원외에게 보였다(中和甲辰年冬十月, 奉使東泛, 泊舟於大珠山下, 凡所入目, 命爲篇名, 嘯月吟風, 貯成十首, 寄高員外)"고 한 10수의 영물시와 〈蜀葵花〉, 〈東風〉 등이 있다.

40 夏春豪, 「中古朝鮮詩人崔致遠漢詩藝術成就」, 『鹽城師範學院學報』(哲學社會科學版) 1997年 第4期, 鹽城師範學院, 60면.

41 何鳶, 「朝鮮古代新羅詩人崔致遠詩作初探」, 『東疆學刊』 1986年 第1期, 延邊大學, 41면.

42 金淑喜, 『新羅詩人崔致遠與其詠物詩』, 『安徽文學』(下半月), 安徽省文聯, 2008, 325면.

그리고 "영물시는 만당에 이르러 표현 수법이 매우 매끄럽고 다양해져 '비흥比興', '기탁寄托' 등의 수법을 빌려 현실 생활에서 인물의 운명과 불행한 처지를 드러냈다."[43]고 하는데, 최치원 역시 영물시를 통해 자신의 운명과 불행한 처지를 토로하고 있다. 또한 그의 영물시를 읽다보면 "그의 인격이나 포부, 운명, 성품, 마음, 재능, 사상, 비애, 기백을 찾아낼 수 있다. 단순한 영물보다는 자신의 심중을 드러내는 데 더 역점을 두고 있음을 알 수 있다."[44] 그런데, 이 시 〈석류〉에서는 이러한 특징들을 거의 찾아볼 수 없다. 단지 석류의 품성과 계절을 평이하게 읊고 있을 뿐이다. 게다가 "발랄한 어조가 흡사 아이들이 부르는 노래 같다"[45]는 점도 최치원의 여타 영물시와는 매우 다르다. 이러한 사실들을 종합해서 생각해 보면, 이 시는 어쩌면 최치원의 시가 아닐 수도 있다는 의심이 든다.

(3) 〈증산승贈山僧〉

僧乎莫道青山好　이보시오, 청산이 좋다는 말 마오.
山好何事更出山　정말로 산이 좋으면 뭣 하러 나오시오?
試看他日吾蹤跡　두고 보오 나의 훗날 자취를
一入青山更不還　한 번 청산에 들면 다시는 나오지 않으리니.

이 시는 일명 〈입산시入山詩〉라 불리우며, 1971년 부산 해운대에 세운 고운선생동상 시문에 새겨져 있는 것으로, 구전되어 전해져왔다고 한다. 하지만, 이 시가 1000여 년이 넘도록 구전으로만 전해져 왔다는

43 何鳶, 앞의 논문, 38~39면.
44 김중렬, 앞의 논문, 96면.
45 김수영, 앞의 책, 31면.

사실도 그렇거니와 그 긴 기간 동안 그 어떤 문헌에도 수록되어 전하지 않았다는 점이 상당히 의심스럽다. 게다가 최치원 본인이 정치상의 이유건 개인상의 이유건 은둔을 아무리 굳게 결정하였다고 할지라도, 일반 승이면 산에 살면서도 탁발수행도 해야 하고, 중생을 제도도 해야 하기에 간혹 산을 나오게 마련인데 그러한 스님을 조소하는 듯한 어조는 최치원답지 못하며, 다른 시에서 엿볼 수 있는 최치원의 인품과도 상당히 다르다. 최치원의 시를 보면, 대부분 남을 비웃거나 원망하기보다는 자기 자신을 탓하거나 반성하는 어조가 주를 이룬다. 〈춘일요지우부지春日邀知友不至〉에서는 약속을 어긴 친구를 원망하기보다는 "속세의 명리인 알게 된 것이 후회스럽네[悔識塵中名利人]."라며 명리에 물든 그런 속된 사람을 알게 된 자신과 그러한 세상을 질책하고 있다. 〈제운봉사題雲峰寺〉에서는 "안개와 노을이 나를 비웃겠네. 발길 돌려 다시 속세로 들어가니[煙霞應笑我, 回步入塵籠]."라며 다시 속세로 돌아가는 자신의 나약함을 스스로 조소하고 있다. 그리고 〈화이전장관동일유산사和李展長官冬日遊山寺〉에서는 "일찍 시와 술 벗 삼던 도연명을 알았더라면, 세상의 명리 모두 잊었을 것 아닌가[曾接陶公詩酒興, 世途名利已忘機]."라며 좀 더 일찍 도연명을 본받지 못하고 세속에 얽매인 자신을 탓하고 있다. 이러한 최치원의 생활 자세는 아마도 〈고의古意〉에서 "참과 거짓을 알고 싶거든, 마음의 거울 닦아 비춰보게나[欲辨眞與僞, 願磨心鏡看]."라고 말한 것처럼 자신이 부딪치게 되는 세상의 문제점을 다른 곳이 아닌 바로 자기 자신에게서 찾으려 한 때문일 것이다. 또한 〈증금천사주贈金川寺主〉, 〈증재곡난야독거승贈梓穀蘭若獨居僧〉, 〈증희랑화상贈希朗和尙〉 등의 시를 보아도 그가 스님들과 얼마나 많은 교류를 나누고 그들에게서 얼마나 많은 위안을 얻었을 것인가를 가히 짐작할 수 있다. 그런 그가 아무리 입산을 굳게 다짐하였다손 치더라도 마치 스님을 조롱하는 듯한 이러한 시를 쓰지는 않았을 것이라고 생각된다. 이러한 점으로 미루어 보아도 이 〈증산승〉은 최치원의 다른 시들과는 그 풍격이 다르다 할 수 있기에 이 시가 과연 최치원의 작인가 의문이 든다.

5) 결론

이상으로 최치원의 현존시에 대해 재고해 보았다. 먼저 현존시의 작품수에 대해 선행연구자들의 언급을 시대순으로 살펴보며 현재 127수의 시가 최치원의 시로 인정받고 있음을 확인하였다. 그리고 과거 한때 최치원의 시라고 여겨진 적이 있었으나 위작이라고 판명된 시나 아직 최치원의 시라고 인정받지는 못하였지만 최치원의 시일 가능성이 있는 시들에 대해 살펴보았다. 『당음향유』 소재 〈비파〉, 서거정의 『동인시화』 소재 〈과해연구〉, 이기의 『송와잡설』 소재 칠언절구 한 수, '최치원이 12세 당으로 유학갈 때 장인과 나누었다는 송별시', 최영성이 위작이라고 고증한 '가야산 절경 19명소시'는 실질적으로도 최치원의 현존시로 받아들일 수 없음을 재차 확인하였다. 최치원이 찬술한 『법장화상전』 속에 들어있는 〈몽중작〉을 중국연구자들이 간혹 현존시 목록에 포함시키기도 하지만 이는 작품의 일부일 뿐 독립된 하나의 시로 인정할 수는 없을 것이다. 반면, 김수영에 의해 제기된 〈서회書懷〉와 금강산의 구룡폭포 옆에 새겨진 "千丈白練, 萬斛眞珠."(천 길 흰 비단을 드리웠는가, 만 섬의 진주알을 흩뿌렸는가.)는 최치원의 시로 인정해도 될 것이라는 것이 필자의 견해이다.

마지막으로 현재까지 여러 선행연구자들이 아무런 논란 없이 최치원의 시로 인정해 와 현존시 127수에 포함되어 온 시중에서 필자가 보기에 위작일 가능성이 있거나 그 진위여부에 의심이 드는 시 〈각미암엄석〉,

〈석류〉, 〈증산승〉에 대한 의문을 제기하였다. 이는 이 시들이 위작임을 고증하기 위함이라기보다는 이에 대해 필자가 가지게 되는 의심을 표현하고 차후 다른 연구자들에 의해서 그러한 의심이 제거되기를 바라는 마음이 더 컸음을 다시 한 번 밝힌다.

2. 최치원의 인생역정과 그의 한시 문학

1) 들어가는 말

한 작가의 작품에는 그 작가의 인생, 철학, 사상 등이 반영되기 마련인데, 최치원의 한시에는 그러한 것들이 매우 투명하고 사실적으로 담겨져 있다. 이것은 그의 시 대부분이 최치원 자신을 서정주인공抒情主人公으로 하고 있으며, 시를 창작할 당시 자신의 상황과 정서를 과장하지 않고 거짓 없이 솔직하게 읊고 있기 때문일 것이다. 따라서 마지아쥔馬家駿이 최치원의 시에 대해 "최치원의 시는 서정주인공의 형상 묘사에 뛰어나다. 이러한 형상을 목도할 수는 없지만, 마음으로 깨달을 수는 있다. 외재적이고 객관적인 형상을 묘사하는 것이 아니라, 그 심성心聲과 정감情感을 주관적으로 드러내어 독자들이 그 존재의 형상을 깨닫게 한다. 최치원 시의 서정주인공은 모두 시인 자신이다."[46]라고 평가한 것은 매우 적절하고 타당하다 할 수 있다.

이 부분에서는 앞에서 이루어진 연구 성과를 기반으로 최치원의 인생역정과 그의 한시 작품의 상관관계를 중심으로 요약 정리하도록 하겠다.

현전하는 최치원의 시작품은 127수이다.[47] 비록 각 시기마다 전하는 시의 수도 다르고, 현전하는 시의 수도 많지가 않아 그것만으로 그 시기의 전체적인 모습을 파악할 수는 없지만, 전하는 시를 통해 대략적인 그의 인생역정을 파악할 수는 있다. 최치원의 생애는 크게 당나라에 머

---

46 馬家駿, 「崔致遠和他的詩」, 『陝西師範大學學報』(哲學社會科學版), 1983年 第1期, 陝西師範大學, 65면.

47 선행연구자들이 최치원의 작품으로 제시하는 시를 종합해보면 총 127수가 된다. 하지만 그 중 〈刻眉菴嚴石〉은 위작임이 확실하기에 본고에서는 이 작품을 제외시켰다. 그리고 〈石榴〉 역시 위작일 가능성이 큰데다가 그 창작시기를 가늠하기가 어려워 이 부분에서는 대상에서 제외한다. 따라서 이 부분에서는 그 2수를 제외하고 125수만을 대상으로 한다.

물던 시기인 재당생애와 귀국 후 신라에서의 생애로 나눌 수 있으며, 이를 그의 생에서 전환이 이루어지는 사건이나 상황을 중심으로 좀 더 구체적으로 분류하자면 11단계로 나눌 수 있다. 이 부분에서는 각 단계마다 삶의 전환이 이루어지는 사건이나 상황의 변화에 대해 간단한 설명을 먼저 한 후, 각 시기에 창작된 혹은 창작되었을 것이라 추정되는 시에 대해 간략히 살펴볼 것이다. 그럼으로써 시기의 흐름에 따른 최치원 시의 정서의 변화 양상과 각 시기 시의 특징을 찾아볼 수 있을 것이다.

최치원의 출생연도에 대한 이설은 세 가지가 있는데, ① 857년 출생설 ② 856년 출생설 ③ 855년 출생설이 그것이다. 이 중에서 한국에서는 ① 857년 출생설이 통설로 여겨지는 반면, 중국에서는 ③ 855년 출생설에 무게를 두고 있다. 필자는 855년 출생설을 지지하는데, 그것은 최치원 자신이 쓴 「계원필경집서」에 나오는 "열두 살에 집을 떠나 당으로 유학을 떠났습니다. …… 관광 6년 만에 과거에 급제하였습니다[右臣自年十二, 離家西泛. …… 觀光六年, 金名牓尾]."에서 '관광 6년'을 '당으로 유학 온 지 6년'이 아니라 '국자감에 들어간 지 6년'으로 보았기 때문이다. 이것은 '당대唐代 국자감에 입학할 수 있는 최소 연령은 14세'[48]라는 사실과 관광을 '국자감에 들어가 선사先師[공자]의 위패를 우러러보는 것, 즉 국자감에 입학하여 수학하는 것을 가리킨다'[49]는 사실에 근거한다. 따라서

48 『新唐書』 卷34, 「選擧志上」: "凡生, 限年十四以上, 十九以下; 律學十八以上, 二十五以下."(무릇 학생의 나이는 14세 이상 19세 이하로 한하고, 율학은 18세 이상 25세 이하로 한다.)

49 '觀光'이란 말의 어원은 『易·觀』의 "觀國之光, 利用賓於王."(나라의 형편을 살펴보니, 임금께 국빈 노릇하는 것이 이로우리라.)에서 나온 것으로, 주요한 뜻은 나라의 성대한 덕이 빛남을 본다는 뜻이다. 당나라 때 수도로 올라와 과거 시험에 응시하거나 국자감에 들어가 先師[공자]를 우러러 보는 것도 '관광'이라 불렀다. (王勳成, 『唐代銓選與文學』, 中華書局, 2001, 8면.)

최치원의 855년 출생설에 기반하여 최치원의 나이를 산정하도록 한다.

2) 고운 최치원의 재당시기 생애와 한시 문학

최치원의 입당入唐부터 귀국기歸國期까지가 재당시기에 해당한다. 최치원의 재당생애에 대한 내용은 최치원 자신이 손수 쓴 「계원필경집서」와 최치원 자신의 개인적인 글이 많이 담긴 『계원필경집』 권17~20의 내용에 근거한다. 현전하는 시 중 필자가 파악한 재당시기에 지은 시는 총 88수이다.

(1) 입당入唐(12세, 866년)

12세란 어린나이로 조국을 떠나 온 최치원은 국자감에 입학할 수 있는 나이 14세가 될 때까지 중국어 학습과 입학에 필요한 기본적인 학문지식 습득을 위해 노력하였을 것이다. 이 시기에 최치원이 제대로 된 한시를 썼는지는 알 수 없지만, 만일 시를 썼다면 부모와 고향에 대한 그리움과 당에서 시작한 새로운 생활을 대상으로 시를 썼을 것이다. 하지만 이 시기에 지은 시는 과거를 위한 준비 과정이었으며 제대로 된 시를 쓰기 위한 학습 기간이었을 것이다.

(2) 국자감 입학 및 수학 시기(14세, 868년~876년)

이 시기의 최치원의 한시 창작에 대해서는 「계원필경집서桂苑筆耕集序」의 내용을 통해 어느 정도 짐작해볼 수 있다. 최치원은 당唐으로 유학 온 후 10년 안에 과거에 급제해야 한다는 아버지와의 약속을 지키기 위해 "상투를 대들보에 걸어 매고 송곳으로 허벅지를 찔러가며 조금도 게을리 하지 않았으며, 남들이 백의 노력을 할 때 자신은 천의 노력을 하였다[懸刺無遑, 冀諧養志, 實得人百之己千之]."고 밝히고 있다. 그러한 각고의 노력으로 인해 '관광 6년'만인 874년 과거에 급제한다. 국자감에 입학하여 수학하였던 이 시기 역시 고향에 대한 그리움과 고학苦學의 어려움 그리고 그것을 극복해내고자 하는 의지 등을 시로 읊었을 것이다. 최치원이 직접 "이때 느꼈던 심정을 읊고 사물에 의탁하여 편을 이룬 것들이 부이고 시이니 거의 상자에 넘칠 만큼 되었습니다[此時諷詠情性, 寓物名篇, 曰賦曰詩, 幾溢箱篋]."라고 말한 바 있듯이 이 시기에는 확실히 많은 시를 썼다. 그것은 아마도 과거를 보기 위한 공부이자 준비이기도 하였을 것이지만 아직 습작 수준을 넘어서지는 못하였던 것 같다. 스스로가 "어린아이가 장난친 것 같아서 장부가 보기에는 부끄러울 뿐이고, 어대를 하사받은 뒤에는 모두 버렸습니다[以童子篆刻, 壯夫所慙, 及忝得魚, 皆爲棄物]."고 한 사실에서도 그러함을 알 수 있다. 또한 "최치원은 12세에 당에 들어와, 한어漢語 문학을 배우기 시작해서 5, 6년 안에 시를 짓고 일반적인 수준에 도달하는 것도 결코 쉬운 일은 아니었을 것"[50]이라는 사실을 염두에 두면 더욱 그러하다.

(3) 과거급제시기(20세, 874년 봄) : 4수

현재 접할 수 있는 최치원의 시는 과거급제 이후의 작품부터이다. 필자가 파악한 이 시기의 시는 4수이다. 〈장안춘長安春〉, 〈춘일春日〉, 〈성명후수진사전인의견증成名後酬進士田仁義見贈〉는 모두 잔구殘句이기 때문에 그 일부밖에 볼 수 없지만, 874년 봄 과거급제 후 장안에서 펼쳐지는 새로운 과거 급제자를 위한 연회 때의 흥겨움이나 여흥을 읊은 시로

50 陳良運, 「東方漢文學鼻祖崔致遠詩述論」, 『中國韻文學刊』, 1999年 第2期, 中國韻文學會, 25면.

보인다. 그리고 전해지지는 않지만 과거 급제한 동기들과 헤어지며 주고받은 송별시도 있었을 것으로 생각된다. 〈장안여사여어신미장관접린長安旅舍與於愼微長官接隣〉의 "타향이라 알아줄 이 적으니, 그대 자주 찾는 것 싫다 마시라[他鄕少知己, 莫厭訪君頻]."에서는 고향에 대한 그리움과 고독함 그리고 앞날의 성공을 위한 고민 등을 엿볼 수 있지만, "도 지키며 옛글 배울 뿐이니, 사귀는 깊은 정은 어찌 가난타고 싫어하리[守道惟稽古, 交情豈憚貧]."와 같은 호연지기도 엿볼 수 있다. 이 시기의 시는 과거 급제로 인한 기쁨과 웅대한 포부 그리고 부모님에 대한 그리움 등이 주조를 이루었을 것으로 생각된다.

(4) 동도유랑시기(20세, 874년 봄~876년 말) : 4수

최치원이 과거에 급제한 후 율수현위로 부임하기 전까지의 기간에 대해 최치원은 〈계원필경서〉에서 '낭적동도浪跡東都'라 표현하였다. 연구자들은 통상적으로 이를 '동도유랑'이라 칭한다. 그런데, 이 기간에 대한 선행 연구자들의 견해는 1년부터 3년까지 다양하다. 이 문제에 대해서는 결국 최치원이 언제 율수현위로 부임하였는가가 이 논란을 결론지을 수 있는 중요한 근거가 된다. 필자는 그 기간을 3년으로 보았다. 왜냐하면, 당대唐代에 과거급제자는 과거 급제 후 당시의 규정인 '전선제도銓選制度'에 따라 관직을 받기 전에 3년의 '수선守選' 기간을 거쳐야 했다는 사실 때문이다.[51]

51 銓選制度는 唐宋의 관리 선발제도로 황제에 의해 임명되는 최고급 직관을 제외한 일반 직관(특히 六品 이하의 직위와 관직)은 吏部에서 부족한 관직을 대기자들 중에서 선발하는 제도를 말한다. 자격이 있는 자들은 규정된 기간 守選해야 했다. '守選'은 과거 급제자가 관직을 받기 전까지 기다리는 것을 일컫는다. 당시 일반 급제자들은 보통 3년의 수선 기간을 거친 후 관직을 받았다. 이 제도에 대한 자세한 설명은 '王勳成, 『唐代銓選與文學』, 中華書局, 2001.' 참조.

최치원은 이 수선 기간에 동도유랑을 하였는데, 이 시기는 그에게 여러 유적지를 돌아다니며 견문을 넓히고, 학문을 닦고, 관리로서 갖추어야 할 덕목이나 사회지식에 대해 준비할 수 있는 좋은 기회가 되었다. 최치원이 「계원필경집서」에서 이 시기에 "붓으로 먹을거릴 삼아 부 5수, 시 100수, 잡시부 30수를 지어 모두 3편을 이루었습니다[筆作飯囊, 遂有賦五首詩一百首, 雜詩賦三十首, 共成三篇]."고 서술한 것처럼 이 시기에는 많은 작품 활동을 했음을 알 수 있다. 하지만, 안타깝게도 지금은 대부분이 실전되었다. 현존시 중 필자가 파악한 이 시기의 시는 4수이다. 〈변하회고汴河懷古〉에서는 "수양제 나라 망친 일 말해 무엇하랴, 예나 이제나 사치란 다 몸을 망치네[莫言煬帝曾亡國, 今古奢華盡敗身]."라는 교훈을 제시하고 있다. 이 시는 최치원의 다른 시들과는 달리, 그 자신의 당시 상황이나 정서를 반영했다기보다는 깨달음과 그의 생활철학을 표현한 시라 할 수 있다. 이러한 교훈시의 경향은 이후 〈고의古意,〉 〈우흥寓興〉으로 이어진다. 〈화우인춘일유야정和友人春日遊野亭〉에서는 친구들과 함께 봄나들이를 가서 "좋은 벗 서로 불러 술 취하는 자리[知己相邀勸醉處]"를 가지며 흥겹게 즐기는 모습을 엿볼 수 있다. 하지만 〈도중작途中作〉에서는 "돌아감이 좋은 줄 모르는 바 아니지만, 다만 돌아가도 집이 또한 가난하다네[不是不知歸去好, 只緣歸去又家貧]."처럼 안정되지 못한 자신의 처지와 가난을 한탄하는 모습도 엿볼 수 있다. 이 가난은 최치원이 고병막부高駢幕府에 들어가기 전까지 그를 줄곧 힘들게 했던 요소 중의 하나이다. 이 시기에는 과거 급제한 기쁨의 여흥과 함께 시간이 지날수록 방랑해야 하는 자신의 처지와 가난을 걱정하고 한탄하는 모습도 보이게 된다. 이 시기에 지은 시들은 귀국 후 헌강왕에게 바쳤는데, 그러한 사실로 보아 작품 수준면에서 많은 발전을 보인 시기라 할 수 있다.

(5) 율수현위시기(23세, 877년초~879년 겨울) : 6수

최치원은 동도유랑을 마치고 율수현위로 부임한 후 "짧은 시간도 헛되이 보내지 않았으며, 공적으로 사적으로 지은 글을 책으로 엮으니 모두 5권이나 되었습니다[免擲寸陰 公私所爲, 有集五卷]."하였는데, 그것이 바로 『중산복궤집中山覆簣集』이다. 하지만 이 문집은 실전되어 그 문집에 어떠한 시문이 수록되어 있었는지는 알 길이 없다.

최치원이 율수현위로 있던 기간과 그것이 스스로 물러난 것인지 아니면 임기가 만료되어 물러난 것인지에 대한 논자들의 의견도 분분하다. 필자는 최치원이 현위직의 임기가 만료된 후 물러난 것으로 파악하였다. 왕쉰청王勳成의 고증에 의하면 "6품 이하의 관원은 4고만四考滿(4년)이지만, 중당中唐 이후 3고만三考滿(3년)으로 바뀌었으며, 고만考滿 이후 바로 수선守選이 시작된다."[52]고 한다. 최치원이 역임한 율수현위직은 말단 관직인 종구품으로 만당시기 그 임기는 3년이었다. 그리고 최치원이 율수현위에서 물러난 후 박학굉사과博學宏詞科를 준비한 기간과 고병막부로 들어간 시기 등을 종합해 보면 최치원은 율수현위의 3년 임기를 다 채운 것으로 결론지어진다.

필자가 파악한 이 시기의 시는 6수로, 그 중 〈등윤주자화사상방登潤州慈和寺上房〉, 〈곤주유헌이원외袞州留獻李員外〉, 〈송사제엄부送舍弟嚴府〉(잔구), 〈강산서회江山書懷〉(잔구) 4수가 『천재가구千載佳句』[53]에 수록되었다. 이로 보아 이 당시에 지은 작품은 빼어난 예술성을 가진 작품들이 많았던 듯하다. 하지만 다소 시각과 청각 등 감각적 표현을 조탁하

52 王勳成, 앞의 책, 101면.

53 『千載佳句』는 日本 平安朝 때의 문인 大江維時(888~963)이 初唐에서 晩唐에 이르기까지 한문문화권 전체에서 활약한 모든 시인들을 대상으로 하여 七言佳句만을 선별하여 편찬한 시집이다.

는데 치우친 면도 없지는 않다. 이는 〈고소대姑蘇臺〉(잔구)에서도 그러하다. 이것은 비록 율수현위라는 말단관직이긴 하지만 스스로가 "녹봉도 많아지고 벼슬도 많아져서 배부르고 편안한 나날을 보내게 되었습니다[祿厚官閒, 飽食終日]."라고 말한 것처럼 비교적 안정된 생활과 정신적인 여유가 이 시기의 시 창작에 영향을 미쳤기 때문일 것이다. 하지만 〈강남녀江南女〉처럼 당시의 사회상을 풍자하는 동시에 이방인인 자기 자신의 신세를 한탄한 시도 창작하였다. 이러한 풍자 풍격의 시는 이후 〈신축년기진사오첨辛丑年寄進士吳瞻〉, 〈고의古意〉, 〈촉규화蜀葵花〉, 〈우흥寓興〉으로 이어지며 최치원 시의 특징 중의 하나로 자리 잡게 된다. 그러므로 이 시기의 시에 대해 "이 시기는 그의 창작이 새롭게 발전한 시기였다. 공적 사적 일로 인민과 접촉할 기회가 있었기 때문에, 실생활에서 일정한 정도 당시 중국의 사회 현실과 인민 생활을 알게 되었을 것이다. 이러한 상황에서 그는 적지 않은 우수한 시편을 지을 수 있었다."[54] 라고 한 흐어전화何振華의 평가는 매우 적절하다 하겠다.

(6) 박사굉사과 준비 및 입막시기(25세, 879년 겨울~880년 여름) : 『기덕시』 30수

박학굉사과博學宏詞科는 삼편三篇이라고도 불린다. 진사과와 박학굉사과가 모두 시詩와 부賦를 시험 보기는 하지만 박학굉사과에서 요구하는 수준이 더 높고 엄하다. 그리고 과거 급제자이든 이미 관직에 있는 자이든, 그 수선 연한이 다 찼는지 안 찼는지는 상관없이 이부吏部 박학굉사과에 참가할 수 있다.[55] 즉, 박학굉사과는 수선할 필요 없이 곧바로

54 何振華, 앞의 논문, 38면.

55 王勳成, 앞의 책, 285~294면.

벼슬길에 나아갈 수 있는 지름길인 것이다. 이것이 바로 최치원이 박학굉사과를 준비한 가장 큰 이유로 보인다. 하지만, 당시 황소의 난 등으로 인해 정국이 혼란해지면서 그것마저 시행이 취소 혹은 무기한 중단되자[56] 최치원은 다른 출로인 막부로의 입막을 모색하게 된다. 요컨대, 이 시기는 최치원이 율수현위의 3년 임기를 다 채우고 박학굉사과를 준비하려 잠시 산에 들어갔으나, 경제적인 어려움과 당시 박학굉사과의 시행이 불명확해지자 이를 포기하고 고병막부로의 입막을 시도하던 때인 것이다. 최치원이 수많은 번진 중에서 고병의 막부로 들어간 것은 당시 고병이 큰 권력가였다는 이유 외에도, 고병의 회남막부(양주)가 최치원이 있었던 선주율수현宣州溧水縣과 가까운데다가, 신라와의 왕래가 편리하고 빈번한 곳이라는 사실도 큰 작용을 하였을 것이다. 거기다 만당의 저명한 시인이기도 한 고병은 무예가 뛰어난 무장이면서도, 선비들을 존중하는 고아한 흥취와 문학적 소양이 뛰어난 인물이라는 사실도 최치원이 고병막부로 들어갈 것을 결심하는데 큰 작용을 했을 것이라 생각된다.

최치원에게 있어서는 이 시기가 당으로 건너온 이후 가장 불안정하고 힘든 시기였을 것이다. 이 시기에 대해 최치원은 “차디찬 베개에 마음이 상해서 외로운 등불 아래 그림자와 짝하노라면, 겨울밤의 물시계 소리는 이별의 눈물을 자꾸만 떨어뜨리는 듯하고, 멀리서 들리는 다듬이 소리는 나그네의 마음을 마구 짓찧는 듯합니다. …… 모某의 고향 집이 해 뜨는 곳에 멀리 떨어져 있고, 가는 길이 하늘 못에 가로막혀 있으니 더 말할 나위가 있겠습니까. 객사에 투숙하려면 원수보다도 더 싫어지

56 徐松의 『登科記考』(877~926면.)를 살펴보면, 박학굉사과는 唐僖宗 乾寧 6年(879) 3月에 마지막으로 시행된 이후, 唐昭宗 乾寧 4年(897)에 한 번 보이고, 그 이후 天復 元年(901) 登科한 李琪를 마지막으로 더이상 관련 기록을 찾아볼 수 없다.

는데, 어느 문을 찾아가서 생계를 도모해야 하겠습니까. …… 그래도 소망하는 것은 만리 멀리 타국에서 와서 10여 년 동안 고학한 것을 조금쯤 측은하게 생각하시어 곤궁한 처지를 구제해 주셨으면 하는 것입니다."[57] 라고 당시의 어려운 상황을 서술하였다. 따라서 경제적인 어려움을 해결하고 성공하기 위해 조바심을 냈을 것이며, 그러다가 찾아낸 출로가 고병막부로 들어가는 길이었다. 이 시기에 그는 고병막부에 들어가기 위해 시문을 쓰는 데 매진하였다. 「초투헌태위계初投獻太尉啓」에서 "그동안 지은 잡편의 문장 5축과 진정陳情한 칠언장구시 1백 편을 삼가 기록하여, 목욕재계하고 올리는 바입니다."[58]라고 한 것과 〈기덕시紀德詩〉 30수를 고병에게 올린 것만 보아도 그러하였음을 짐작할 수 있다. 최치원 시의 특징을 살피는 데에는 당시 자신의 상황과 심정을 솔직하게 털어놓았을 '진정칠언장구시일백편'이 더 많은 도움이 되었겠지만, 현재 전해지는 것은 〈기덕시〉 30수뿐이다. 〈기덕시〉는 일종의 목적시라 할 수 있는 헌시獻詩로, 그 특성상 칭송이나 찬양 일색일 수밖에 없는 특징을 지니며, 게다가 이 시들은 최치원보다는 고병의 일생을 살피는 데 더 도움이 된다. 하지만 이 시를 쓴 당시의 상황은 최치원의 생애와 시의 특징을 살피는데 있어 적잖은 도움이 된다.

(7) 고병막부시기(26세, 880년 여름~884년 가을) : 20수

최치원은 880년 여름 즈음에 고병막부에 들어갔지만, 고병의 도움으

57 崔致遠, 「再獻啓」, 『桂苑筆耕集』 卷17, "及其凍枕傷神, 孤燈伴影, 寒漏則滴殘別淚, 遙礎則搗破羈心 …… 況某家遙日域 路隔天池 投客舍而方甚死仇, 持何門而欲安生計 …… 或以其萬里地遠來, 十餘年苦學, 稍垂惻憫, 得濟困窮."

58 崔致遠, 「初投獻太尉啓」, 『桂苑筆耕集』 卷17, "謹錄所業雜篇章五軸兼陳情七言長句詩一百篇齋沐上獻."

로 '서충관역순관署充館驛巡官'이 되어 경제적으로 다소 안정을 찾았을 뿐, 아직 온전히 고병의 신임을 얻고 중용을 얻은 것은 아니었다. 최치원이 중용을 받기 시작한 것은 881년 5월 출사에 부름을 받고부터이다. 「사령종군장」에서 "갈림길에서 울며 방황하는 때를 당하여, 큰 내를 건너게 하는 은사를 입었으니 더 말할 나위가 있겠습니까. 그지없이 감격스러워 기뻐 뛰면서 송구한 심정을 금할 수 없습니다."[59]라 하였는데 여기서 종군하게 되었다는 것은 "작년(881년) 중하(5월)에 출사할 적에 홀연히 불러 주신 것"[60]을 의미한다. 또한 출사의 부름을 받은 후에 "이역에서 건너와서 덕문에 의탁하게 되었는바, 예전에 이름이 계과桂科에 끼었을 적에도 뜻에 맞는 줄 몰랐는데, 요즈음 연부蓮府의 직책을 맡게 되면서부터 몸의 영화를 비로소 깨닫고 있습니다."[61]라고 한 것만 보아도 881년 5월 이후 고병의 중용을 받기 시작하였음을 알 수 있다. 따라서 이 시점을 기준으로 1기와 2기로 나눌 수 있을 것이다.

[1] 881년 5월 이전 : 5수

최치원은 고병의 중용을 받기 전 서충관역순관으로 있으면서 자신의 재능을 제대로 발휘할 수도 없고, 자신의 이상과 포부를 온전히 펼칠 수 없어 많이 답답해했던 듯하다. 그러한 정서가 이 시기에 지은 시에 반영되어 있어, 5수의 시 모두가 우울하고 침울한 분위기를 띤다. 880년 가을에 지은 〈추일재경우이현기이장관秋日再經盱眙縣寄李長官〉의 "하늘 같이 아득한 길 시름 속에 나이만 먹어가니, 바다 건너 고향집은 꿈에나

59 崔致遠, 「謝令從軍狀」, 『桂苑筆耕集』 卷17, "況當泣路之時, 永荷濟川之賜. 下情無任感戴欣躍兢惕之至."

60 崔致遠, 「長啓」, 『桂苑筆耕集』 卷18, "去年中夏, 伏遇出師, 忽賜招呼."

61 崔致遠, 「謝出師後告辭狀」, 『桂苑筆耕集』 卷17, "來從異域, 託在德門, 昔曾名列桂科, 未知稱意, 今忝職居蓮府, 始覺榮身."

돌아갈까?[路迷霄漢愁中老 家隔煙波夢裏歸]" ; 〈우정야우郵亭夜雨〉의 "애달파라, 시름 속에 앉았노라니, 정녕 참선하는 중이 따로 없어라[自憐愁裏坐, 眞箇定中僧]." ; 881년 봄에 지은 〈산양여향우화별山陽與鄕友話別〉 ; 〈춘효우서春曉偶書〉의 "정을 품은 아침비는 가늘디가는데, 아리따운 좋은 꽃은 필 듯 말 듯[含情朝雨細復細, 弄艶好花開未開]." ; 〈우인이구장견혜이보도위답友人以毬杖見惠以寶刀爲答〉의 "그대 따라 분주히 일하기로 마음먹었으니, 단지 발탁하여 일찍 써주기만 바라네[旣許驅馳終附驥, 只希提拔早登壇]." 등은 모두가 금의환향하지 못하는 것에 대한 자책이나 자신의 재능과 포부를 마음껏 펼칠 수 없는 현실을 한탄하고 있다. 이것이 바로 이 시기의 주된 정서라 하겠다.

[2] 881년 5월 이후 : 10수

881년 5월 이후 고병의 부름을 받고 종사하게 되었으며, 7월에는 「격황소서」를 저술하여 문명을 천하에 떨치게 되었으며 고병의 두터운 신임을 받게 된다. 하지만 고병은 여용지呂用之같은 간신의 꼬임에 넘어가 황실의 신임마저 잃게 되었으며, 882년에는 조정으로부터 군직을 박탈당하는 상황에 처하게 된다. 하지만 최치원은 변함없이 고병의 총애를 받았고, 그것으로 인해 주변의 시기와 배척을 받기도 하였다. 최치원은 결국 884년 8월 전에 귀국을 결정하게 된다. 따라서 이 시기는 최치원이 당에서 지내왔던 그 어느 시기보다 희로애락이 매우 복잡하게 뒤얽혀 있었던 시기라 할 수 있다. 현전하는 시를 통해, 당에서 자신을 보살펴 준 은인(고병高駢, 배찬裴瓚)에 대한 감사, 절친한 친구와 동료(고운顧雲, 장교張喬, 양섬楊贍, 오만吳巒, 이전李展) 등과의 교류, 주변 사람(세력)의 자신에 대한 견제와 배척으로 인한 번뇌(〈신축년기진사오첨〉) 등의 정서를 확인할 수 있다. 이외에도 자신의 재능을 펼칠 수 있게 된 것에 대한 기쁨, 부모와 고향에 대한 그리움, 귀국 결정에 대한 망설임 등을 읊은 시도 있었을 것으로 생각된다. 이 시기의 시 역시 문장을 조탁한 시각 위주의 아름답고 빼어난 표현의 작품이 다수 존재한다. 그리고 이 시기에도 침울하고 감상적인 분위기의 시가 주류를 이룬다.

(8) 귀국기(30세, 884년 가을~885년 봄) : 29수

최치원은 884년 8월 전에 귀국을 결정하고 8월에 귀국 길에 오른다. 하지만 기후 문제로 이듬해(885년) 봄까지 산동지역에 머물다가 3월에야 신라에 도착한다. 이 시기를 통틀어 귀국기라 칭한다. 이 기간 동안 최치원은 상당량의 시를 지었는데, 이는 귀국을 앞두고 절친한 친구들과 송별시를 주고받은 것과, 귀국길에 오른 후 봄이 오길 기다리며 유유자적하며 한가한 시간을 보냈던 상황 때문이었다. 이 시기에 지은 시들은 고스란히 『계원필경집』 권20에 수록되어 있다. 권20에 수록된 30수의 시 중 첫 번째로 편차된 〈진정상태위시〉를 제외한 나머지 29수의 시가 이 시기에 창작된 것이다. 이 시기의 시는 당을 떠나기 전 자신을 보살펴준 은인이나 친한 벗과 나눈 석별의 정, 귀국을 앞둔 상태에서의 흥분과 기대 등이 주된 정서를 이루고 있다.

3) 귀국 이후 시기의 생애와 한시 문학

최치원이 885년 3월 신라로 돌아온 이후부터 은거에 들어가 생을 마감할 때까지의 시기가 귀국 이후의 시기가 되며, 이 시기는 3단계로 나누어 볼 수 있다. 현전하는 시 중 필자가 파악한 이 시기에 지어진 시는 37수이다.

(9) 헌강왕 · 정강왕 시기(31세, 885년 3월~887년 7월) : 2수

885년 3월 신라로 돌아온 최치원은 헌강왕의 큰 지지를 받으며 자신의 정치적 이상과 포부를 펼쳐보려 했지만, 헌강왕이 886년 7월 서거하고, 이어 왕위에 오른 정강왕마저도 즉위한지 1년만인 887년 7월 붕어한다. 이것은 곧 최치원에게 있어 자신의 후원자이자 든든한 배경을 잃음으로써 자신의 포부를 포기해야만 하는 위기에 처하였음을 의미한다. 따라서 이 시기는 최치원에게 있어 귀국기의 포부가 점차 좌절로 바뀌어가는 시기이기도 했다.

신라로 돌아온 후 2년여의 시간동안 최치원은 신라사회에 적응하려 많은 노력을 하였을 것이며 공사로 바쁜 시간을 보냈을 것이다. 그렇기 때문인지 이 시기에 지은 시는 많지 않았던 듯하다. 이 시기에 지은 것으로 추정되는 시는 두 수이다. 〈공산성公山城〉은 다소 진위여부가 의심되는 바가 있다. 하지만, 이미 황소의 난 등으로 몹시 혼란했던 당을 목도하고 온 최치원이 상대적으로 안정되어 보이던 당시의 평화로운 모습을 읊었을 가능성도 없지는 않을 것이다. 그리고 〈춘일요지우부지春日邀知友不至〉에서는 "세속의 명리인 알게 된 것이 후회스럽네[悔識塵中名利人]"함을 탄식하고 있다. 이 시기에는 왕의 든든한 지지를 받았던 때문인지 신라의 정치와 관료사회에 대한 비판의식은 아직 그리 크지 않았던 것으로 보인다.

(10) 진성여왕 · 효공왕 시기(32세, 887년 8월~898년 11월) : 20수

이 시기는 진성여왕의 난정亂政과 함께 각지에서 민란이 일어나며 신라가 점차 파멸의 길로 들어서게 된 시기이다. 이 시기에 최치원은 외직에 나가 있으면서도 무너져가는 조국을 위해 시무책을 올리는 등 국궁

진췌鞠躬盡瘁하고자 분투하였다. 하지만 오히려 진골귀족과 관료들의 시기와 견제 그리고 배척으로 말미암아 결국 자신의 정치적 이상과 포부를 포기하고 은거를 결심하게 된다.

필자가 파악한 이 시기의 시는 20수인데, 그중 〈증희랑화상贈希朗和尙〉 6수와 〈향악잡영鄕樂雜詠〉 5수를 제외하면 9수이다. 이 9수의 시를 통해 이 시기의 최치원의 상황과 심정을 잘 엿볼 수 있다. 〈여유당성증선왕악관旅遊唐城贈先王樂官〉의 "선왕을 이제 뵈올 수 없으니, 그대와 더불어 두 줄기 눈물 흘리네[攀髥今已矣, 與爾淚雙垂]."에서는 선왕(헌강왕)에 대한 그리움을, 〈유별서경김소윤준留別西京金少尹峻〉의 "그대와 헤어지면 속내 얘기 나눌 곳도 없다네[別君無處話心期]"와 〈추야우중秋夜雨中〉의 "세상에는 지음이 드물구나[擧世少知音]"에서는 마음을 나눌 친구조차 없는 고독한 현실을 읊고 있다. 그리고 〈고의古意〉와 〈우흥寓興〉에는 신랄하고 예리한 필치로 신라 통치 계급 내부의 알력과 서로 권리를 쟁탈하는 비열한 행위를 풍자하고 있다. 〈촉규화蜀葵花〉에서는 "천한 땅에 태어난 것 스스로 부끄러워, 사람들에게 버림받아도 참고 견디네[自慚生地賤, 堪恨人棄遺]."라며 골품제의 제약으로 인해 더이상 자신의 정치적 이상과 포부를 펼칠 수 없음을 깨닫고 체념하는 모습을 담고 있다. 〈증금천사주贈金川寺主〉·〈제운봉사題雲峰寺〉·〈기호원상인寄顥源上人〉 등을 통해서는 점차 은거하려는 마음을 굳혀가며 관직에 있으면서도 현실도피를 하고자 유산완수遊山玩水하는 모습을 찾아볼 수 있다. 그리고 〈증희랑화상〉 6수에는 속세를 벗어나 불교에 귀의하고 싶어하는 마음이, 〈향악잡영〉 5수에는 전통예술과 일반백성들에 대한 애정이 내포되어 있다고 그 의의를 부여할 수 있을 것이다.

이 시기의 시에도 여전히 시각, 청각, 후각 같은 감각을 동원해 묘사한 가구佳句가 있긴 하지만 재당시에 비해 일부러 가구를 만들기 위해 조탁한 느낌이 적고 그 묘사가 보다 더 자연스럽게 시에 녹아든 느낌을 준다. 그리고 이 시기의 시 역시 재당시기의 시처럼 감상적인 분위기를 많이 풍기고는 있지만, 시의 내용과 그 분위기에서 작가의 경륜과 성숙미를 느낄 수 있다. 따라서 이 시기의 시는 "수량상으로는 재당시기에 지은 시들에 비해 적지만, 우수한 작품이 많으며, 재당시기의 시들과 비교해보았을 때 아주 큰 발전이 있었다."[62]고 할 수 있다.

(11) 은거시기(44세, 898년 11월~?) : 15수

[1] 소극적 은거시기(898年 11월~908년) : 6수

자의이든 타의이든 최치원은 관직에서 물러나 은거에 들어갔지만, 908년까지는 세간과 완전히 격리되지 못하고 여전히 국가의 명이나 지인의 요청으로 저술활동을 계속해 왔다. 이 시기에 지은 시는 대부분 속세와의 연을 완전히 끊지 못하는 자신을 탓하거나, 온전히 탈속하고자 하는 열망과 결단을 표현하고 있다. 〈범해泛海〉의 "나 또한 신선을 찾으리라[吾且訪仙翁]" ; 〈증산승贈山僧〉의 "한번 청산에 들면 다시는 나오지 않으리[一入青山更不還]" ; 〈증재곡난야독거승贈梓穀蘭若獨居僧〉의 "세상사람 길 아는 것 한스러워라[世人知路翻應恨]" ; 〈증운문난야지광상인贈雲門蘭若智光上人〉의 "지팡이는 산 밖을 나선 일 없고, 붓은 서울로 가는 편지 안 쓰네[筇無出山步, 筆絶入京書]." ; 〈제가야산독서당題伽倻山讀書堂〉의 "옳다 그르다 시비 소리 귀에 들까 늘 두려워, 일부러 흐르는 물로 온 산을 에워쌓네[常恐是非聲到耳, 故教流水盡籠山]." 등의 내용을 통해 이를 확인해 볼 수 있다. 이 시기의 시는 은거 이전의 시와 비교해 볼 때 감상적인 표현과 내용은 많이 사라졌지만 그 대신 세상에서 벗어나고자 하는 처절

62 何振華, 앞의 논문, 42면.

함이 주조를 이루고 있어 최치원이 일생 중 겪은 불우와 아픔을 통감하게 한다. 이 시기의 시에도 시각과 청각을 이용한 감각적 표현이 자주 사용되었는데, 특히 〈증재곡난야독거승〉의 "솔바람 말고는 귀가 시끄럽지 않은[除聽松風耳不喧]", 〈증운문난야지광상인〉의 "대 홈에 샘물소리 끊이지 않고[竹架泉聲緊]", 〈제가야산독서당〉의 "돌 사이 세찬 물에 온 산이 부르짖어[狂奔疊石吼重巒]" 등과 같이 청각적 표현이 더 자주 등장한다. 이는 세상의 소음에서 벗어나고자 하는 열망이나 혹은 멸망해가는 조국 신라를 내버려두고 은거하는 것이 과연 옳은 것인가 고민하고 번뇌하는 최치원의 마음의 소리 때문이었을 것이다.

[2] 적극적 은거시기(909년~ ?) : 9수

909년부터 최치원은 속세에서 완전히 벗어나 진정 속세에서 벗어나 달관의 경지, 탈속의 경지에 이른 은거 생활을 하게 된다. 이것은 당조唐朝의 멸망과 관련이 있어 보인다. 자신에겐 제2의 조국과도 같은 당이 907년 멸명하자, 최치원은 결국 신라도 머지않아 그리될 것임을 예감한 데다가, 조국 신라를 배반하고 신흥왕조 고려를 섬길 수도 없어 마침내 완전히 속세를 떠나기로 결심한 것이라 생각된다. 이 시기에 지은 시는 '둔세시遁世詩'라 명명할 수 있는데, 그것은 이 시들에서는 더이상 속세의 일로 번뇌하는 모습은 찾아보기 힘들며, 유유자적하며 음풍농월하는 모습만을 볼 수 있기 때문이다. 이는『지봉유설』소재 8수 중 "선인이 옥베개를 권하니, 몸과 세상이 어느새 천년일세[仙人推玉枕, 身世欻千年]." ; "산속에 중은 세월을 잊고서, 나뭇잎으로만 봄을 기억하네[山僧忘歲月, 唯記葉間春]." ; "고요하여 나를 잊고 있노라니, 솔바람이 베갯머리에 스치네[寂寂因忘我, 松風枕上來]." ; "지극한 도는 문자를 떠나서, 원래부터 눈앞에 있는 거라네[至道離文字, 元來在目前]."와 〈벽송정碧松亭〉의 "늘그막에

송정 아래 돌아와 누우니, 보이는 것 가야산 속의 푸르름 뿐이네[暮年歸臥松亭下, 一抹伽倻望裏靑].” 등의 내용과 표현에서 그러한 최치원의 모습을 그려볼 수 있다. 이 시기의 시에도 시각적 표현이 많이 등장하고 있지만, 시의 전체적인 정조와 어조는 감상적인 느낌을 주지는 않는다. 이는 마침내 자신을 얽매어왔던 세상인 ‘진롱塵籠’에서 벗어났기 때문일 것이다.

호어전화何振華는 최치원의 은거시기의 작품에 대해 “이런 소극적인 현실 도피의 은거 생활이 창작에 좋지 못한 영향을 가져온 것은 물론이다. 이 시기 그의 창작에서 전시기의 작품에 비할만한 작품을 한 편도 보기 어렵다.”[63]라고 평가한 바 있는데, 이는 그가 이 논문을 쓸 당시(1982년)에 『지봉유설』 소재 8수를 비롯해 〈제가야산독서당〉 등 은거시기에 지어진 문학성과 예술성이 뛰어난 작품을 제대로 참고로 하지 못했기 때문에 그러한 결론을 내린 것으로 여겨진다. 하지만, 최치원은 세상을 등지고 자연 속에 홀연 묻혀 있을 때 이루어진다고 하는 강호가도적 입장을 보여준 최초의 사람이었으며, 한국 전원시의 원류를 마땅히 최치원에까지 거슬러 올라가야 한다는[64] 사실만으로도 최치원이 은거시기에 지은 시는 그 의의와 가치를 충분히 인정할 만하다.

4) 나오는 말

필자는 최치원의 125수의 시 중 88수를 재당시기에 창작된 것으로 파악하였다. 〈기덕시〉 30수를 제외한 나머지는 대부분 최치원 자신의 재당시기의 생활과 정서를 솔직하게 읊은 시이다. 최치원의 재당시기의

63 위의 논문, 45면.
64 성낙희, 『최치원의 시정신 연구』, 중앙대학교 대학원 박사학위논문, 1986, 212~223면.

한시에 대해 저우민周旻은 "최치원의 생활과 창작 노선은 당대 수많은 지식인이 모두 걸어왔던 길이다. 만당 시풍의 영향을 받은 최치원의 시는 당대 시단에서 주목받을 만큼 성취와 지위를 얻었다. 시인이 당에서 학문을 탐구하고 관직에 재직할 때 쓴 고향을 그리고 신라를 사랑하며 또 당唐을 사랑하는 작품은 순박하고 진지하여 매우 특색이 있다."[65]라고 평하고 있다. 최치원은 당에서 당시의 유명 시인인 두순학杜荀鶴, 고병高駢, 장교張橋, 고운顧雲 등과 같은 저명 시인들과의 친분과 교류를 통해, 그리고 당시의 문학풍조와 시풍을 몸소 체험하며 시 창작에 많은 영향을 받았을 것이다. 하지만 그는 또 외국인인 신라인이었기에 그의 시에는 당나라 문인들과는 또 다른 감성과 고민이 담겨있음도 확인할 수 있다.

현존시 125수 중 귀국 후 시는 37수로 파악된다. 최치원이 당에 있을 때 시를 통해 자주 자신의 희로애락의 정서를 매우 핍진하게 읊었듯이, 귀국 후에도 그러한 성향은 계속되었다. 하지만 귀국 후의 시에는 희락喜樂를 읊은 시는 거의 없고 대부분이 고독함과 탈속의 욕망을 읊고 있어 최치원이 귀국 후 얼마나 힘겹고 불우한 생활을 했는지를 충분히 엿볼 수 있다. 그렇지만 귀국은 최치원의 시 창작에도 많은 영향을 미친 것으로 보인다. 기본적인 창작 시풍은 만당의 풍조를 크게 벗어나지는 못하였지만, 신라의 연희演戲를 읊은 〈향악잡영〉 5수와 『지봉유설』 소재 둔세시 8수는 자신의 조국인 신라의 예술과 자연을 시에 담고 있다. 그러므로 최치원은 귀국 후 한국한문학의 비조鼻祖답게 한국 한시의 새로운 경지를 개척하며 자신의 시세계를 구축해 나갔다고 평가할 수 있다. 최치원의 인생역정과 그의 한시 작품을 간단히 표로 나타내며 글을

65 周旻, 「晩唐詩與崔致遠」, 『國外文學』 1990年 第2期, 北京大學, 218면.

마치기로 한다.

시기		詩體
출생 (1세, 855년)		0
1) 入唐(12세, 866년)		0
2) 국자감 입학 및 수학시기(14세, 868년~876년) : 失傳 혹은 "以童子篆刻, 壯夫所慚, 及忝得魚, 皆爲棄物"		0
3) 과거급제시기(20세, 874년 봄)		(4首)
과거급제 후 장안	〈成名後酬進酬進士田仁義見贈〉(殘句) 〈長安旅舍與於愼微長官接隣〉 〈長安春〉(殘句) 〈春日〉(殘句)	七殘 五律 七殘 七殘
(4) 동도유랑시기(20세, 874 봄~876년)		(4首)
과거 급제 후 관직을 받기 전의 '守選三年' 기간	〈留贈洛中友人〉(殘句) 〈和友人春日遊野亭〉 〈汴河懷古〉 〈途中作〉	七殘 七律 七律 七絶
(5) 溧水縣尉시기(23세, 877년~879년 겨울)		(6首)
율수현위 3년 임기시기	〈送舍弟嚴府〉(殘句) 〈兗州留獻李員外〉 〈登潤州慈和寺上房〉 〈姑蘇臺〉(殘句) 〈江山書懷〉(殘句) 〈江南女〉	七殘 七絶 七律 七殘 七殘 五古
(6) 博士宏詞科 준비 및 入幕시기(25세, 879년 겨울~880년 여름)		(30首)
	〈紀德詩〉 30수 : 〈兵機〉 (桂1)~〈陳情〉 (桂30)	七絶30首
(7) 高駢幕府시기(26세, 880년 여름~884년 7월)		(15首)
1) 881年 5月이전 (5首) 高駢幕府로의 入幕 후	〈山陽與鄕友話別〉 〈友人以毬杖見惠以寶刀爲答〉 〈秋日再經盱眙縣寄李長官〉 〈郵亭夜雨〉 〈春曉偶書〉	七絶 七律 七律 五絶 七律

2) 881年 5月 이후 (10首) 高騈에게 중용을 받기 시작한 이후	〈陳情上太尉詩〉(桂31) 〈送呉進士巒歸江南〉 〈暮春卽事和顧雲友使〉 〈和張進士喬村居病中見寄〉 〈和李展長官冬日遊山寺〉 〈和顧雲侍禦重陽詠菊〉 〈饒州鄱陽亭〉 〈題芋江驛亭〉 〈題輿地圖〉(殘句) 〈辛丑年寄進士吳瞻〉	七律 七律 七律 七律 七律 七律 七絶 七絶 七殘 七律
(8) 귀국기(30세, 884년 8월~885년 봄)		(29首)
귀국 결정과 귀국길에 오른 후	〈奉和座主……絶句三首〉(桂32~34) 〈歸燕吟獻太尉〉(桂35) 〈酬楊贍秀才送別〉(桂36) 〈行次山陽……謹以詩謝〉(桂37) 〈留別女道士〉(桂38) 〈酬進士楊贍送別〉(桂39) 〈楚州張尙書……以詩謝〉(桂40) 〈酬吳巒秀才惜別 二絶句〉(桂41~42) 〈石峯〉~〈石上流泉〉(영물시 10수 桂43~52) 〈和友人除夜見寄〉(桂53) 〈和金員外贈巉山淸上人〉(桂59) 〈東風〉(桂54), 〈海邊春望〉(桂55) 〈春曉閒望〉(桂56) 〈海邊閒步〉(桂57) 〈將歸海東巉山春望〉(桂58) 〈題海門蘭若柳〉(桂60)	七絶3首 七律 七律 七律 七絶 七絶 七絶 七絶2首 七律10首 七絶 七絶 七絶 七絶 七絶 七絶 七律 七絶
(9)헌강왕·정강왕 시기(31세, 885년 3월~887년 7월)		(2首)
	〈春日邀知友不至〉 〈公山城〉	七絶 七絶
(10) 진성여왕·효공왕 시기(32세, 887년 8월~898년)		(20首)
	〈留別西京金少尹峻〉 〈贈金川寺主〉 〈旅遊唐城贈先王樂官〉 〈贈希朗和尙〉 六首 〈秋夜雨中〉 〈題雲峰寺〉	七絶 七絶 五律 七絶6首 五絶 五律

	〈蜀葵花〉 〈寓興〉 〈古意〉 〈寄顥源上人〉 〈鄕樂雜詠 五首〉	五古 五古 五古 七律 七絶5首
(11) 은거시기(44세, 898년 11월~ ?)		(15首)
1) 898년 11월~908년 (6首) 소극적 은거시기	〈贈梓穀蘭若獨居僧〉 〈贈雲門蘭若智光上人〉 〈贈山僧〉 〈題伽倻山讀書堂〉 〈泛海〉 〈黃山江臨鏡臺〉	七絶 五律 七絶 七絶 五律 七絶
2) 909년~? (9首) 적극적 은거시기	〈碧松亭〉(殘句) 〈遁世詩〉 8首	七殘 五絶8首

부록
한·중 최치원 관련 연구 논저 목록

1. 자료집

김상환 역주, 『최치원 진감선사비』, 예술의전당, 2015.

김수영 편역, 『최치원 선집 : 새벽에 홀로 깨어』, 돌베개, 2008.

김진영·안영훈 역주 『고운 최치원 시집』, 민속원, 1997.

노성미·조계홍·한정호 역, 『달마저 밝으니 이를 또 어찌하리 : 한·중 문화교류의 역사, 최치원 시선』, 경남대학교출판부, 2016.

성균관대학교 대동문학연구원 편, 『최문창후전집』(3版), 성균관대학교출판사, 1991.

이상현 역, 『계원필경집』, 한국고전번역원 기획 올재, 2013.

이상현 역, 『고운집』, 한국고전번역원 기획 올재, 2011.

임영주·송성안·한정호 엮음, 『최치원이 남겨둔 발자취 : 고운 최치원 유적 자료집』, 마산문화원, 2012.

최광식·최성영 역주, 『고운 최치원선생 문집』, 고운국제교류사업회, 2016.

최순용, 『경남의 르네상스 최치원이 열다』, 경남, 2019.

최영성 역주, 『최치원 전집 1 〈사산비명〉』, 아세아문화사, 1998.

최영성 역주, 『최치원 전집 2 〈고운문집〉』, 아세아문화사, 1999.

최준옥 편, 『고운 최치원선생 사적고』, 보연각, 1983.

최준옥 편, 『국역 고운선생 문집 계원필경집』, 학예사, 1972.

陸心源, 『唐文拾遺』, 中華書局, 1992.

李廷先, 『唐代揚州史考』, 江蘇古籍出版社, 2002.

徐松撰, 『登科記考』, 中華書局, 1984.

孫通海·王海燕主編, 『全唐詩』(增訂本), 中華書局, 1999.

陳尚君輯校, 『全唐詩補編』, 中華書局, 1992.

党銀平校注,『桂苑筆耕集校注』, 中華書局, 2007.
李時人·詹緒左 編校,『崔致遠全集』(全三冊), 上海古籍出版社, 2018.

2. 최치원 생애 및 사적 관련 연구 논저

김기영,『고운 최치원 관광콘텐츠 조사와 관광상품화 방안』, 창원시정연구원, 2017.
당인핑 저, 마중가 역,『최치원 신연구』, 한림대학아주문화연구소, 2004.

党銀平,『唐與新羅文化關係硏究』, 中華書局, 2007.
傅璿琮,『唐代科擧與文學』, 陝西人民出版社, 1986.
王勳成,『唐代銓選與文學』, 中華書局, 2001.

언 규,「최치원의 재당 유학시절 콘텐츠개발 —스토리텔링을 통하여」, 한국외국어대학교 대학원 석사학위논문, 2009.
이석해,「최치원 관련 유적의 문화경관 특성 연구」, 상명대학교 대학원 박사학위논문, 2005.
이유진,「최치원의 安南 인식」, 인하대학교 대학원 석사학위논문, 2015.

姜淸波,「仕唐三韓人事蹟考述」, 陝西師範大學 碩士學位論文, 2002.
姜淸波,「入唐三韓人硏究」, 暨南大學 博士學位論文, 2005.
党銀平,「崔致遠硏究」, 南京大學 博士學位論文, 1999.
闞立明,「崔致遠與九世紀後半期的唐羅關係」, 延邊大學 碩士學位論文, 2006.
張 卉,「從『桂苑筆耕集』看唐末高駢鎭淮史事」, 中央民族大學 碩士學位論文, 2007.
趙紅梅,「從在唐新羅人看在唐新羅關係」, 延邊大學 碩士學位論文, 2003.

강정화,「지리산 유람록으로 본 최치원」,『한문학보』 25, 우리한문학회, 2011.
곽승훈,「최치원의 중국문집 탐구와 그의 마지막 행보」,『한국사상과 문화』 17, 한국사상문화학회, 2002.
김두헌,「최치원의 출생지 및 성장지설 검토」,『국학연구』 26, 한국국학진흥원, 2015.
김복순,「서유구의 〈교인계원필경집서〉와 최치원 연구」,『한국사학보』 63, 고려사학회, 2016.
김복순,「최치원의 해외체험과 동아세아적소통의 문제」,『신라문화』 33, 동국대학교 신라문화연구소, 2009.

김성환, 「고군산의 최치원 문화원형 연구 –'새만금 최치원프로젝트'를 제안하며」, 『인문콘텐츠』 14, 인문콘텐츠학회, 2009.

김인종, 「고운의 생애」, 『고운 최치원』, 민음사, 1989.

김한신, 「재당시기 최치원의 幕職官 경력에 대한 새로운 고찰」, 『진단학보』 132, 진단학회, 2019.

노성미, 「가야산 유람록에 형상된 최치원문화경관 특성」, 『배달말』 63, 배달말학회, 2018.

노성미, 「최치원 문화경관과 서사의 상호텍스트성 연구 –창원지역 콘텐츠를 중심으로」, 『비교민속학』 61, 비교민속학회, 2016.

党銀平·당승균, 「최치원의 기록 속에 만당 시기 東南藩鎭 爭鬥의 內幕」, 『신라문화』 43, 동국대학교 신라문화연구소, 2014.

党銀平, 「최치원과 당대 빈공진사의 특수체제 고찰」, 『고운 최치원의 종합적 조명』, 문사철, 2009.

党銀平·민경삼, 「新羅末期儒學的狀況與崔致遠的意義」(중문), 『중국학논총』 39, 고려대학교 중국학연구소, 2013.

劉鵬·張雷生, 「新羅詩人崔致遠在唐朝的生平及行跡考」(중문), 『沽山中國學報』 1, 순천향대학교 공자아카데미 중국학연구소, 2020.

박동백, 「합천 홍류동 고운 최치원의 題詩石」, 『전라금석문연구』 20, 전라금석문연구회, 2013.

박병선, 「당대 한중 문인의 교류에 관한 연구 –동국문종 최치원을 중심으로」, 『중국어문학론집』 46, 2003.

박병완, 「최치원론」, 『어문논문』 23, 한국어문교육연구회, 1995.

양은용, 「고운 최치원의 생애와 사상」, 『한국종교』 39, 원광대학교 종교문제연구소, 2016.

위궈장, 「사신 최치원의 당나라 방문에 관한 연구」, 『신라사학보』 34, 신라사학회, 2015.

이구의, 「최치원 문학의 창작 현장과 유적에 대한 연구」, 『대동한문학』 29, 대동한문학회, 2008.

이구의, 「충남지역 최치원의 창작현장과 유적」, 『한국사상과 문화』 81, 한국사상문화학회, 2016.

이기대, 「최치원 관련 자료의 활용을 통한 영암지역 스토리텔링의 방향」, 『동아시아고대학』 51, 동아시아고대학회, 2018.

이상배, 「문창후 최치원의 출생지 소고」, 『문리연구』 1, 원광대학교 문리과대학 학도호국단, 1983.

이성시, 「최치원과 도당유학생」, 『한국사학보』 63, 고려사학회, 2016.

이원균, 「고운 최치원의 생애」, 『고운의 사상과 문학』, 파전한국학당, 1997.

이재운, 「고운의 생애와 정치활동」, 『신라 최고의 사상가 최치원 탐구』, 주류성, 2001.

이재운, 「최치원의 생애 연구」, 『전주사학』 3, 전주대학교 문집문화연구소, 1995.

이푸르메, 「가야산과 최치원, 천년의 共鳴」, 『문헌과 해석』 84, 태학사, 2019.

이홍식, 「서산시의 장소성 연구 －고운 최치원과 연계하여」, 『온지논총』 57, 온지학회, 2018.

이황진, 「최치원의 재당생애 재고찰」, 『한국민족문화』 42, 부산대학교 한국민족문화연구소, 2012.

이황진, 「최치원의 출생연도 및 과거급제시 연령 재고」, 『국문학논집』 22, 단국대학교 국어국문학회, 2013.

장일규, 「신라말 경주최씨 유학자와 그 활동」, 『사학연구』 45, 한국사학회, 1992.

장일규, 「신라말 서해 항로와 최치원의 지방관 활동」, 『한국고대사탐구』 19, 한국고대사탐구학회, 2015.

장일규, 「최치원 관련 유적의 분포와 숭모」, 『한국사학보』 63, 고려사학회, 2016.

장일규, 「최치원의 귀국 후 활동과 은둔」, 『사학연구』 76, 한국사학회, 2008.

장일규, 「최치원의 입당수학와 활동」, 『정신문화연구』 91, 정신문화연구원, 2003.

장일규, 「『계원필경집』의 구성과 성격 －최치원의 재당생애와 관련하여」, 『우송조동렬선생 정년기념논총 I 한국사학사연구』, 나남출판, 1997.

조범환, 「최치원의 재당활동과 귀국」, 『이화사학연구』 33, 이화사학연구소, 2006.

조성환, 「追隨崔致遠先生在中國唐代的歷史事蹟」(중문), 『논문집』 17, 서라벌대학, 2000.

조지 허버 존스, 「최치원 : 그의 시대와 삶」, 『고운 최치원의 종합적 조명』, 문사철, 2009.

최경숙, 「최치원 연구」, 『부산사학』 5, 부산사학회, 1981.

최규성, 「최치원 활동의 시대적 배경」, 『신라 최고의 사상가 최치원 탐구』, 주류성, 2001.

최근덕, 「고운 최치원의 생애와 사상」, 『고운 최치원의 종합적 조명』, 문사철, 2009.

최영성, 「고운 최치원의 생애 재고찰 －생애의 중요한 몇 장면들」, 『한국철학논집』 51,

한국철학사연구회, 2016.

최영성, 「최치원 말년의 역사적 발자취 ―가야산 은둔 이후를 중심으로」, 『퇴계학논총』 33, 사단법인 퇴계학부산연구원, 2019.

최재영, 「전국의 최치원 관련 유적지 답사를 통한 관광자원화 방안」, 『경주연구』 24-2, 경주지역발전협의회 부설 경주발전연구원, 2015.

한상우, 「경남지역 최치원 문화유산 기초연구Ⅰ」, 『중점정책연구 현안연구』, 경남발전연구원, 2018.

한정호, 「최치원의 합포별서와 창원의 장소성」, 『가라문화』 28, 경남대학교 가라문화연구소, 2016.

허권수, 「최치원의 재당생애에 대한 소고」, 『중어중문학』 10, 영남중국어문학회, 1985.

허용호, 「최치원의 신격화와 홍성 월계리 용연 마을 공동 제의의 전승 양상」, 『실천민속학연구』 27, 실천민속학회, 2016.

황선영, 「신라말기 최치원의 官階와 관직에 대하여」, 『한국중세사연구』 9, 한국중세사학회, 2000.

후앙이화, 「최치원 급제 연령의 재고」(중문), 『연민학지』 21, 연민학회, 2014.

KOMIYAHIDETAKA, 「9세기말 신라의 對唐藩鎭交涉과 그 성격 ―최치원 귀국의 배경과 관련하여」, 『역사학보』 226, 역사학회, 2015.

祁慶富, 「崔致遠在中國行跡考」, 『烟臺大學學報』(哲學社會科學版) 2002年 第3期, 烟臺大學.

金榮華, 「崔致遠在唐事蹟考」, 『中韓交通史事論叢』, (臺)福記文化圖書有限公司, 1985.

党銀平, 「唐代賓貢與賓貢科考辨」, 『東西文化研究』 第3輯, 韓國敦煌學會編, 圖書出版淸江, 2001.

党銀平, 「唐末新羅文人崔致遠佔籍與家世考述」, 『東南大學學報』(哲學社會科學版) 2000年 第1期, 東南大學.

党銀平, 「東國文學之祖崔致遠生卒考」, 『遼寧師範大學學報』(社會科學版) 2001年 第5期, 遼寧師範大學.

党銀平, 「從崔致遠諸文看唐末與新羅的交往關係」, 『南京師範大學院學報』 2004年 第2期, 南京師範大學文學院.

梁太濟, 「通過崔致遠的文章看羅唐交涉」, 『韓國研究』 第8輯, 杭州大學出版社, 1997.

劉後濱, 「從宿衛學生到賓貢進士 ―入唐新羅留學生的習業狀況」, 『社會科學戰線』 2013年 01期, 吉林省社會科學院.

李夢芝, 「溝通唐朝與新羅的使者崔致遠」, 『歷史教學』 1992年 第12期, 遼寧省民族研究所.

李豔·張黎明, 「崔致遠:異鄕人的漂泊與追尋」, 『齊齊哈爾大學學報』(哲學社會科學版) 2008年 第4期, 齊齊哈爾大學.

李英順, 「試述唐朝與新羅文化的交流及影響」, 『東疆學刊』 2005年 第2期, 延邊大學.

李定廣, 「關於崔致遠硏究的三個誤區及其突破」 『學術界』 2012年 第9期, 安徽省社會科學界聯合會.

李黃振, 「崔致遠出生年份及其及第年齡再考論」, 『銅仁學院學報』 2011年 第1期, 銅仁學院.

李希泌, 「黃巢被害與唐軍收京日期考訂 : 兼介紹宦唐朝鮮學者 崔致遠 「桂苑筆耕集」, 『文獻』 1982年 第11期, 國家圖書館.

拜根興, 「唐中後期赴新羅使節關聯問題考辨」, 『陝西師範大學學報』(哲學社會科學版) 2004年 第6期, 陝西師範大學.

拜根興, 「朝鮮半島現存金石碑誌與古代中韓交往 －以唐與新羅關係爲中心」, 『陝西師範大學學報』(哲學社會科學版) 2007年 第4期, 陝西師範大學.

樊文禮·梁太濟, 「崔致遠再次踏上唐土的時間和地點」, 『韓國硏究』 第4輯, 學苑出版社, 2000.

餘國江, 「文化外交與城市形象的建構 －以揚州對韓交流爲例, 『公共外交季刊』 2016年 第2期, 外文出版社有限責任公司.

王周昆, 「唐代新羅留學生在中朝文化交流中的作用』, 『西北大學學報』(哲學社會科學版) 1994年 第2期, 西北大學.

韋旭升, 「崔致遠居唐宦途時期足跡考述」, 『延邊大學學報』(社會科學版) 1998年 第4期, 延邊大學.

韋旭升, 「崔致遠在中國」, 『韋旭升文集』(卷3), 中央編譯出版社, 2000.

張碧波·張軍, 「渤海與新羅"爭長"的背後 －新羅崔致遠文集讀後」, 『北方文物』 1999年 第3期, 北方文物雜志社.

田廷柱, 「論『桂苑筆耕集』的史料價値 －兼評高駢其人」, 『遼寧大學學報』(哲學社會科學版) 1996年 第5期, 遼寧大學.

程曉東, 「崔致遠韓國遺址考察」, 『安徽文學』(下半月) 2014年 第3期, 安徽省文聯.

諸祖煜, 「崔致遠登第年齡考』, 『揚州教育學院學報」 2001年 第1期, 揚州教育學院.

趙　妍, 「從中晚唐銓選制度考察崔致遠在唐及第後的仕宦經歷」, 『延邊教育學院學報』 第22卷 第1期, 延邊教育學院, 2008.

趙誠煥, 「追隨崔致遠在中國唐代的歷史遺跡」, 『陰山學刊』 2001年 第3期. 包頭師範學院.

陳尙勝, 「論唐朝與新羅的文化交流」, 『山東大學學報』(社會科學版) 1995年 第4期, 山東大學.

陳志堅, 「唐末中和.間徐泗揚兵爭之始末 －崔致遠『桂苑筆耕集』事箋之一」, 『魯東大學學報』(哲學社會科學版) 2008年 第5期, 魯東大學.

許友根, 「唐進士科考試時間探析」, 『鹽城師範學院學報』(人文社會科學版) 第21卷 第4期, 鹽城師範學院, 2001.

3. 최치원 문학 관련 연구 논저

고운국제교류사업회편찬, 최치원연구총서 시리즈 4 『고운 최치원의 시문학』, 문사철, 2011.

성낙희, 『최치원의 시정신 연구』, 관동출판사, 1986.

유성준, 『신라와 발해 한시의 唐詩論的 考察』, 푸른사상, 2009.

이구의, 『최고운 문학연구』, 아세아문화사, 2005.

이구의, 『최치원의 삶과 문학』, 국학자료원, 1995.

이성호, 『최치원 논문선집』, 역사문화, 2017.

조성환 편역, 『중국의 최치원 신연구』, 심산, 2009.

方曉偉, 『崔致遠思想和作品研究』, 廣陵書社, 2007.

김보경, 「『전당시』 소재 唐人贈新羅人詩研究 －나말여초 한시의 재조명을 위하여」, 이화여자대학교 대학원 석사학위논문, 1992.

김중렬, 「최치원의 문학연구」, 고려대학교 대학원 박사학위논문, 1983.

김태호, 「최치원 시의 연구 －작시의 의식적 경향」, 성균관대학교 대학원 박사학위논문, 2012.

김혜숙, 「최치원의 시문연구」, 서울대학교 대학원 석사학위논문, 1981.

바이징나, 「최치원과 나은의 생애와 한시 비교 연구」, 경희대학교 대학원 석사학위논문, 2016.

배연형, 「최치원의 〈사산비명〉의 문학적 고구」, 동국대학교 대학원 석사학위논문, 1983

성낙희, 「최치원의 시정신연구」, 중앙대학교 대학원 박사학위논문, 1986.
신장섭, 「신라말 당나라 유학생의 한시연구」, 강원대학교 대학원 석사학위논문, 1985.
왕추정, 「최치원의 『계원필경』소재 한시연구」, 전남대학교 대학원 석사학위논문, 2010.
원 원, 「최치원의 생평과 한중에서의 문학 활동 연구」, 안동대학교 대학원 석사학위논문, 2011.
윤광봉, 「최치원의 〈향악잡영 5수〉론 –연희사적 측면에서」, 동국대학교 대학원 석사학위논문 , 1980.
이구의, 「최고운의 삶과 문학」, 영남대학교 대학원 박사학위논문, 1993.
이구의, 「최고운의 한시연구」, 영남대학교 대학원 석사학위논문, 1982.
이규대, 「최고운의 한시연구」, 고려대학교 대학원 석사학위논문, 1975.
전 초, 「최치원의 문학 연구」, 가천대학교 대학원 석사학위논문, 2013.
조경미, 「최치원의 한시연구」, 서원대학교 대학원 석사학위논문, 1998.
주립문, 「최치원과 杜牧의 한시 비교연구」, 중앙대학교 대학원 석사학위논문, 2016.
최창렬, 「고운 최치원 문학론과 시세계」, 동국대학교 대학원 석사학위논문, 2017.
추민정, 「고운 최치원의 한시연구」, 경남대학교교육대학원 석사학위논문, 2004.
호승희, 「신라한시연구」, 이화여자대학교 대학원 박사학위논문, 1993.

姜昌求, 「新羅人與唐代人的贈詩研究」, 南京師範大學 博士學位論文, 2008.
霍偉偉, 「李白和崔致遠詩歌思想的比較研究」, 青島大學 碩士學位論文, 2013.
金淑喜, 「崔致遠詩歌創作淺探」, 中國海洋大學 碩士學位論文, 2009.
金允珍, 「晚唐著名韓國詩人崔致遠與『桂苑筆耕集』」, 華中科技大學 碩士學位論文, 2012.
劉 旻, 「崔致遠『桂苑筆耕集』駢文研究」, 雲南民族大學 碩士學位論文, 2016.
劉 偉, 「『桂苑筆耕集』考述」, 陝西師範大學 碩士學位論文, 2004.
劉志峰, 「新羅漢詩中體現的中國文化要素」, 吉林大學 碩士學位論文, 2007.
劉春麗, 「新羅留學生與漢文學」, 南京師範大學 碩士學位論文, 2006.
李黃振, 「崔致遠生平事蹟與漢詩創作研究」, 廣西師範大學 博士學位論文, 2010.
樊 毓, 「崔致遠研究」, 西北大學校碩士學位論文, 2004.
倪文波, 「崔致遠文學創作研究」, 中央民族大學 博士學位論文 , 2006.
郝 悅, 「張喬, 崔致遠詩歌對比研究」, 延邊大學 碩士學位論文, 2013.

강구율, 「고운 한시에 나타난 이원적 현실인식과 갈등 연구」, 『문학과 언어』 23, 문학과언어학회, 2001.

강석근, 「고운 최치원의 불교시 재론」, 『고운 최치원의 시문학』, 문사철, 2011.

강석근, 「최치원 불교시의 문학적 의미」, 『동악어문론집』 38, 동악어문학회, 2001.

강전섭, 「최치원연구 서술」, 『어문연구』 9, 어문연구학회, 1976.

강창구, 「崔致遠與唐人的交遊詩考」(中文), 『중국인문과학』 38, 중국인문학회, 2008.

구본기, 「최치원의 시세계」, 『한국한시작가연구』 10, 한국한시학회, 1995.

김 진, 「최치원 한시 이미지 일고 －바다 이미지를 중심으로」, 『한국문학연구』 52, 동국대학교 한국문학연구소, 2016.

김승환, 「고운 최치원의 시텍스트 〈범해〉와 〈유선가〉 해석」, 『한국문화연구』 30, 이화여자대학교 한국문화연구원, 2016.

김영두, 「고운의 문학사상」, 『고운 최치원』, 민음사, 1989.

김영봉, 「최치원 시의 우의성에 대한 일 고찰」. 『민족문화』 34, 한국고전번역원, 2010.

김은미, 「최치원의 삶과 시적 대응」, 『한국문학논총』 67, 한국문학회, 2014.

김은정, 「『十抄詩』를 통해 본 나말여초 한시 수용 양상」, 『한국한시연구』 20, 한국한시학회, 2012.

김주한, 「최고운 문학관의 연원」, 『신라문화제학술발표논문집』 7-1, 신라문화선양회, 1986.

김주한, 「최고운의 문학관」, 『고운 최치원의 종합적 조명』, 문사철, 2009.

김중렬, 「고운 문학에 대한 제가의 평가고 I」, 『논문집』 9, 군산대학, 1984.

김중렬, 「고운 문학에 대한 제가의 평가고 II」, 『논문집』 11, 군산대학, 1985.

김중렬, 「고운 최치원의 문학사상에 관한 연구」, 『고운 최치원의 종합적 조명』, 문사철, 2009.

김중렬, 「최고운 문학의 시대적 배경」, 『한성어문학』 2, 한성어문학회, 1983.

김중렬, 「최치원의 문학사상」, 『고운 최치원의 시문학』, 문사철, 2011.

김진영, 「최치원의 삶과 시세계」, 『고운 최치원 시집』, 민속원, 1997.

김창겸, 「고운 최치원에 대한 후대인의 평가」, 『신라 최고의 사상가 최치원 탐구』, 주류성, 2001.

김철준, 「신라 하대 한문학의 경향과 최치원」, 『고운 최치원의 시문학』, 문사철, 2011.

김태환, 「고운의 〈향악잡영〉 제2수 '樂顚'의 음영 대상과 그 성격」, 『대동문화연구』 60, 성균관대학교 대동문화연구원, 2007.

김학수, 「〈향악잡영〉과 唐戲와의 비교 考釋」, 『아세아연구』 7, 고려대학교 아세아문제연구소, 1964.

김혈조, 「최치원의 〈격황소서〉에 대한 일고」, 『동아인문학』 9, 동아인문학, 2006.

노성미, 「〈월영대〉시에 나타난 최치원에 대한 인식」, 『한민족어문학』 71, 한민족어문학회, 2015.

노성미, 「〈제가야산독서당〉 차운시 연구」, 『한국문학논총』 76, 한국문학회, 2017.

党銀平, 「『계원필경집』 전래의 역사 및 현황」, 『한국사학보』 63, 고려사학회, 2016.

党銀平, 『『계원필경집』의 국제적 위상」, 『문족문화』 34, 한국고전번역원, 2010.

류해춘, 「최치원의 시세계와 녹색정신」, 『국학연구론총』 19, 택민국학연구원, 2017.

박노춘, 「최치원 시작품수 소고」, 『동양학』 5, 단국대학교 동양학연구소, 1975.

박노춘, 「『천재가구』 소재 신라 문인의 시작품」, 『어문연구』 3-1(통권 7·8), 한국어문교육연구회, 1975.

박병완, 「최치원론」, 『어문논문』 23, 한국어문교육연구회, 1995.

박수천, 「가야산 해인사의 한시 –최치원 은둔의 유향」, 『한국한시연구』 5, 한국한시학회, 1997.

서 성, 「만당 칠언율시와 신라한시」, 『중국어문논총』 37, 중국어문연구회, 2008.

서경보, 「한국문화 작가론: 최치원론」, 『고운 최치원의 시문학』, 문사철, 2011.

서성·홍은희, 「신라 시인과 당대시단」, 『중국어문논총』 2, 중국어문연구회, 2005.

서수생, 「동국문종 최고운의 문학(상)」, 『어문학』 1, 한국어문학회, 1956.

서수생, 「동국문종 최고운의 문학(하)」, 『어문학』 2, 한국어문학회, 1958.

성낙희, 「최치원 시의 고향의식」, 『한중인문학연구』 15, 한중인문학회, 2005.

성낙희, 「최치원 시의 두 가지 성격에 대하여」, 『한중인문과학연구』 3, 한중인문과학연구회, 1998.

성낙희, 「최치원 시의 이미지 연구」, 『국어교육』 59, 한국어교육학회, 1987.

성낙희, 「최치원의 전기적 연구 –시정신의 배경 고찰과 관련하여」, 『원우총론』 4, 숙명여자대학교 대학원원우회, 1986.

송준호, 「기존 최고운 시문 연구들에 대한 연구」, 『제1회 고운학회 학술회의 발표논문집』, 고운학회, 1997.

송준호, 「최고운 시의 시상 구조」, 『연세어문학』 9·10, 연세대학교 국어국문학과, 1977.

송준호, 「최고운 시의 시상구조 그 몇 가지 특색」, 『고운 최치원의 시문학』, 문사철, 2011.

신의선, 「한·중 문인 禪詩의 禪悟 세계 –당대 왕유와 통일신라 최치원의 작품을 중심으로」, 『대한중국학회 학술대회 발표집』 2016-1, 대한중국학회, 2016.

심경호, 「최치원과 동아시아 문학」, 『고운 최치원의 시문학』, 문사철, 2011.
안상복, 「〈향악잡영〉과 산대놀이의 전통」, 『한국민속학』 34, 민속학회, 2001.
양광석, 「최고운의 사상과 문학」, 『고운 최치원의 시문학』, 문사철, 2011.
오윤희, 「최치원의 문학세계」, 『신라 최고의 사상가 최치원 탐구』, 주류성, 2001.
王慶雲, 「新羅崔致遠羈泊山東半島詩文創作考」(중문), 『동방학』 13, 한서대학교 동양고전연구소, 2007.
유성준, 「論 晩唐羅隱詩과 新羅崔致遠詩의 관계」, 『국제중국학연구』 3, 한국중국학회, 2000.
유영봉, 「몇 개의 빈출 시어로 본 최치원의 시」, 『한문학보』 7, 우리한문학회, 2002.
윤광봉, 「〈향악잡영〉 5수론」, 『한국어문학연구』 14, 동악서문학회, 1981.
윤인현, 「『계원필경집』 소재 최치원의 한시 소고」, 『한국고전연구』 15, 한국고전연구학회, 2007.
윤재근, 「고운 최치원의 수용 양상 고찰」, 『어문론집』, 24·25, 民族語文學會, 1985.
이구의, 「〈격황소서〉의 구성과 의미」, 『고운 최치원의 종합적 조명』, 문사철, 2009.
이구의, 「용산정 음영시에 나타난 최치원 인식」, 『한국사상과 문화』 3, 한국사상문화학회, 2007.
이구의, 「최고운 시에 나타난 정신세계」, 『영남어문학』 13, 한민족어문학회, 1986.
이구의, 「최치원 문학에 나타난 현실인식」, 『한국사상과 문화』 16, 한국사상문화학회, 2002.
이구의, 「최치원 시문에 나타난 長安의 모습」, 『동아인문학』 31, 동아인문학회, 2015.
이구의, 「함양 학사루 시에 나타난 최치원의 형상 －학사루의 효용을 겸하여」, 『한민족어문학』 74, 한민족어문학회, 2016.
이구의, 「최고운의 문학에 나타난 역사 정신」, 『고운 최치원의 역사관』, 문사철, 2010.
이성호, 「'孤雲' 字號에 대한 검토와 〈추야우중〉」, 『역사와 경계』 97, 부산경남사학회, 2015.
이성호, 「홍석주의 고문론과 『계원필경집』 중간의 의미」, 『한국사상과 문화』 78, 한국사상문화학회, 2015.
이정화, 「고운 최치원의 술회시 연구」, 『한국사상과 문학』 28, 한국사상문화학회, 2005.
이종문, 「최치원 연구(1) ; 그의 재입당 여부와 한시창작시기에 관한 고찰」, 『한문교육연구』 13, 한국한문교육학회, 1999.
이종문, 「최치원 연구(2) ; 한문문화권의 위상과 수준을 중심으로」, 『한문교육연구』

14, 한국한문교육학회, 2000.
이황진, 「〈추야우중〉의 창작시기 재고」, 『인문학연구』 43, 조선대학교 인문학연구소, 2012.
이황진, 「顧雲이 최치원에게 준 송별시 「고운편」에 대한 진위 고증 －〈고운편〉과 최치원의 재입당 시기에 대한 한중 연구사를 겸하여」, 『인문논총』 65, 서울대학교 인문학연구원, 2011.
이황진, 「최치원의 귀국 후 한시 작품 연구」, 『한국민족문화』 51, 부산대학교 한국민족문화연구소, 2014.
이황진, 「최치원의 재당시기 한시 고찰 －『계원필경집』에 수록되지 않은 시를 중심으로」, 『열상고전연구』 37, 열상고전연구회, 2013.
이황진, 「최치원의 현존시 재고」, 『아시아문화연구』 29, 가천대학교 아시아문화연구소, 2013.
이황진, 「『계원필경집』 권20 소재 시의 편집상의 특징 고찰」, 『국학연구』 22, 한국국학진흥원, 2013.
이힐한, 「최치원과 창원 지역 한시에 나타난 장소성」, 『한국지역문학연구』 2-1, 한국지역문학회, 2013.
장연연, 「최치원의 중국유학시절 문학작품 분석 －문화적응이론을 중심으로」, 『한국언어문화교육학회 학술대회』 2018-05, 한국언어문화교육학회, 2018.
장일규, 「『계원필경집』과 최치원의 교유관계」, 『민족문화』 34, 한국고전번역원, 2010.
장준람, 「최치원의 한시에 나타난 지명시어 연구」, 『동아시아고대학』 50, 동아시아고대학회, 2018.
정종대, 「최치원의 서정시에 나타난 소외의식」, 『국어교육』 73, 한국어교육학회, 1991.
조동일, 「최치원론」, 『고운 최치원의 시문학』, 문사철, 2011.
조미옥, 「최치원의 〈격황소서〉에서 전쟁과 회유의 수사학 읽기」, 『수사학』 36, 한국수사학회, 2019.
조형호, 「바람의 공간 미의식 연구; 〈제망매가〉와 〈추야우중〉을 중심으로」, 『서강어문』 8, 서강어문학회, 1992.
지준모, 「신라 한시의 발전과정」, 『신라문화제학술발표회논문집』 7, 동국대학교신라문화연구소, 1986.
진 영, 「최치원 시에 나타난 강남이미지 연구」, 『동아시아고대학』 56, 동아시아고대학회, 2019.
최광식, 「『계원필경집』의 내용과 동아시아사적 가치」, 『한국사학보』 63, 고려사학회,

2016.

최낙민, 「최치원의 시를 통해 본 9세기 황해항로」, 『해항도시문화교섭학』 12, 한국해양대학교 국제해양문제연구소, 2015.

최신호, 「최치원론」, 『고운 최치원의 시문학』, 문사철, 2011.

하윤섭, 「고전문학교육의 한 사례와 자성적 제언 —최치원의 〈추야우중〉, 〈제가야산독서당〉을 중심으로」, 『한국어문교육』 15, 고려대학교 한국어문교육연구소, 2014.

한정호, 「최치원 한시 속에 나타난 인물과 문화교류의 현상」, 『한국지역문학연구』 7-2, 한국지역문학회, 2018.

한정호, 「최치원 흠모 한시 연구 1」, 『한국지역문학연구』 3-2, 한국지역문학회, 2014.

홍윤기, 「최광유 한시에 나타난 만당풍과 시의 특징에 관하여」, 『중국어문논총』 28, 중국어문연구회, 2005.

賈　雲, 「賓貢進士崔致遠和他的『桂苑筆耕集』」, 『東南文化』 1997年 第4期, 南京博物院.

高國藩, 「論崔致遠的詩」, 『國際中國學研究』 創刊號, 韓國中國學會, 1998.

喬清擧, 「孤雲詩意 —崔致遠詩之哲學研究」, 『陝西師範大學學報』(哲學社會科學版) 2013年 第6期, 陝西師範大學.

金東勳, 「晚唐著名朝鮮詩人崔致遠」, 『中央民族大學學報』(哲學社會科學版) 1985年 第1期, 中央民族大學.

金淑喜, 「新羅詩人崔致遠與其詠物詩」, 『安徽文學』(下半月) 2008年 第12期, 安徽省文聯.

金程宇, 「日本國會圖書館藏『桂苑筆耕集』的文獻價値」, 『域外漢籍研究集刊』 第二輯, 中華書局, 2006.

金程宇, 「『桂苑筆耕集』流傳中國考」, 『域外漢籍叢考』, 中華書局, 2007.

金喜成, 「崔致遠與漢文詩」, 『滿族研究』 1992年 第2期, 遼寧省民族宗教問題研究中心.

党銀平, 「新羅文人崔致遠與唐末文士的交遊」, 『文史』 2004年 第4輯, 中華書局.

党銀平, 「新羅文人崔致遠與淮南節度使高駢交往關係考」, 『社會科學戰線』 2007年 第6期, 吉林省社會科學院.

党銀平, 「朝鮮活字本『桂苑筆耕集』學誤十八則」, 『古籍整理研究學刊』 1999年 第4期, 東北師範大學古籍整理研究所.

党銀平, 「崔致遠『桂苑筆耕集』的文獻價値」, 『域外漢籍研究集刊』 第一集, 中華書局, 2005.

党銀平, 「韓國漢文學之祖 －崔致遠」, 『古典文學知識』 2008年 第2期, 鳳凰出版社.

冷衛國·嶽俊麗, 「'東國文學之祖'崔致遠研究的分歧與走向 : 中國大陸2004~2015年」, 『延邊大學學報』(社會科學版) 2017年 第1期, 延邊大學.

劉增麗, 「韓國漢文學的開山鼻祖 －新羅文學泰鬥崔致遠」, 『古代外國人在中國』, 劉增麗編著, 中原出版傳媒集團中原農民出版社, 2008.

李 岩, 「新羅留學僧在唐的文學交流」, 『當代韓國』 2002年 第3期. 社科文獻出版社.

李 岩, 「崔致遠文學觀念簡析」, 『當代韓國』 2001年 第2期, 社科文獻出版社.

李嘉球, 「讀崔致遠的〈謝新茶狀〉」, 『農業考古』 1992年 第4期, 江西省社會科學院.

李光德·王軍領, 「東海文聖崔致遠的文學與書藝成就」, 『社會科學家』 2007年 第1期, 桂林市社會科學界聯合會.

李時人·詹緒左, 「崔致遠『桂苑筆耕集』的版本及校勘箚記」, 『文學與文化』, 2010年 第3期, 南開大學文學院.

李時人·詹緒左, 「崔致遠『桂苑筆耕集』的版本及校勘箚記(續)」, 『文學與文化』 2012年 第1期, 南開大學文學院.

李豔張, 黎明, 「崔致遠:異鄉人的漂泊與追尋」, 『齊齊哈爾大學學報』(哲學社會科學版) 2008年 第4期, 齊齊哈爾大學.

馬家駿, 「崔致遠和他的詩」, 『陝西師範大學學報』(哲學社會科學版) 1983年 第1期, 陝西師範大學.

樊光春, 「崔致遠『桂苑筆耕集』中的道教情結」, 『中國道教』 2014年 第3期, 中國道教協會.

查屏球, 「新補〈全唐詩〉102首」, 『文史』 2003年 第一輯(總第62輯), 中華書局.

徐健順, 「〈雙女墳記〉的創作與流傳過程辨析」, 『東疆學刊』 2010年 第3期, 延邊大學.

徐東日, 「新羅賓貢生的漢詩與唐代格律詩」, 『東北亞論壇』 2008年 第4期, 吉林大學.

席永傑, 「唐代著名朝鮮族詩人崔致遠」, 內蒙古民族師院學報(哲學社會科學版) 1996年 第3期, 中國道教協會.

孫 鋼, 「儼陳醮禮 敬薦齋誠 －淺談崔致遠『桂苑筆耕集』中的道教齋詞」, 『中國道教』 2011年 第1期, 中國道教協會.

安桂潁·馬金科, 「論崔致遠『桂苑筆耕集』中的揚州形象」, 『延邊大學學報』(社會科學版) 2019年 第4期.

楊渭生, 「崔致遠與『桂苑筆耕集』」, 『韓國研究』 二卷, 杭州大學出版社, 1995.

閻　琦,「新羅詩人崔致遠」,『西北大學學報』(哲學社會科學版) 1993年 第1期, 西北大學.
閻　琦,「崔致遠佚詩箋證」,『文學遺産』1993年 第6期, 中國社會科學院文學硏究所.
尹允鎭·劉志峰,「試論崔致遠漢詩中的中國人物」,『東疆學刊』2008年 第4期, 延邊大學.
任曉禮,「崔致遠羈留山東半島行程與文學創作考辨」,『東嶽論叢』2013年 第10期, 山東社會科學院.
張固也,「中晩唐詩人于武陵考」,『吉林大學社會科學學報』第48卷 第5期, 林大學社會科學院, 2008.
張同利,「新羅旅華文人崔致遠和他的〈雙女墳記〉」,『中國古代小說戲劇硏究』2016年干, 蘭州城市學院中國古代小說戲劇硏究所.
張振亭,「崔致遠與陶淵明的詩歌意象世界－兩位孤獨詩人穿越時空的心靈對話」,『延邊大學學報』(社會科學版) 2007年 第3期, 延邊大學.
張天來·劉建軍,「新羅文學家崔致遠的漢文詩」,『東南大學學報』(哲學社會科學版) 2000年 第1期, 東南大學.
翟景運,「論崔致遠『桂苑筆耕集』在唐代駢文史上的地位」,『東亞文學與文化硏究』2010年干, 中國社會科學出版社.
程瑜·金淑喜,「崔致遠漢文詩中的'海洋'意象淺探」,『長安學術』2017年 第2期, 陝西師範大學文學院.
齊文榜,「〈桂苑筆耕〉敍錄」,『周口師範學院學報』2003年 第6期, 周口師範學院.
趙丹妮,「崔致遠漢詩中的生命意識」,『延邊大學學報』(社會科學版) 2014年 第4期, 延邊大學.
曹儀婕,「論崔致遠的詩歌創作」,『廣東海洋大學學報』2015年 第2期, 廣東海洋大學.
周　旻,「晩唐詩與崔致遠」,『國外文學』1990年 第2期, 北京大學.
周鴻承,「唐代新羅賓貢崔致遠飮食思想硏究之一 －『桂苑筆耕集』中的飮食文化記錄」,『韓國硏究』第九輯, 浙江大學韓國硏究所, 2010.
陳良運,「東方漢文學鼻祖崔致遠詩述論」,『中國韻文學刊』1999年 第2期, 中國韻文學會.
陳尙君,「崔致遠在中國文學發展中的地位」,『漢唐文學與文獻論考』, 上海古籍出版社, 2008.
陳志堅,「唐末中和年間徐泗揚兵爭之始末 －崔致遠『桂苑筆耕集』事箋之一」,『魯東大學學報』(哲學社會科學版) 2008年 第5期, 魯東大學.
陳蒲淸,「論古朝鮮漢文詩與中國古典詩歌的相似特色」,『湖南敎育學院學報』1998

年 第1期, 湖南教育學院.

陳蒲清, 「韓國漢文文學的奠基作 : 『桂苑筆耕集』」, 『長沙大學學報』 2002年 第1期, 長沙大學.

崔藝花, 「晚唐詩在崔致遠的影響與接受」, 『人力資源管理』 2010年 第5期, 內蒙古日報社.

崔雄權, 「崔致遠對陶淵明形象的文化解讀」, 『解放軍外國語學院學報』 2008年 第2期, 解放軍外國語學院.

馮漢鏞, 「新羅崔致遠入唐事蹟考」, 『文史雜誌』 1998年 第1期, 四川省文史研究館.

何鳴雁, 「新羅詩人崔致遠 －傳播中朝文化的先驅」, 『社會科學戰線』 1984年 第4期, 吉林省社會科學院.

何　鳶, 「朝鮮古代新羅詩人崔致遠詩作初探」, 『東疆學刊』 1986年 第1期, 延邊大學.

何振華, 「試論崔致遠及其作品」, 『中韓人文科學研究』 第7輯, 2001.

何振華, 「朝鮮新羅時期詩人崔致遠及其作品」, 『延邊大學學報』(社會科學版) 1982年 第1期, 延邊大學.

夏春豪, 「新羅留唐新羅詩人崔致遠漢詩藝術成就」, 『韓國研究』 第4輯, 學苑出版社, 2000.

夏春豪, 「中古朝鮮詩人崔致遠漢詩藝術成就」, 『鹽城師範學院學報』(哲學社會科學版) 1997年 第4期, 鹽城師範學院.

黃　平, 「朝鮮詩文集的開山鼻祖 : 『桂苑筆耕集』」, 『益陽師專學報』 1996年 第2期, 湖南城市學院.

黃義華, 「崔致遠交遊考 －以高駢爲例」, 『長春教育學院學報』 2015年 第16期, 長春教育學院.

4. 최치원 저술 관련 연구 논저

곽승훈, 『최치원의 중국사 탐구와 〈사산비명〉 찬술』, 한국사학, 2005.

金秀炫, 「崔致遠〈雙溪寺眞鑒禪師碑〉篆額研究」, 中央美術學院 碩士學位論文, 2002.

김미례, 「고운 최치원의 풍류미학사상 연구 －〈사산비명〉과 〈난랑비서〉를 중심으로」, 성균관대학교 대학원 박사학위논문, 2016.

김복순, 「신라하대 화엄종 연구 －최치원의 불교관계저술과 관련하여」, 고려대학교 대학원 박사학위논문, 1989.

유영봉, 「〈사산비명〉 연구」, 성균관대학교 대학원 박사학위논문 , 1993.

윤기엽, 「최치원의 화엄 관계 저술에 대한 고찰」, 연세대학교 대학원 석사학위논문, 1998.

이민형, 「최치원의 〈진감선사비〉 연구 –비문 서체를 중심으로」, 동국대학교 대학원 석사학위논문, 2012.

최병헌, 「신라하대 선종구산파성립 : 최치원의 〈사산비명〉의 일고」, 서울대학교 대학원 석사학위논문, 1971.

곽노봉, 「최치원의 사산비명과 〈진감선사비〉의 서예 연구」, 『서예학연구』 35-1, 한국서예학회, 2019.

곽노봉, 「최치원의 삶과 〈진감선사비〉의 서예연구」, 『문화와예술연구』 1, 동방문화대학원대학교 문화와예술연구, 2013.

곽승훈, 「〈사산비명〉 찬술에 나타난 최치원의 중국사 탐구와 그의 사상 동향」, 『고운 최치원의 종합적 조명』, 문사철, 2009.

구슬아, 「최치원 비명의 문학성 연구 –〈성주사낭혜화상백월보광탑비명〉을 중심으로」, 『한국한시연구』 20, 한국한시학회, 2012.

권경렬, 「최치원 저술의 번역 현황 및 과제」, 『민족문화』 34, 한국고전번역원, 2010.

김건곤, 「『신라수이전』의 최치원 저작설에 대한 보론」, 『대동한문학』 53, 대동한문학회, 2017.

김미례, 「고운 최치원의 〈사산비명〉에 나타난 풍류성」, 『서예학연구』 32, 한국서예학회, 2018.

김복순, 「고려의 최치원 만들기 –〈지증대사비〉의 건립을 중심으로」, 『신라문화』 32, 동국대학교 신라문화연구소, 2008.

김복순, 「최치원의 〈지증대사적조탑비문〉 비교 연구」, 『신라문화』 35, 동국대학교 신라문화연구소, 2010.

김복순, 「최치원의 불교 관계 저술에 대한 검토」, 『한국사연구』 43, 한국사연구회, 1983.

김수태, 「최치원의 은거 관념 –〈낭혜화상비문〉을 중심으로」, 『신라사학보』 38, 신라사학회, 2016.

김중렬, 「최고운의 저작」, 『한성어문학』 1, 한성대학, 1982.

김창겸, 「최치원의 〈제왕연대력〉에 대한 검토」, 『고운 최치원의 역사관』, 문사철,

2010.

박남수, 「신라 숭복사비 판본의 갈래와 최치원의 割註」, 『신라사학보』 27, 신라사학회, 2013.

박현규, 「중국 소장 신라 최치원 『계원필경집』의 실태조사」, 『한중인문과학연구』 8, 중한인문과학연구회, 2002.

송은일, 「최치원의 〈난랑비명〉 찬술과 그 의도」, 『역사학연구』 34, 호남사학회, 2008.

심경호, 「新羅崔致遠の四山碑銘に關する一考察」(일문), 『Journal of Korean Culture』 25, 한국어문학국제학술포럼, 2014.

양기선, 「고운 최치원 연구 : 최치원의 문헌·저서 및 자료의 소개와 그 연구방법론의 신경지」, 한불문화출판, 1995.

이구의, 「최치원의 〈법장화상전〉고」, 『한민족어문학』 19, 한민족어문학회, 1991.

이구의, 「최치원의 〈봉암사지증비문〉」, 『한민족어문학』 42, 한민족어문학회, 2003.

이문기, 「〈신라수창군호국성팔각등루기〉로 본 신라말 대구 호족 재론」, 『동방한문학』 63, 동방한문학회, 2015.

이성호, 「최치원의 기록에 나타난 오백년 기한설과 도통론」, 『역사와 경계』 103, 부산경남사학회, 2017.

이성호, 「최치원의 저술에 나타난 입언관과 그 의의」, 『지역과 역사』 37, 부경역사연구소, 2015.

이순태, 「〈쌍계사진감선사비〉의 서풍 및 사상과의 연관성」, 『서예학연구』 30, 한국서예학회, 2017.

이순태, 「최치원의 〈쌍계사진감선사대공탑비〉 서풍 연구」, 『목간과 문자』 14, 한국목간학회, 2015.

이재환, 「〈성주사 낭혜화상탑비〉의 '得難'과 '五品' 재검토」, 『목간과 문자』 15, 한국목간학회, 2015.

이종문, 「『삼국사기』 최치원 열전에 투영된 김부식의 의식의 몇 국면」, 『어문논집』 35, 고려대학교 국어국문연구회, 1996.

장일규, 「최치원의 신라전통 인식과 〈제왕연대력〉의 찬술」, 『고운 최치원의 역사관』, 문사철, 2010.

장일규, 「최치원의 저술」, 『북악사론』 10, 북악사학회, 2003.

정현숙, 「최인연 쓴 〈성주사낭혜화상백월보광탑비〉의 서풍 –최치원·혜강 글씨와의 비교」, 『서예학연구』 32, 한국서예학회, 2018.

정현숙, 「최치원 지은 〈사산비명〉 서풍의 특징」, 『목간과 문자』 21, 한국문간학회,

2018.

최정환, 「〈신라수창군호국성팔각등루기〉의 새로운 고찰」, 『대구사학』 136, 대구사학회, 2019.

허호익, 「최치원의 〈난랑비서〉의 해석의 여러 쟁점: 풍류의 현묘지도와 천지인 묘합의 삼재지도」, 『조직신학논총』 31, 한국조직신학회, 2011.

拜根興·李豔濤, 「崔致遠'四山塔碑銘'撰寫旨趣論」, 『唐史論叢』 2012年 第2期, 陝西師範大學唐史研究所.

孫鐵騎, 「崔致遠『〈天符經〉解』與鞠曦『〈天符經〉解要』之比較 －兼論『崔致遠思想和作品研究』一書的治學問題」, 『國際儒學論叢』, 2018年 第1期, 山東社會科學院.

王匡廷, 「唐代海東石刻文獻的史料價值 －以崔致遠〈唐新羅朗慧和尙塔碑〉爲例」, 『古籍整理研究學刊』 2001年 第4期, 東北師範大學古籍整理研究所.

李時人, 「新羅崔致遠生平著述及其漢文小說〈雙女墳記〉的創作遺傳」, 『文史』 第4輯(總第57輯), 中華書局, 2001.

5. 최치원의 사상 및 역사의식 관련 연구 논저

고운국제교류사업회편찬, 최치원연구총서 시리즈 1 『고운 최치원의 종합적 조명』, 문사철, 2009.

고운국제교류사업회편찬, 최치원연구총서 시리즈 2 『고운 최치원의 철학·종교 사상』, 문사철, 2010.

고운국제교류사업회편찬, 최치원연구총서 시리즈 3 『고운 최치원의 역사관』, 문사철, 2010.

김복순, 『최치원의 역사인식과 신라문화』, 경인문화사, 2016.

삼성현역사문화관, 『불교 속에 꽃 핀 유학, 설총과 최치원』, 삼성현역역사문화관, 2016.

안희원·최광식 외, 『최치원 : 골품제에 가려진 육두품의 꿈』. 글뿌리 역사연구회, 2008.

이재운, 『최치원연구』, 백산자료원, 1999.

장일규, 『최치원의 사회사상 연구』, 신서원, 2008.

최영성, 『고운 최치원의 철학사상』, 문사철, 2012.

최영성, 『고운사상의 맥』, 심산, 2008.
한국사학회 · 동국대학교신라문화연구소 편, 『신라 최고의 사상가 최치원 탐구』, 주류성, 2001.
한종만, 『고운 최치원』, 민음사, 1989.

김미경, 「최치원의 삼교융합사상 연구」, 동아대학교 교육대학원 석사학위논문, 2000.
김복순, 「고운 최치원의 사상 연구」, 고려대학교 대학원 석사학위논문, 1980.
박명준, 「신라말의 정치사회와 최치원」, 연세대학교교육대학원 석사학위논문, 2002.
박종근, 「최치원의 정치이념과 종교관」, 경북대학교교육대학원 석사학위논문, 1981.
범기철, 「고운 최치원의 풍류정신 연구」, 국제뇌교육종합대학원 석사학위논문, 2018.
이재운, 「고운 최치원의 사상과 역사인식연구」, 이화여자대학교 대학원 박사학위논문, 1995.
장일규, 「최치원의 사회사상 연구」, 국민대학교 대학원 박사학위논문, 2001.
조인성, 「최치원의 역사서술」, 서강대학교 대학원 석사학위논문, 1981.
짱치엔, 「고운 최치원의 주체적 의식」, 경희대학교 대학원 석사학위논문, 2013.
최경숙, 「최치원연구」, 동아대학교 대학원 석사학위논문, 1981.
최근영, 「신라말 최치원의 사상적 성격」, 단국대학교 대학원 석사학위논문, 1977.
최두성, 「해운 최치원의 생애와 유불선 융합론」, 성균관대학교 대학원 석사학위논문, 2010.
최영성, 「최치원의 철학사상 연구」, 성균관대학교 대학원 박사학위논문, 1999.
하갑룡, 「최치원의 삼교융화사상에 관한 연구」, 부산대학교 대학원 석사학위논문, 1989.

程曉東, 「崔致遠三教融合思想研究」, 煙台大學 碩士學位論文, 2014.

곽승훈, 「최치원의 중국사 탐구와 귀국 직후의 정치 개선방안」, 『호서사학』 37, 호서사학회, 2004.
곽승훈, 「최치원의 중국사 탐구와 그의 사상 동향」, 『한국사상사학』 17, 한국사상사학회, 2001.
김 엽, 「『최문창후전집』에 보이는 역사인식과 사료적 가치」, 『세명논총』 6, 세명대학교, 1997.

김근호, 「고운 최치원 평가에 나타나는 통시대적 인식」, 『공자학』 39, 한국공자학회, 2019.

김기주, 「최치원의 유학사상 : 사장학과 탈사장학의 이중주」, 『남명학연구』 48, 경상대학교 경남문화연구원, 2015.

김낙필, 「고운의 도교관」, 『고운 최치원』, 민음사, 1989.

김낙필, 「최치원과 신선사상」, 『고운 최치원의 철학·종교 사상』, 문사철, 2010.

김미례, 「고운 최치원의 묘합적 풍류성 연구」, 『서예학연구』 27, 한국서예학회, 2015.

김범부, 「풍류정신과 신라문화」, 『고운 최치원의 철학·종교 사상』, 문사철, 2010.

김병곤, 「최치원의 삼한관 재고」, 『한국사연구』 141, 한국사연구회, 2008.

김보경, 「고운 최치원 사상의 사회 소통론적 함의: '삼교융합사상'과 '풍류' 개념을 중심으로」, 『한국학논집』 73, 계명대학교 한국학연구원, 2018.

김복순, 「고운 최치원의 사상연구」, 『사총』 24, 역사학연구회, 1980.

김복순, 「최치원의 역사인식 연구」, 『민족문화』 34, 한국고전번역원, 2010.

김복순, 「최치원의 종교관」, 『신라 최고의 사상가 최치원 탐구』, 주류성, 2001.

김성환, 「최치원 '국유현묘지도'설의 재해석 –'한국 고대 신선사상의 지속과 변용'의 시각에서」, 『도교문화연구』 34, 한국도교문화학회, 2011.

김성환, 「최치원의 현묘지도와 통일사상」, 『민족사상연구』 20, 경기대학교민족문제연구소, 2011.

김지견, 「최치원의 삼교사상」, 『고운 최치원의 철학·종교 사상』, 문사철, 2010.

김현우·서영이, 「우리철학에서 본 최치원의 삼교론」, 『동양철학연구』 97, 동양철학연구회, 2019.

남동신, 「나말여초 전환기의 지식인 최치원」, 『강좌 한국고대사』 8권, 가락국사개발연구원, 2002.

노평규, 「최치원 유학사상의 특성」, 『고운 최치원의 철학·종교 사상』, 문사철, 2010.

党銀平, 「崔致遠在國際視野中的三大意義」(중문), 『신라사학보』 27, 신라사학회, 2013.

도광순, 「최고운의 도교사상」, 『고운 최치원의 철학·종교 사상』, 문사철, 2010.

류승국, 「최치원의 동인의식」, 『고운 최치원의 철학·종교 사상』, 문사철, 2010.

문상기, 「최치원의 유·도사상」, 『고운 최치원의 철학·종교 사상』, 문사철, 2010.

민영현, 「풍류도와 고운 최치원의 동인의식」, 『선도문화』 10, 국제뇌교육종합대학원대학교 국학연구원, 2011.

박종근, 「최치원의 정치이념과 종교관」, 『문집교육논집』 3, 문집교육학회, 1982.

서철원, 「최치원의 풍류 관념과 그 문화사적 맥락」, 『한국고전연구』, 한국고전연구학회, 2015.

성 환, 「고운 최치원의 학문정신 -현묘지도설에 담긴 혼종과 관용의 사상을 중심으로」, 『철학연구』 93, 철학연구회, 2011.

소려화, 「新羅詩人崔致遠的家國意識」(중문), 『민족문화연구』 61, 고려대학교 민족문화연구원, 2013.

손문호, 「최치원의 정치사상 -풍류론과 사무론을 중심으로」, 『사회과학연구』 2, 서원대학교 사회과학연구소, 1990.

손문호, 「최치원의 정치사상 연구」, 『정신문화연구』 18, 정신문화연구원, 1983.

송은일, 「신라 하대 경문왕계 왕실에 대한 최치원의 인식」, 『신라사학보』 22, 신라사학회, 2011.

송항룡, 「최치원 사상연구」, 『고운 최치원의 철학·종교 사상』, 문사철, 2010.

신운용, 「최치원 사상의 종착점과 '풍류'의 발현」, 『선도문화』 14, 국제뇌교육종합대학원대학교 국학연구원, 2013.

신형식, 「최치원의 역사관」, 『신라 최고의 사상가 최치원 탐구』, 주류성, 2001.

안동준, 「최치원과 오방사상」, 『단국학연구』 37, 단군학회, 2017.

안동준, 「최치원의 가야보인법과 현묘지도」, 『도교문화연구』 37, 한국도교문화학회, 2012.

안영석, 「종교적 공존과 관용을 위한 시론 -원효와 최치원의 사상을 중심으로」, 『동양철학연구』 97, 동양철학연구회, 2019.

엄원대, 「최치원 연구사에 대한 연구」, 『고운의 사상과 문학』, 파전한국학당, 1997

오석원, 「최치원의 유교사상」, 『동양철학연구』 30, 동양철학연구회, 2002.

오종근, 「최치원 사상연구」, 『대학원논문집』 3, 원광대학교 대학원, 1989.

유영봉, 「서산대사가 조선중기 불교계에 불러일으킨 '최치원'바람」, 『고운 최치원의 종합적 조명』, 문사철, 2009.

이강래, 「최치원의 고대 인식과 그 함의 -'일통삼한'을 매개로」, 『고운 최치원의 역사관』, 문사철, 2010.

이광우, 「최치원 평가를 둘러 싼 조선시기 유학자의 몇 가지 고민」, 『한국학논집』 73, 계명대학교 한국학연구원, 2018.

이근용, 「최치원 난랑비서의 풍류가 융복합시대의 소통에 주는 함의」, 『한국소통학회 학술대회』 2016-06, 한국소통학회, 2016.

이도학, 「최치원의 고구려 인식」, 『고운 최치원의 역사관』, 문사철, 2010.

이도흠, 「유불도와 선을 아우른 최치원의 평화 사상」, 『통일과 평화』 10-1, 서울대학교 통일평화연구원, 2018.

이동휘, 「최치원의 북방 인식-발해관을 중심으로 」, 『고운 최치원의 역사관』, 문사철, 2010.

이문기, 「신라말 대구지역 호족의 실체와 그 행방 -신라 수창군 호국성 팔각정루기소의 분석을 통하여」, 『향토문화』 9·10, 향토문화연구회, 1995.

이복규, 「원효와 최치원의 대비적 고찰」, 『서경대학교논문집』 16, 서경대학교 인문사회과학연구소 , 1988.

이성호, 「최치원의 신유학 사상」, 『한국사상과 문화』 75, 한국사상문화학회, 2014.

이우성, 「남북국 시대와 최치원」, 『창작과비평』 10-4(통권38), 창작과비평사, 1975.

이재운, 「〈제왕역대력〉을 통해 본 최치원의 역사인식」, 『전주사학』 6, 전주사학회, 1998.

이재운, 「고운 최치원의 도교관」, 『전주사학』 5, 전주사학회, 1997.

이현숙, 「나말여초 최치원과 최언위」, 『퇴계학과 한국문화』 35, 경북대학교 퇴계연구소, 2004.

이현혜, 「최치원의 역사인식」, 『명지사론』 1, 명지사학회, 1983.

이혜순, 「신라말 빈공제자의 시에 대하여」, 『한국문학연구』 7, 한국한문학연구회, 1984.

임채우, 「최치원과 도교의 관계문제에 대한 비판적 검토 -고유선도와 중국도교의 관계를 중심으로」, 『선도문화』 10, 국제뇌교육종합대학원대학교 국학연구원, 2011.

장일규, 「최승로의 유교적 정치이념과 최치원 추숭」, 『한국사상과 문화』 21, 한국사상문화학회, 2004.

장일규, 「최치원 연구의 성과와 전망」, 『북악사론』 9, 북악사학회, 2002.

장일규, 「최치원의 '仙' 이해」, 『한국고대사탐구』 15, 한국고대사탐구학회, 2013.

장일규, 「최치원의 도교사상과 그 의미」, 『한국사상과 문화』 17, 한국사상문화학회, 2002.

장일규, 「최치원의 발해관과 그 의미」, 『한국학논총』, 국민대학교 한국학연구소, 2007.

장일규, 「최치원의 신라사회 이해와 재건방향」, 『고운 최치원의 종합적 조명』, 문사철, 2009.

장일규, 「최치원의 유교적 정치이념과 사회개혁안」, 『한국고대사연구』 38, 한국사상문화학회, 2005.

장일규, 「최치원의 유불인식과 그 의미」, 『한국사상사학』 19, 한국사상사학회, 2002.
전상모, 「고운 최치원의 풍류사상과 그 서예미학적 체현」, 『유학연구』 37, 충남대학교 유학연구소, 2016.
정경주, 「최치원 인물의 문화사적 의미」, 『고운의 사상과 문학』, 파전한국학당, 1997.
조남호, 「최치원과 천부경」, 『선도문화』 10, 국제뇌교육종합대학원대학교 국학연구원, 2011.
조수현, 「고운 최치원의 서체 특징과 동인의식」, 『한국사상과 문화』 50, 한국사상문화학회, 2009.
조용일, 「고운에서 찾아본 수운의 사상적 계보」, 『고운 최치원의 철학·종교 사상』, 문사철, 2010.
조인성, 「최치원의 역사 서술」, 『문집학보』 94, 문집학회, 1982.
천인석, 「고운 최치원의 유교사적 위치」, 『유교사상연구』 8, 한국유교설화, 1996.
최경숙, 「최치원의 발해 인식」, 『고운 최치원의 역사관』, 문사철, 2010.
최경애, 「최치원의 풍류사상이 현대를 사는 우리들에게 주는 시사점」, 『철학과 문화』 41-1, 한국외국어대학교 철학문화연구소, 2019.
최광식, 「신라 하대와 최치원」, 『신라문화제학술발표논문집』 38, 동국대학교 신라문화연구소, 2017.
최근영, 「고운 최치원의 사상 연구」, 『한국사상』 19, 한국사상연구회, 1982.
최근영, 「고운 최치원의 사회개혁사상」, 『한국사상』 18, 한국사상연구회, 1981.
최병헌, 「고운 최치원 연구의 문제점과 과제」, 『원불교사상』 21, 원광대학교 원불교사상연구원, 1997.
최병헌, 「고운 최치원 연구의 회고와 전망(사학분야)」, 『제1회 고운학회 학술회의 발표논문집』, 고운학회, 1997.
최삼룡, 「최치원의 도선사상 연구」, 『한국언어문학』 24, 한국언어문학회, 1986.
최영성, 「고운 최치원의 동인의식」, 『고운 최치원의 철학·종교 사상』, 문사철, 2010.
최영성, 「孤雲崔致遠的三教會通論和其現代化意義」(중문), 『유교문화연구(중문판)』 19, 성균관대학교 유교문화연구소, 2013.
최영성, 「최고운 사상 형성의 역정에 대한 고찰」, 『동양고전연구』 10, 동양고전연구회, 1998.
최영성, 「최치원 사무책의 건의 배경에 대한 고찰」, 『한국사상과 문화』 1, 한국사상문화학회, 1999.
최영성, 「최치원 사상에서의 보편성과 특수성의 문제 —동인의식과 동문의식을 중심으로」, 『동양문화연구』 4, 영산대학교 동양문화연구원. 2009.

최영성, 「최치원 연구의 사적 계통과 호남지방」, 『한국철학논집』 18, 한국철학사연구회, 2006.

최영성, 「최치원 철학사상 연구 서설」, 『한국사상과 문화』 16, 한국사상문화학회, 2002.

최영성, 「최치원의 도교사상 연구」, 『도교의 한국적 수용과 전이』, 아세아문화사, 1994.

최영성, 「최치원의 역사인식 연구」, 『한국사상과 문화』 2, 한국사상문화학회, 1995.

최영성, 「최치원의 유가적 개혁사상」, 『신라 최고의 사상가 최치원 탐구』, 주류성, 2001.

최영성, 「최치원의 풍류사상 이해와 그 기반 －진흥왕순수비 및 『주역』 觀卦, 巽卦와 관련하여」, 『한국철학논집』 40, 한국철학사연구회, 2014.

최유진, 「최치원의 불교사상」, 『고운 최치원의 철학·종교 사상』, 문사철, 2010.

최일범, 「고운 철학사상 연구의 회고와 전망」, 『제1회 고운학회 학술회의 발표 논문집』, 고운학회, 1997.

최일범, 「고운 최치원의 사상 연구 －삼교관을 중심으로」, 『유승국박사화갑기념동방사상논고』, 종로서적, 1983.

최일범, 「고운 최치원의 사상 연구」, 『고운 최치원의 종합적 조명』, 문사철, 2009.

董　健, 「崔致遠對三韓, 新羅及渤海的曆史認識」, 『東北史地』 2013年 第2期, 吉林省社會科學院.

餘國江, 「崔致遠佛教思想芻論」, 『東北史地』 2016年 第3期, 吉林省社會科學院.

馮漢鏞, 「道教與崔致遠」, 『文史雜誌』 2002年 第1期, 四川省文史研究館.

6. 기타

길정애, 「『수이전』 일문 〈최치원〉 연구 －소설성을 중심으로」, 고려대학교 대학원 석사학위논문, 2004.

김성태, 「고운 최치원의 서예 연구」, 동국대학교 대학원 석사학위논문, 2002.

김진호, 「고운 최치원의 〈진감선사비〉 서체 연구」, 원광대학교 대학원 석사학위논문, 2000.

리우이스, 「최치원 〈쌍녀분기〉와 장작의 〈유선굴〉비교 연구」, 동양대학교 대학원 석사학위논문, 2019.

만동매, 「〈유선굴〉과 〈최치원〉의 비교연구」, 부산대학교 대학원 석사학위논문, 2017.

우 환, 「중국인 학습자를 대상으로 한 한국어 교육방안 연구 -〈최치원〉 설화를 활용하여」, 덕성여자대학교 대학원 석사학위논문, 2019.

장지영, 「〈쌍녀분〉설화의 소설화 양상에 관한 연구-金東裏의 〈최치원〉과 金仙의 〈고운 최치원〉을 중심으로」, 경성대학교 교육대학원 석사학위논문, 2009.

진복규, 「최치원 서예 연구」, 경주대학교 대학원 박사학위논문, 2017.

한석수, 「〈최치원전〉 전승의 연구」, 고려대학교 대학원 박사학위논문, 1989.

권택경, 「〈최고운전〉 이본의 변이양상」, 『청람어문교육』 32, 청람어문교육학회, 2005.

김미숙, 「설화 속 최치원의 중국 공간체험과 인식」, 『통합인문학연구』 9-2, 한국방송통신대학교 통합인문학연구소, 2017.

김미숙, 「설화에 나타난 민중의식 -'최치원' 설화를 중심으로」, 『신라사학보』 15, 신라사학회, 2009.

김미정, 「〈최치원〉에 나타난 욕망 연구」, 『서예학연구』 23, 한국서예학회, 2013.

김수연, 「〈최고운전〉의 '이방인 서사'와 고전텍스트 읽기교육」, 『문학치료연구』 23, 한국문학치료학회, 2012.

김수연, 「불연속적 '빈 공간'으로서의 '귀/녀'-전기 〈최치원〉에 나타난 여성 인물의 정체성론」, 『동양고전연구』 64, 동양고전학회, 2016.

김현양, 「〈최치원〉, 버림 혹은 떠남의 서사」, 『고소설연구』 32, 한국고소설학회, 2011.

노성미, 「〈최고운전〉 기우모티프와 돋섬기우제 비교 연구」, 『배달말』 54, 배달말학회, 2014.

노성미, 「〈최고운전〉의 탄생모티프 연구」, 『배달말』 49, 배달말학회, 2011.

党銀平, 「崔致遠在東亞交流史中的地位」(중문), 『유관순 연구』 20, 백석대학교 유관순연구소, 2015.

박일용, 「〈최고운전〉과 『삼국사기』 〈최치원전〉에 그려진 최치원의 인물 형상」, 『고소설연구』 32, 한국고소설학회, 2011.

박일용, 「〈최고운전〉의 창작 시기와 초기본의 특징」, 『고소설연구』 29, 한국고소설학회, 2010.

박일용, 「〈최치원〉의 형상화 방식과 남녀 주인공의 성적·사회적 욕망」, 『한국고전연구』 23, 한국고전연구학회, 2011.

소인호, 「쌍녀분 전승의 쟁점적 고찰」, 『한국융합인문학』 4-1, 한국융합인문학회, 2016.

손환일, 「고운 최치원의 서예－〈진감선사대공탑비〉를 중심으로」, 『신라 최고의 사상가 최치원 탐구』, 주류성, 2001.

송하준, 「문헌 기록으로 살펴본 〈최고운전〉의 수용 양상」, 『우리문학연구』 54, 우리문학회, 2017.

엄기영, 「〈김현감호〉와 〈최치원〉에서의 기이의 형상화 양상과 차별적 시선」, 『선도문화』 20, 국제뇌교육종합대학원 국학연구원, 2016.

엄기영, 「최치원을 보는 두 개의 시선, 전기 〈최치원〉과 『삼국사기』 〈최치원전〉」, 『고소설연구』 62, 한국고소설학회, 2018.

엄태식, 「〈최치원〉의 창작 배경과 서사적 특징」, 『고소설연구』 30, 한국고소설학회, 2010.

유광수, 「〈최고운전〉에서 〈최충전〉으로의 변이와 개작」, 『한민족문화연구』 51, 한민족문화학회, 2015

유광수, 「〈최고운전〉의 설화적 전승과 '최치원설화'의 연원」, 『한국문학연구』 39, 동국대학교 한국문학연구소, 2010.

유광수, 「〈최고운전〉의 원천소재 활용 양상과 '의미 겹침'으로서의 소설」, 『온지논총』 29, 온지학회, 2011.

兪士玲, 「從崔致遠, 洪純彦故事看中韓文化交流的複雜心態」(중문), 『Journal of Korean Culture』 16, 한국어문학국제학술포럼, 2011.

이윤선, 「서남해연안 최치원설화의 수용관념과 문화코드」, 『남도민속연구』 18, 남도민속학회, 2009.

이정원, 「〈최고운전〉에 나타난 개인과 세계의 불화 －장르 운동의 양상을 중심으로」, 『고소설연구』 39, 한국고소설학회, 2015.

이지영, 「기우 문화의 맥락을 통해 본 〈최고운전〉의 형성」, 『국문학연구』 30, 국문학회, 2014.

이학주, 「〈최치원〉을 통해 본 전기소설의 글쓰기론 －전기소설적인 판타지를 통한 주제부각 측면에서」, 『동방학』 34, 한서대학교 동양고전연구소, 2016.

임치균, 「〈최고운전〉 연구 －파경노 화소를 중심으로」, 『국학연구론총』 20, 택민국학연구원, 2017.

장 곤, 「〈최고운전〉 탄생담 재검토」, 『한국고전연구』 32, 한국고전연구학회, 2015.

장지훈, 「〈최치원 풍류 탄생〉展의 서예비평적 고찰」, 『서예학연구』 30, 한국서예학회, 2017.

정숙인, 「〈최치원〉 삽입 시가의 양상과 기능」, 『어문논집』 47, 중앙어문학회, 2011.

증천부, 「〈최치원〉과 중국 '인귀우합' 이야기의 비교 연구」, 『한중언어문화연구』 47, 한국중국언어문화연구회, 2018.

최귀묵, 「전기 〈최치원〉 다시 읽기」, 『문학치료연구』 16, 한국문학치료학회, 2010.

최영성, 「'최치원묘재홍산설'의 사상적 의미」, 『동방학』 12, 한서대학교 동양고전연구소, 2006.

최완기, 「고운 최치원선생 연보」, 『신라 최고의 사상가 최치원 탐구』, 주류성, 2001.

최태호, 「최치원과 〈최고운전〉 연구」, 『한문학논집』 19, 근역한문학회, 2001.

한계호·이녹, 「〈崔致遠傳〉的用事法以及文化心理解析」(중문), 『연민학지』 15, 연민학회, 2011.

한정호, 「최치원 영정 연구」, 『한국지역문학연구』 5-2, 한국지역문학회, 2016.

황병홍, 「〈최고운전〉에 나타난 최치원의 체제 저항과 인정투쟁」, 『문화와 융합』 38-4, 한국문화융합학회, 2016.

황혜진, 「〈최치원〉 남녀 대화의 양상과 특성」, 『고소설연구』, 한국고소설학회, 2008.

高國藩, 「崔致遠〈仙女紅袋〉與高淳招賢館」, 『南京史志(紫金歲月)』 1997年 第5期, 南京出版社.

劉廣銘, 「〈仙女紅袋〉故事 : 原型與流變」, 『解放軍外國語學院學報』 2004年 第4期, 解放軍外國語學院.

孫惠欣·付晶, 「從輻射視角看中國文學對朝鮮文學的影響 －以〈遊仙窟〉, 〈仙女紅袋〉爲中心」, 『長春大學學報』 2014年 第7期, 長春大學.

韋旭升, 「從〈仙女紅袋〉到現代京劇〈崔致遠傳奇〉」, 『韓國學研究』 創刊號, 中國延邊技術科學大學韓國學研居所編, 太學社, 2001.

陳後翔, 「〈仙女紅袋〉作者與高淳雙女墳」, 『南京史志(紫金歲月)』 1998年 第1期, 南京出版社.

저자 소개 **이황진**

한국고전문학텍스트연구소 책임연구원으로 단국대학교 국어국문학과 연구전담교수이다. 중국 광서사범대학廣西師範大學에서 박사학위를 취득했으며, 논문으로 「顧雲이 최치원에게 준 송별시 〈고운편〉에 대한 진위 고증」, 「중[僧] 관련 한 · 중 속담 비교 연구」 등이 있다.

학술연구총서 2

고운 최치원의 생애와 시문학 세계

2020년 4월 3일 초판 발행

지은이 : 이황진
발행인 : 김병환
발행처 : 학자원
주소 : 서울 강동구 천호대로 1121
전화 : 02 6403-1000
팩스 : 02 6338-1001
E-mail : hakjaone@daum.net
등　록 : 2011년 3월 24일 제2011-14호

ISBN 979-11-6247-178-4 94810
979-11-6247-176-0 (세트)
값 20,000원

잘못된 책은 교환 가능하며 구입 서점이나 본사로 연락주세요.